1　近つ飛鳥・新堂廃寺の瓦

シシヨツカ古墳

アカハゲ古墳

ツカマリ古墳

2　近つ飛鳥・平石谷の巨大方形墳群

島庄遺跡 04-14 次調査
（大型建物）

▲島庄遺跡第 31 次調査
（大型柱穴遺構）

甘樫丘東麓遺跡
（南西から）

4　高松塚古墳の石室解体（天井石のとり上げ）・国（文化庁）保管

蘇我三代と二つの飛鳥

——近つ飛鳥と遠つ飛鳥

西川寿勝
相原嘉之
西光慎治［著］
ＮＨＫ大阪文化センター［企画］

新泉社

はじめに

飛鳥という地域名は奈良県明日香村だけではなく、大阪の南河内にも同名の地域があるのをご存じでしょうか。この両地域は、記紀にもとりあげられています。難波宮からみて奈良の飛鳥は「遠つ飛鳥」、大阪の飛鳥は「近つ飛鳥」とよばれていました。

近年、この両飛鳥からさまざまな考古学的新発見がありました。それらは、飛鳥時代の重要な歴史事象が飛鳥の地で展開していたという古記録を追認するのみならず、記録されなかった歴史的意義についても雄弁に語ろうとしているのです。これら考古学の調査成果は、いま、もっとも注目されているものの一つといえましょう。

なかでも、遠つ飛鳥の明日香村では、高松塚古墳の壁画の傷みをおさえることができず、特別史跡である現地から石室ごと解体されるという事態になりました。これは、新聞・テレビなどで大きく報道され、現地にも大勢の古代史ファンが詰めかけました。

一九七二年に発見された壁画は当時、多くの人びとを魅了し、古代史旋風のきっかけともなりました。ふたたび、人びとは驚きのまなざしで壁画の行く末に注目しています。いずれ、調査成果は発掘調査報告書・保存修理報告書など、専門研究者が検討できる資料にまとめられるでしょう。出土品や写真パネルなどは、博物館・資料館で展示・解説されると思います。

さて、報告書や博物館などで示される調査成果の結論より、もっとたいせつなことは、論証の過程だと思います。いくつかの疑問とその答えが用意されたとしても、それが正しいか、間違っているのかのみに執着するだけでは歴史研究は飛躍しません。問題の所在から結論にたどりつく論証の道筋がたいせつだと考えます。ところが、個々の研究者が試行錯誤する論証の長い道筋はあまり知られることがありません。それは現場での日々の調査の積み重ねでもあるのです。

たとえば、高松塚古墳の石室解体という結論についても、その選択の裏にくり広げられた議論の過程があります。解体をなしとげる過程も同様で、非常に興味深いものです。多くの研究者による体系的な議論の道筋があるからです。さらに、明日香村の島庄遺跡で発掘された大型建物が蘇我馬子の邸宅だったのかという正否についても、同様の検証が展開されています。そこには偶然の発見もあり、古文献から予想される遺構・遺物を探究する血のにじむような努力もあるのです。

考古学の成果が古代の史料に整合する、といった重要な論証は一朝一夕には確定しません。その論証に参加していただき、ただ結果を知るのではなく、長い論証の通過点や分かれ道の苦悩を知ると、ますます古代史が楽しくなるでしょう。

本書は飛鳥時代の真相を求めて、日々発掘するなかで、遺構・遺物が発する現場の声に耳を傾け、そこから論証したことを紹介したものです。NHK大阪文化センター主催「古代史シンポジウム・二つの飛鳥―近つ飛鳥と遠つ飛鳥―」の講演録をもとに、挿図・写真を多用してわかりやすく再構成し、一冊にまとめました。

本書に記された考古学的成果や問題提起をきっかけに、飛鳥時代をめぐる古代史・考古学の議論がより深まり、古代史研究の「おくのほそ道」を堪能していただければと考えています。

最後に、飛鳥時代の研究は古くから注目され、先学の諸先生が多くの成果を積み重ねられてきました。講演で触れることができなかった重要な課題もいくつかあります。なかでも、天皇の子どもの皇子・皇女と、それ以外の皇族を示す王子・王女の字義は統一できませんでした。これは『日本書紀』の表記でも混乱しています。飛鳥時代は大王から天皇への表記の過渡的段階で、「王号付帯者」が飛鳥時代の末頃に整理されていくと考えられているからです。

平城京の長屋王邸の発掘調査では、「長屋王」ではなく「長屋親王」と記された木簡が発見され、王号をめぐっての議論がありました。この調査に参加したのは、まだ、学生の頃のことで、王号の問題に出合うたびになつかしく思い出されます。

西川寿勝

本書の１・２章・対談は、二〇〇八年二月一七日にＮＨＫ大阪文化センターで開催された「古代史シンポジウム・二つの飛鳥―近つ飛鳥と遠つ飛鳥―」の講演記録をもとに、３章は西光慎治「欽明天皇檜隈坂合陵・陪冢カナヅカ古墳の覚書」「今城谷の合葬墓」『明日香村文化財調査研究紀要』創刊号・第二号（二〇〇〇・二〇〇二）をもとにしたものである。

コラム１は、二〇〇八年一月一八日に大阪府文化財センターで発表された鹿野塁「河内の古代寺院造営工房について」をもとに、コラム２は、相原嘉之「飛鳥・藤原地域における文化遺産の特質」『明日香村文化財調査研究紀要』七（二〇〇八）をもとに、コラム３は、山中鹿次「前方後円墳造営中止の文化的・政治的背景」『日本書紀研究』二三（二〇〇〇）をもとに再構成したものである。

目次

装幀　新谷雅宣

蘇我三代と二つの飛鳥

第1章　近つ飛鳥の古墳と寺院

西川寿勝

1　二つの飛鳥

「井真成」の墓誌

近年、陝西省《せんせいしょう》西安市《せいあんし》で遣唐使「井真成《いのまなり》」の墓にともなったと思われる墓誌が発見されました（図1）。墓誌というのは、死者を葬る墓に鎮魂・その人の略歴などを記載した石板です。そこに「公、姓は井、名は真成、国は日本と号す。（中略）開元二二年（七三四）正月、三六歳で他界した」などとあります。

残念ながら発掘調査ではなく、工事中に偶然にみつかったため、墓室の構造や副葬品の情報は失われてしまいました。しかし、その人物については氏名から大阪の藤井寺《ふじいでら》の出身者ではないかと考えられています。つまり、藤井（葛井）真成、あるいは井上真成です。

誌	府	奉	贈
之	君	御	尚
銘	墓	井	衣

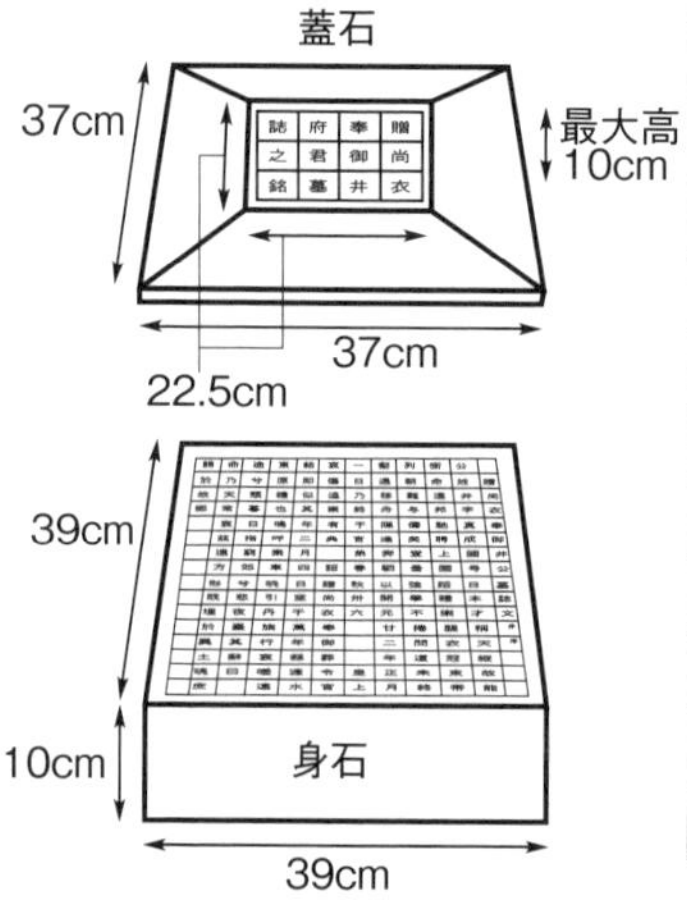

歸	命	途	東	給	哀	一	壍	列	銜	公	
於	乃	兮	原	即	傷	日	遇	朝	命	姓	贈
故	天	頽	禮	似	追	乃	移	難	遠	井	尚
鄉	常	暮	也	其	崇	終	舟	与	邦	字	衣
	哀	日	嗚	年	有	于	隟	儔	馳	真	奉
	兹	指	呼	二	典	官	逢	矣	聘	成	御
	遠	窮	素	月		弟	奔	豈	上	國	井
	方	郊	車	四	詔	春	駟	啚	國	号	公
	形	兮	暁	日	贈	秋	以	強	蹈	日	墓
	既	悲	引	窆	尚	卅	開	學	禮	本	誌
	埋	夜	丹	于	衣	六	元	不	樂	才	文
	於	臺	旐	萬	奉		廿	捲	襲	稱	并
	異	其	行	年	御		二	問	衣	天	序
	土	辭	哀	縣	葬		年	道	冠	縱	
	魂	曰	嗟	滻	令	皇	正	未	束	故	
	庶		遠	水	官	上	月	終	帶	能	

□の字は推定復元された文字。

(墓誌蓋石)尚衣奉御という官職を井府君に贈り、墓誌にこれを銘する。

(墓誌本文) 尚衣奉御という官職を井公に贈ることを記す墓誌。

公、姓は井、字は真成、国は日本と号す。才は天縦と称され、ゆえによく命を遠邦(日本)にふくみ、馳せて、上国(唐)にむかう。礼楽をふみて、衣冠を襲い、束帯して朝廷に列すること、ともに、くらべがたし。あにはからんや、強学してやまず、道を問うこといまだ終わらずして、壍?、移舟にあい、隟?、ほんしにあうをや。開元二十二年正月一日をもって、すなわち官弟に終わる。春秋三十六。

皇上(玄宗皇帝)、哀傷し、追崇するにきまりあり。詔して、尚衣奉御の職を贈り、葬するに官をして、給せしむ。すなわちその年の二月四日をもって、万年県滻水東原(西安市万年県の滻川東岸)にほうむる。礼なり。嗚呼、素車、暁に引き、丹旐、哀を行う。遠途をひきて暮日にたおれ、窮郊を指して、夜にいたむ。その辞に曰く、「命はすなわち天常なれば、哀しみはすなわち遠方とせん。形はすでに異土に埋めらるるも、魂はこいねがわくは、故郷に帰らんことを」

図1　井真成墓誌

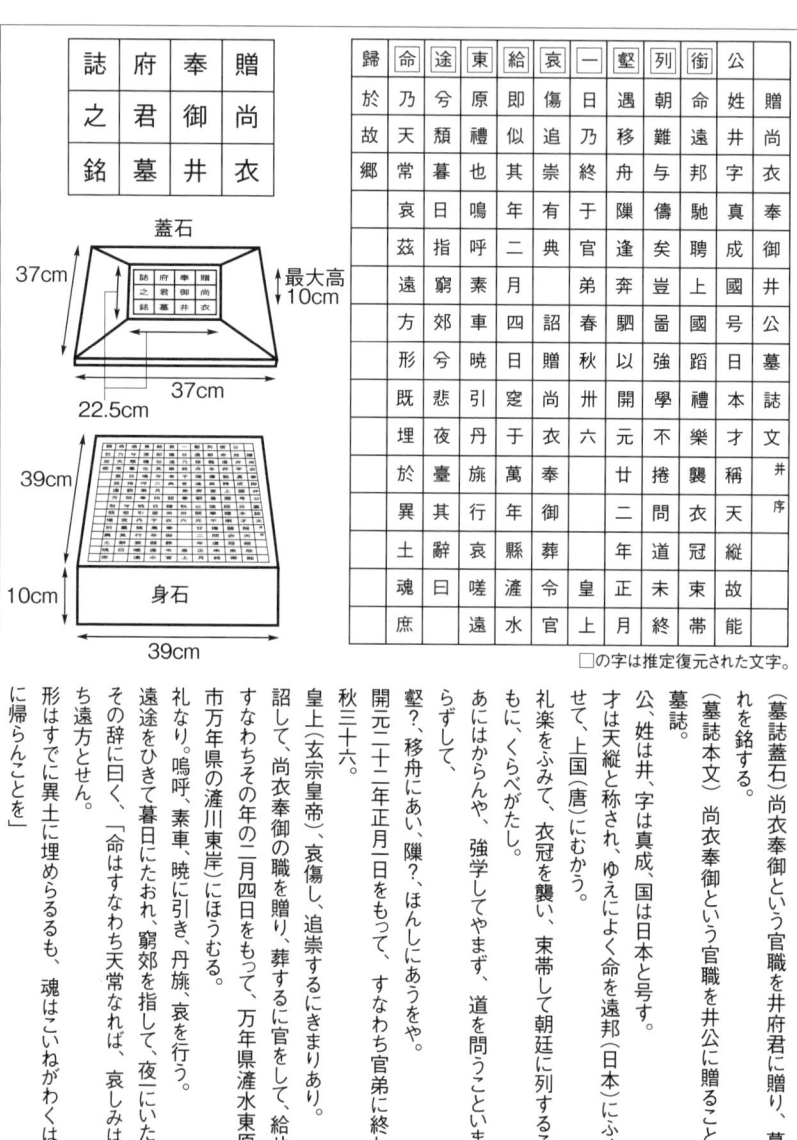

藤井（葛井）真成は白猪広成《しらいひろなり》・大成《おおなり》・真成という三兄弟の一人です。白猪氏は七二〇年に藤井（葛井）姓を賜り、改姓しました。この真成が吉備真備《きびのまきび》・阿倍仲麻呂《あべのなかまろ》などとともに七一七年の遣唐使船に乗って派遣された人物ではないかといいます。

もう一人の井上真成も、同じ藤井寺の出身です。石川が大和川に合流する河口付近に井於《いのうえ》あるいは井上廃寺（衣縫《いぬい》廃寺）などの地名が残り（**図2**）、そこを本拠に奈良時代から活躍していた氏族がいます。その一員であることがわかっています。

以上は、この藤井寺周辺が先進的な文化をもつ地域で、漢文を読める知識人や、大陸の人たちと交流のある渡来系集団が多く住んでいたところだったということがわかります。

飛鳥の語源

この藤井寺周辺には飛鳥《あすか》という地名が古くから残されているのです。飛鳥といえば、奈良平野の東南、現在の明日香《あすか》村や橿原《かしはら》市の南部周辺を思い浮かべますが、大阪府の南河内《みなみかわち》、石川中流域にも同じ地名があったのです。「あすか」の語源は渡来人の言葉「安宿《あんすく》」からきたとも、反正《はんぜい》天皇が大坂の山口に置いた仮宮で「明日（ヤマトへ）のぼりき」と言ったという『古事記』の伝説からきたとも説かれています。

そのほか、『日本書紀』の雄略《ゆうりゃく》天皇九年の条にある、飛鳥戸《あすかべ》郡の人、田辺史伯孫《たなべのふひとはくそん》の伝説が有名です。伯孫は応神《おうじん》天皇陵の近所で駿馬赤馬をみつけ、持ち主と自分の馬を交換してもらうのですが、翌日見てみると駿馬は埴輪《はにわ》の馬になっている。逆に、交換した自分の馬は御陵の埴輪の馬の間に立っていた、という話です。

　応神天皇陵は現在治定されている誉田山《こんだやま》古墳にほぼ間違いなく、田辺氏は石川をはさんでその東の丘陵上、現在の柏原《かしわら》市田辺《たなべ》付近の人と推定できます。つまり、飛鳥戸郡が南河内の丘陵にあったことがわかるのです。

　田辺から少し南に眼を向けると、石川へ注ぎ込む飛鳥川に気づきます。小さな支流で名称がいつまでさかのぼるのか明確ではありません。しかし、飛鳥川についても、古代より河内と大和に二つあったことがうかがえます。

『万葉集』に、
　明日香河（飛鳥川）　黄葉《もみじば》流る　葛城《かづらき》の　山の木の葉は

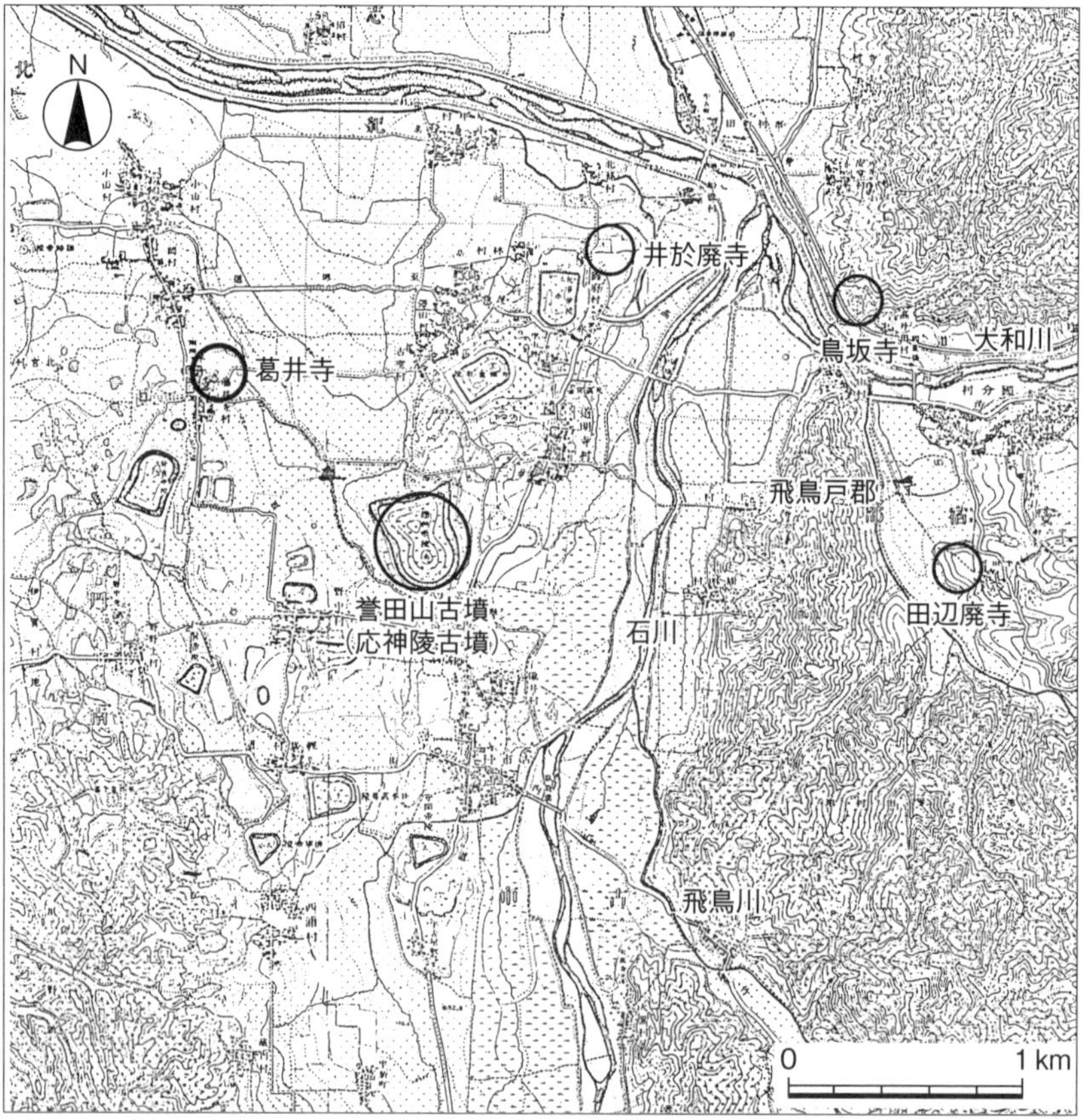

図２　井上氏・葛井氏の故地と飛鳥戸郡（安宿戸郡）

今し散るらし（巻一〇―二二一〇）

という歌があります。意味は明快だと思います。飛鳥川に流れているもみじの葉をみて、上流の葛城の紅葉、あるいは山の晩秋に想いをはせる歌でしょう。この歌を素直にみれば、大和の飛鳥川は葛城方面から流れてきませんから、河内の飛鳥川を詠んだと受けとめられます。現在の二上山《にじょうさん》（**図3**）もむかしは葛木二上とよばれていました。

飛鳥と飛鳥時代

大和と南河内の飛鳥に共通する地名は石川・春日・山田など、ほかにもたくさんあります。それは、すべて蘇我《そが》氏にゆかりのある地名と考えられています。石川中流域は飛鳥時代前半に権勢を振るった蘇我氏の出身地・本拠地と推定されているからです。のちに、蘇我氏は大和《やまと》の飛鳥に宮殿や寺院を整え、発展させていくわけですが、その地はもとから栄えていたわけではなく、真神原《まがみがはら》などとよばれていた辺境でした。

図3　石川からみた二上山

要するに、河内の飛鳥と大和の飛鳥を比較する今回のテーマは、蘇我氏の動向が鍵になっているのです。これまで、蘇我氏については記紀を中心とした文献史料の研究が古くから蓄積され、大豪族蘇我氏のイメージができ上がっています。そして現在、考古学的手法による発掘などの成果が急速にこれらの研究成果を裏づけたり、よりくわしく解明したりという状況にあります。

ちなみに、飛鳥時代とは大和の飛鳥真神原に飛鳥寺の造営がはじめられる五八八年頃から元明《げんめい》天皇が平城京《へいじょうきょう》に遷都した七一〇年までの約一二〇年間です。その間、六四五年の「大化の改新」という画期をはさんで、前期・後期を設定できます。「大化の改新」の前後では政治や文化、大豪族から皇族への勢力交替などの

西暦	歴史事象		時期区分		陵墓と葬送年代
500	継体天皇の即位	(507)		中期古墳	
	仏教公伝	(538)		後期古墳	今城塚古墳(継体天皇の陵墓　531)
550					
	蘇我稲目が没する	(570)			
					欽明天皇陵(571)
	飛鳥寺の造営開始	(588)	飛鳥前期		赤坂天王山古墳(崇峻天皇の陵墓592)
					用明天皇陵(593)
600	冠位十二階制定	(603)			牧野古墳　(押坂彦人皇子墓　600頃)
				終末期古墳	上城古墳　(聖徳太子合葬墓　622頃)
	蘇我馬子の造墓	(628)			推古天皇陵(改葬　630頃)
	乙巳の変　蝦夷・入鹿の埋葬	(645)			舒明天皇陵(643)
650	大化の薄葬令	(646)	飛鳥後期		孝徳天皇陵(654)
					牽牛子塚古墳(斉明天皇の陵墓667)
					天智天皇陵(671)
					天武天皇陵(687)
	藤原京遷都	(694)			
700	道昭の火葬	(700)			高松塚古墳(700頃)
	平城京遷都	(710)			

表1　飛鳥時代の時期区分

変化もみとめられます。

さらに、考古学ではこの一二〇年間を古墳時代後期・終末期ともよんでいます。全国的にみると、飛鳥時代はまだまだ古墳造営が活発な時期で、古代寺院が目立つ地域は限られます。大ざっぱにみれば、古墳時代後期は近畿で横穴式石室が採用される継体《けいたい》朝期の五〇〇年前後にはじまります。そして終末期は横口式石槨の古墳がつくられる推古《すいこ》朝期の六〇〇年前後にはじまり、高松塚《たかまつづか》古墳など古墳の終焉段階となる七〇〇年頃までを示します（**表1**）。

ただし、終末期古墳の開始時期については、今回とり上げる大阪府河南町《かなんちょう》の平石《ひらいし》古墳群の年代観により、もっと古くまでさかのぼらせる意見が強くなっています。わたしはこれに反論しており、このことについては後でお話しします。

2　近つ飛鳥の遺跡群

狭義の近つ飛鳥

さて、飛鳥戸郡は河内地域ではもっとも小さな郡です（**図4**）。北は大和川を、西は石川を境とし、東は葛城山系で大和国と接します。南については諸説あるのですが、古市郡との境で竹内《たけのうち》街道・多治《たじ》比道《ひみち》が通っていたと考えられています。平野がほとんどない丘陵地帯です。

『古事記』履中《りちゅう》天皇の条には難波《なにわ》からみた遠近で、河内の飛鳥を近つ飛鳥、大和の飛鳥を遠つ飛鳥とよび分けています。大陸への玄関口としての難波と大和は、道路や大和川の水運で結ばれており、交易などのために活発な往来があったと思います。ただし現在、古道といわれている竹内街道や多治比道は飛鳥・藤原宮や平城宮が成立し、都と副都としての難波を結ぶ官道として整えられたものです。残念ながら、それ以前は道筋や存在自体もほとんどわかりません。都がない時代に直通のルートはいらないわけです。したがって、近つ飛鳥・遠つ飛鳥などの言葉も、都が成立して交通や交流が活発化するなかで成立した可能性が高く、『古事記』に記された伝承は疑われています。

また、竹内街道や多治比道が成立した後も、郡の範囲や豪族の勢力域が変化したり、道や集落が整備される過程で、道筋の移動もあったはずです。したがって、近つ飛鳥の範囲は時代によって多少変化し、限定することができないかもしれません。

現在のところ、狭義の近つ飛鳥の領域は飛鳥戸郡と考えられますが、広義にみれば、石川中流域で渡来系氏族、ことに蘇我氏の営みが色濃い部分を示すと考えることもできるわけです。なぜならば、遺跡を中心に近つ飛鳥を

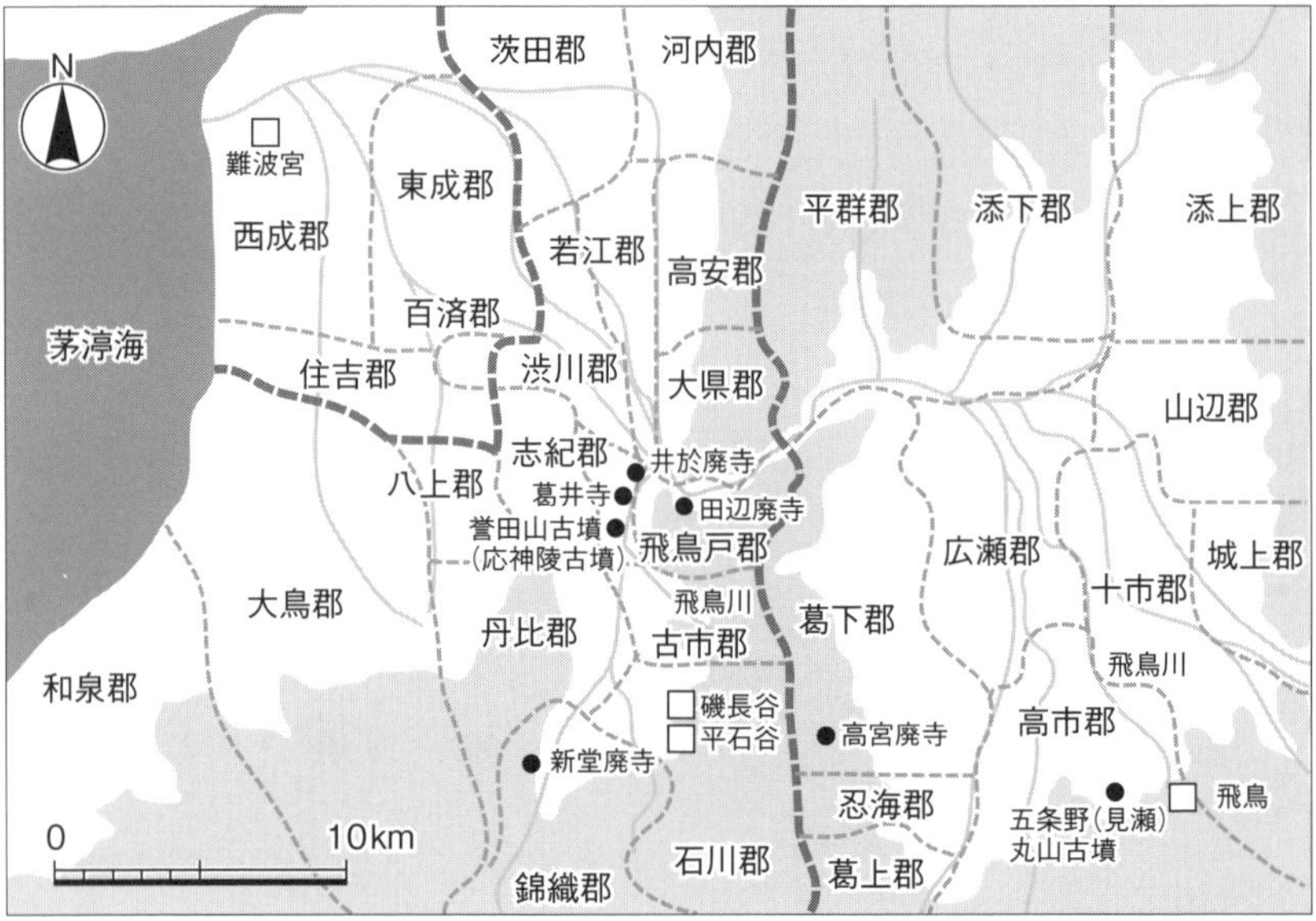

図４　河内と大和の旧郡域

考えますと、むしろ、飛鳥戸郡の範囲に少なく、その外側の北と南に集中するからです。

広義の近つ飛鳥

まず、南側の石川郡の領域になる磯長谷《しながたに》とよばれる地域は飛鳥時代の王家の谷として有名です（図5）。現在の大阪府太子《たいし》町にあたります。上城《うえんじょ》古墳（聖徳太子墓　図6）、太子西山《たいしにしやま》古墳（敏達《びたつ》陵古墳）、春日向山《かすがむかいやま》古墳（用明《ようめい》陵古墳）、山田高塚《やまだたかつか》古墳（推古陵古墳　図7）、山田上《やまだうえ》ノ山《やま》古墳（孝徳《こうとく》陵古墳）、小《お》野妹子《ののいもこ》墓などがあります。さらに、その南の河南町の丘陵は一〇〇基以上の群集墳が密集する一須賀《いちすか》古墳群があり、蘇我氏一族が眠ると考えられているのです。

その一方、飛鳥戸郡の北側、大和川が河内平野にそそぎこむ周辺には古代寺院が林立しました。大阪府柏原市には石川の東に南北に張り出す玉手山《たまてやま》丘陵の先端に片山廃寺《かたやまはいじ》、丘陵の付け根に原山《はらやま》廃寺・五十《いそ》

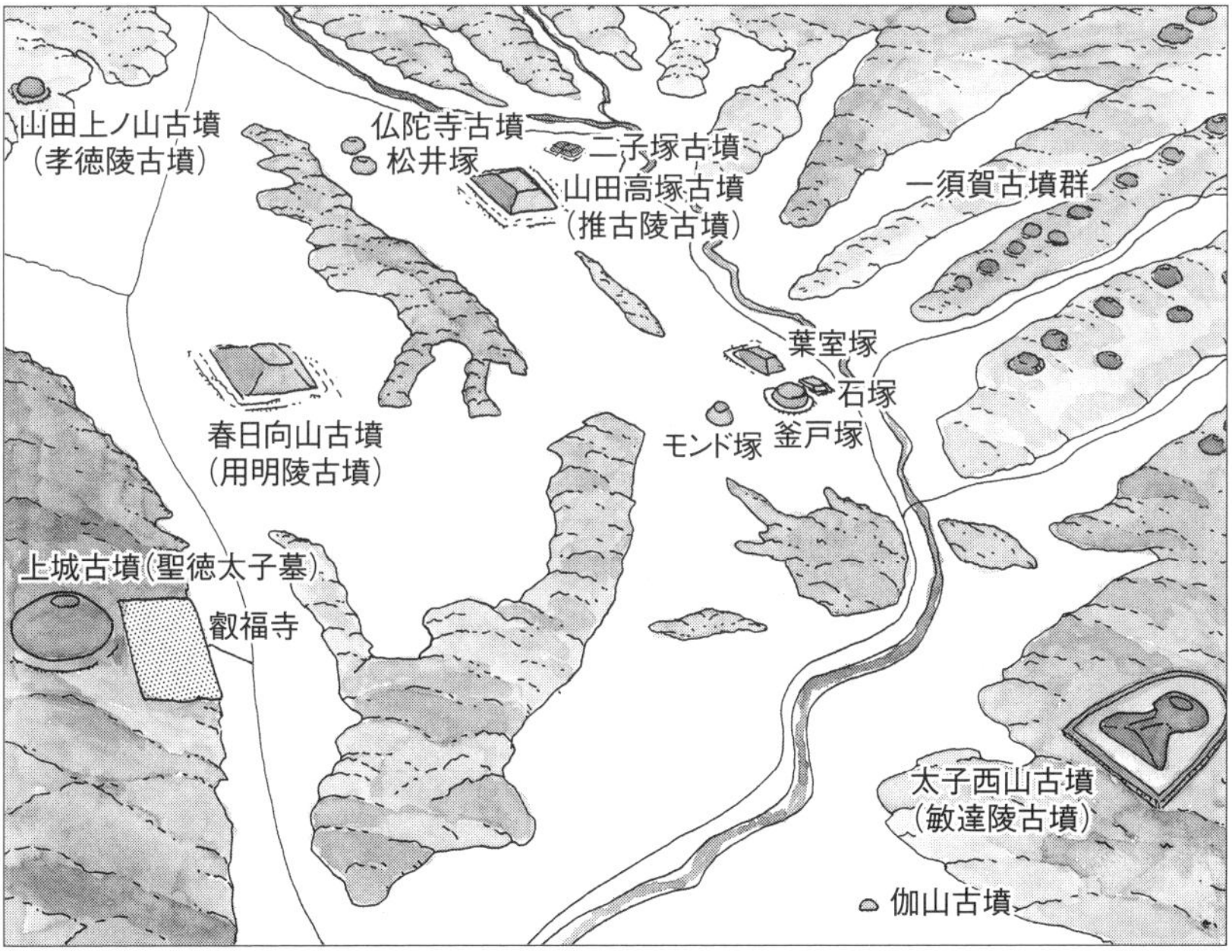

図5　磯長谷の古墳群

図6　上城古墳（聖徳太子墓）

図7　山田高塚古墳（推古陵古墳）

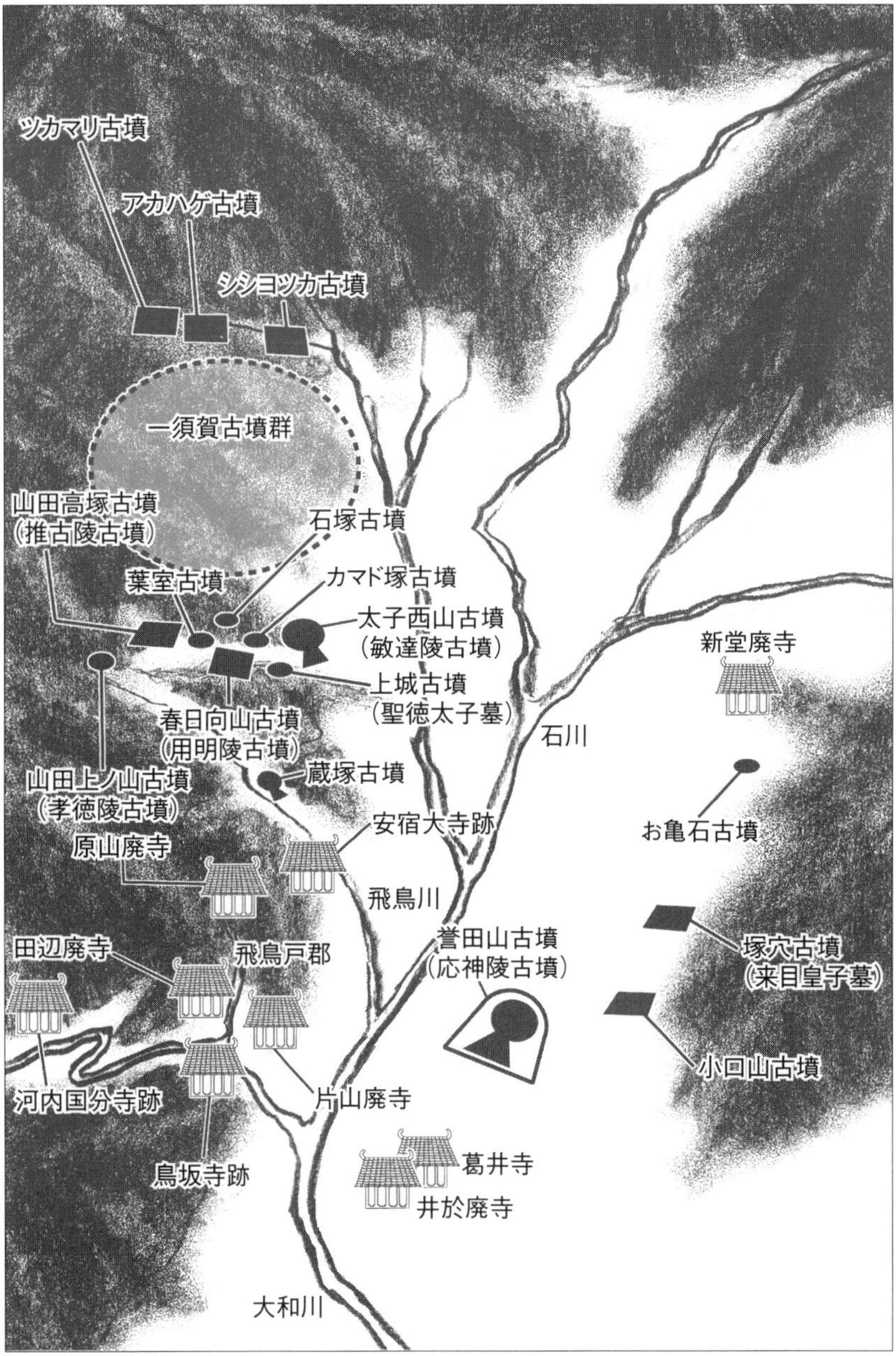

図8　近つ飛鳥の遺跡分布（上が南）

村《むら》廃寺・安宿大寺《あすかおおでら》跡、そして玉手山丘陵の東には田辺廃寺、河内国分寺と国分尼寺があります（**図8**）。片山廃寺と鳥坂寺《とっさかでら》跡は、大和川をはさんで対峙しています。鳥坂寺跡からは発掘調査によって「鳥坂寺」・「飛鳥評」などを線刻した多数の文字瓦が発見されていることも見のがせません。

飛鳥をくらべる

近つ飛鳥の遺跡群を概観してみると、大和の飛鳥にくらべ、顕著な違いを読みとれます。先に示したように、近つ飛鳥は墳墓の集中する地域と寺院の集中する地域が明確です。その一方、大和の遠つ飛鳥は王宮や大豪族の邸宅などの居住域、庭園などがあちこちで発見されます。むしろ、寺院や墳墓は散在的です。

そして、近つ飛鳥地域では飛鳥時代に限ると、宮殿はおろか顕著な集落がみつかっていません。磯長谷にしろ、玉手山の丘陵にしろ、生活の痕跡がいたって希薄な地域なのです。つまり、近つ飛鳥とは、都会の大和飛鳥にくらす人びとの心のふるさとになっていたということでしょうか。

3　蘇我氏と藤原氏

寺院と神社

先に、大化改新《たいかのかいしん》前後で飛鳥時代を大きく二つに分けることができると紹介しました。大阪の難波宮で発令された改新の詔はその真偽から問われています。しかし、乙巳《いっし》の変で蘇我氏本宗家が滅んだことは疑いないようです。立役者は中大兄皇子《なかのおおえのみこ》と中臣鎌足《なかとみのかまたり》で、鎌足はのちに藤原姓を賜ります。藤原氏はその後、奈良・平安時代を通して天皇家と深く結びつき、権勢を振るうことが知られています。

中臣氏が蘇我氏の専横を疎《うと》んじ、蝦夷《えみし》、入鹿《いるか》親子を滅ぼしてしまった理由は、さまざまな角度から検証されていますが、中臣氏の側からみると時代性がうかがえます。

蘇我氏といえば、廃仏派の物部《もののべ》氏を倒し、飛鳥寺を造営するなどして、わが国を仏教国家へ変容させることに大きく貢献しました。仏教をとり入れることで大陸の先進文化をも吸収し、文字文化や中央集権などの基盤をつくったという意味での貢献です。ところが、同時に寺院造営や僧侶の拡散によって、古くから信仰された神々への儀式はすたれ、人びとの思考は仏像や経典に重きをおくものへと変化してしまいます。

天皇とは古来よりの神をまつるさまざまな儀式の執行者として代々世襲し、その存在意義を高めていましたから、仏像や僧侶の下に天皇が位置づけられるということは天皇制の根幹を否定することでもあったのです。まして、蘇我氏の勢力が天皇家を超える勢いだったということもその危機を大きくしました。そして重要なことは、中臣氏が神事をつかさどる神官的な職能を世襲する氏族だったということです。天皇と同様に中臣氏は、仏教の普及を受け入れがたい状況にあったということです。つまり、蘇我氏の専横のみならず、仏教に対する危機感が大化改新を誘発したと考えます。

仏教の受容

ただし、蘇我氏から藤原氏への勢力移行によって、仏教信仰や寺院造営が衰退していくという状況にはなりませんでした。

飛鳥前期には畿内に蘇我氏系列の氏寺が数多く創建されたことが、伽藍《がらん》に葺《ふ》かれた瓦《かわら》の紋様などからわかってきました。これまでの発掘成果の蓄積によるものです。これらの瓦の紋様は、飛鳥後期以降の川原《かわら》寺などの官寺や都城につかわれた瓦の紋様に繋がるものへと収斂されていきます。また、伽藍配置も定まっていきます（**コラム1参照**）。

飛鳥後期には、前期にもまして寺院建立が盛んになっていくのです。考古学的に初期の仏教がどう変容していったのかはわかっていませんが、なんらかの形で天皇の規制やコントロールが働くようになったと思われます。

仏教が衰えなかった理由は、仏教が公伝した五三八年から飛鳥寺の伽藍が整う六〇〇年代初頭までに、つぎつぎと政治改革がおこなわれてきたからだとも考えます。つまり、文明開化のときのように幕藩体制が明治政府によって刷新されたということではありません。その前段階に、太子による十七条憲法発布や官位十二階制度など、天皇制についての盤石《ばんじゃく》の備えが進められたことも、仏教受容と天皇制の意義を両立させる布石だったと考えます。

また、蘇我氏がまとめつつあった『天皇記』『国記』など、文字記録の編纂事業もその一つです。天皇の系譜と来歴を明快にし、古来の神々から各氏族が天皇系譜にどう関連するのか整理することで、大親《おおおや》である天皇家の正当性が示せるというものです。ただし、蘇我氏邸宅でおこなわれていたこの事業は乙巳の変で蝦夷が家に火をつけて自害したことによって、灰燼《かいじん》に帰し、しばらくは頓挫してしまいました。文字による記録が完成するのは『古事記』『日本書紀』の編纂された七〇〇年代まで待たなければなりません。この段階では、蘇我氏の明確な系譜は失われています。『天皇記』『国記』が残されていたとしても、蘇我氏の編纂段階にかなり脚色されてしまっていたかもしれません。

ちなみに、藤原氏は本来の職能である神事を整えるため、平城遷都後に春日大社を創建します。この神社が神殿建築の基本となるわけです。それまでにも、大和には大神《おおみわ》神社や石上《いそのかみ》神宮など、古来の神々をまつった神社が数多く存在していました。しかし、神々はご神木や岩座《いわくら》に降臨したり宿ったりすると考えられ、現在のような拝殿や神殿をそなえた神社はなかったという説もあります。伊勢神宮のように、建ち並ぶ神殿に神々がまつられ、その中心に鏡が据えられたかたちではなかったということです。神社の様式や儀礼は、奈良時代になって藤原氏によって整えられたのです。

ところが、弥生時代中期頃から発掘調査によって集落の中心で大型建物がみつかるようになりました。大阪府池上曽根《いけがみそね》遺跡、奈良県唐古《からこ》・鍵《かぎ》遺跡、滋賀県伊勢《いせ》遺跡などです。これらは弥生神殿ではないかという説があって、論争となっています。弥生時代から神が宿る建物や儀式の拝殿があり、鏡も使われていたかもしれないということです。しかし、弥生の神殿に後続する建物は古墳時代にも飛鳥時代にもありません。発掘される大型建物は豪族居館として、有力者のすまいと考えられているのです。

地名や伝承と発掘調査

ほかにも重要なことがあります。豪族の出自やその盛衰・領域などを神社やその祭神、氏寺などから推測することが、古代史の研究者にはしばしば見受けられます。たとえば、蘇我氏も大和の平野部に曽我《そが》があり、宗我坐宗我都比古神社《そがにいますそがつひこ》（図9）付近がその基点であるという説があります。また、葛城氏一派の鴨《かも》一族は御所《ごせ》市の鴨都波《かもつば》神社付近を出自とし、祭神の事代主《ことしろぬし》につながる系譜関係で氏族のつながりをとらえるという試みなどです。寺院でいうならば、葛井氏と藤井寺、井上氏と井上廃寺（衣縫廃寺）、田辺氏と田辺廃寺などの関係です。

　この論点にたてば、神社や寺院は一族の出自をしめす記念碑となり、その性格は先祖崇拝になってしまいます。つまり、神や仏がその一族の先祖だということになります。ところが、考古学の成果はそう都合よくはいきません。弥生や古墳時代の大遺跡を発掘すると、その上層に神社などの祭祀遺構がのっている、という例は聞いたことがありません。逆に、現在知られている古代寺院を発掘すると、その下層や周辺に弥生・古墳時代の集落が展開し、関連づけられるということも知られていません。

　飛鳥寺のことを考えれば、その複雑さに気づくは

図9　宗我坐宗我都比古神社

ずです。飛鳥寺がなぜ、現在知られるところに創建されたのかは、まったく説明できません。史料によると、蘇我氏とはかかわりのない、のちに飛鳥衣縫造《あすかきぬぬいのみやつこ》とよばれる一族が住んでいたところを壊して、寺が建てられました。発掘すると伽藍の基礎になる整地層には、なるほど直前に暮らしていた人びとの食器が含まれており、住居を壊した時期のものとして土器編年の指標になっています。

飛鳥衣縫造と蘇我氏が同祖でないことは、いうまでもありません。そして、飛鳥寺の創始者である蘇我馬子の邸宅は、相原さんの調査した島庄《しまのしょう》遺跡に求められているのです。もし、史料に馬子の邸宅記事がなければ、飛鳥寺周辺で発見される大型建物がその候補にあがっていたかもしれません。実際は、飛鳥寺から離れた、寺とは関連のない地に稲目や馬子は住んでいたのです。その地は蘇我の出自にかかわる橿原市曽我とも遠く離れたところです。それどころか、稲目も馬子も蝦夷もそれぞれ脈絡があるとは思えないところに本拠をもっていました。その地にその後、神社や氏寺が建てられるわけではありません。

このように、神社や地名の伝承と発掘成果が乖離《かいり》してしまう実態は、うまく説明がつけられていない状況です。

しかし、古代の豪族には葛城・多治比《たじひ》など、地名が豪族名となる集団が多いことも事実です。本拠地を地名から検証する方法を否定するものではありません。また、物部・大伴など、職能が豪族名となる集団もあります。「もののふ」からの物部、「おおしき」からの大伴などです。馬飼《うまかい》・鞍作《くらつくり》・笠《かさ》縫《ぬい》・錦織《にしごり》など、生産者集団や渡来系集団を指す場合もあり、これらの姓を命名したのは天皇です。天皇のみ命名者がなく、姓をもたないわけもここにあります。

ちなみに、豪族の頂点に登りつめた蘇我氏が太子の冠位十二階のうち、何色の冠を与えられたかという議論があります。結論的に、蘇我と太子は冠を与える側だったので、冠位はもっていません。蘇我滅亡後の改新政策によって冠位十三階が制定されます。これをもって、天皇のみ任命権者となり、天皇のみ冠位を冠で示さなくなったようです。

天皇家の創始者とされる神武《じんむ》天皇と国家をまとめた崇神《すじん》天皇はともに「ハツクニシラススメラミコト」とよばれました。はじめて国を治めたという意味です。そして、『古事記』や『日本書紀』によれば、天皇家は神武以降の血統を絶やすことなく引き継ぎ、祖先神をまつることがその職能とされてきたのです。崇神天皇以前は実在性が疑われますが、それ以降の天皇は在位中の出来事や陵墓が具体的に記されています。考古学的にも崇神天皇以前の陵墓といわれているものは自然の丘陵で墓の形態をなしていませんが、それ以降は大型前方後円墳が陵墓として治定されています。

前方後円墳の祭祀

天皇家の創始段階に前方後円墳が発生し、古墳祭祀の継承と実行が天皇の職能である重要な儀式だったと考えられているのです。具体的には崇神天皇からです。当然ですが、天皇にとってもっとも大事な儀式は、最初におこなう自分の即位儀礼、現在は大礼《たいれい》や大嘗祭《だいじょうさい》とされる儀式です。これらの儀式は当初、先代の墓をつくって執行することによって表現されていたと考えます。

やがて、継体天皇の頃から古墳でおこなわず、「殯宮《もがりのみや》」とよばれる斎場で葬式のようにおこなわれるようになります。その詳細は古墳に並べられた人物埴輪などが表現するという説もあります。そして、飛鳥時代後期から奈良時代には宮殿に即位儀式を執りおこなう大極殿《だいごくでん》を整え、それが宮殿の中心施設となるわけです。

後でくわしく説明しますが、蘇我氏が台頭する時代になって、天皇は前方後円墳をつくることをやめます。当然、畿内の諸豪族も前方後円墳をつくらなくなります。かわりに巨大な方形墳が天皇陵となります。そして、蘇我氏の有力者は、天皇の方形墳に勝るとも劣らない方形墳に葬られたと考えられています。改葬も盛んになります。しかし、蘇我氏滅亡後は方形墳がつくられなくなり、改葬も減ります。

藤原氏の時代になると、天皇は八角墳や上円下方墳に、豪族たちも円墳に葬られたようです。改新の詔で薄葬令が発布され、墓の規模は身分によって規制されるようになり、やがて古墳はつくられなくなりました。前方後円墳から方形墳・八角墳へ変化し、古墳をつくらなくなる実態はまさに、継承儀礼の変化と過渡期的段階を示しているようです。

4　平石古墳群の調査

新発見の古墳、シシヨツカ古墳

五〇〇年代前半までの大王墓は百舌鳥《もず》・古市《ふるいち》などの平野部に営まれていました。後半になって大阪府の東南部、太子町と河南町の谷あいが王陵の谷とよばれる墓域になります。磯長谷《しながたに》古墳群です。また、磯長谷の南山麓には蘇我一族の墓域と考えられている群集墳、一須賀《いちすか》古墳群が営まれます。

一須賀古墳群は一〇〇基をこえる大型の群集墳です。発掘された古墳は数十を数え、大半が横穴式石室を主体部にし、副葬遺物から五〇〇年代前半から六〇〇年代にかけてつくられたと考えられています。

一須賀古墳群のひろがる山麓の南側には平石谷があります。東西に長い急峻な谷地形です。谷筋に沿って、河内から大和にぬける古道があったと推測されます。そして、谷の北斜面にはツカマリ古墳、アカハゲ古墳など、終末期の切石造りの古墳が点在し、磯長谷古墳群とは違った様相を示すことが知られていました。

大阪府教育委員会では、この谷あいの水田整備事業にともなって、大規模な発掘調査を継続的に実施、主要な古墳を墳丘ごと発掘しました（**巻頭図版2**）。二〇〇二年には王陵級の墳丘をもつ切石造りの石室墳を新たに確認、発掘したのです。この古墳は東西六〇メートル、南北五三メートルの階段状の方形墳で、中心には高度な技術で巨石を鏡面加工した全長一一メートルにおよぶ横口式石槨《よこぐちしきせっかく》をそなえます（**図10**）。シショツカ古墳と名づけられ、古墳の領域は山田高塚古墳（推古陵古墳）や春日向山古墳（用明陵古墳）の規模・平面形に比類する巨大なものだったことが判明しました。三段築造の墳丘は薄く層状に突き固められ、斜面は大きな川原石を貼り付けて装飾する丁寧なつくりでした。

特徴的な墓室

飛鳥時代の王陵級の墓室形態は、先に示した飛鳥時代の前期と後期で明瞭に変化します。飛鳥時代前期の古墳は奈良県藤《ふじ》ノ木《き》古墳・石舞台古墳、大阪府上城《うえんじょ》古墳（聖徳太子墓）など、巨石を積み上げた伝統的な横穴式石室です。

それに対して、飛鳥時代後期の高松塚古墳やキトラ古墳は板状の切石を組み合わせて棺を入れる箱状の槨が石室です。今回あらたに発見されたシショツカ古墳の主体部はその中間的な形態でした。それは横穴式石室のように川原石の積み石で羨道《せんどう》をそなえながら、墓室は切石による横口式石槨の形態です。

平石谷の奥に並ぶツカマリ古墳、アカハゲ古墳も同形態で、これまで飛鳥時代後期の墓と考えられていました。

副葬品と埋納された土器

残念ながらシショツカ古墳は、

図 10　シショツカ古墳の横口式石槨と出土した 500 年代の土器

はげしい盗掘で副葬品の大半がもち出されていました。それでも、墓室に入り込んだ土砂を丁寧に水洗いして副葬品の断片を探したところ、漆塗りの棺片が多数みつかりました。そして、銀象嵌《ぎんぞうがん》の大刀《たち》飾り、鉄製甲《よろい》の小札《こざね》、金銅《こんどう》装飾の馬具と飾り金具、銀製帯金具《おびかなぐ》、金糸、銀糸、銀線、ガラス玉などがみつかりました（図11）。

重要なこととして、墓室の入り口をふさぐ閉塞石《へいそくいし》の下から二つの須恵器《すえき》大甕《おおがめ》が発見され、その中に供物《くもつ》を入れる高坏《たかつき》が四つおさめられていたことです（図10右下）。

ところが、おさめられていた高坏は五〇〇年代後半〜末のもので、奈良県藤ノ木古墳や押坂彦人大兄皇子《おしさかのひこひとのおおえ》墓とされる奈良県牧野《ばくや》古墳に供えられていた副葬品に共通する型式だったのです。したがって、古墳の年代は先に示した終末期古墳の開始時期をさかのぼる五〇〇年代に位置づけられたのです。たしかに、巨大な墳丘をもつ外観や、馬具や大刀、甲の副葬も後期古墳にみられる要素です。つまり、墓室形態のみ終末期古墳の様相で、そのほかの要素は後期古墳の様相でした。

シシヨツカ古墳は改葬墓？

六四五年、大化改新とともに大規模な造墓を抑制する大化薄葬令《たいかのはくそうれい》が発せられます。その結果、この時期以降に巨大な墳丘の古墳はほとんどつくられません。造墓できた勢力も、畿内では皇族か高級官僚に限られます。先に示したとおり、シシヨツカ古墳の墓室は一人の埋葬者のために高度な技術で石室を組んだ薄葬令前後の形態です。付近に営まれたツカマリ古墳やアカハゲ古墳も同様の墓室形態で、緑釉《りょくゆう》陶器の棺や褐釉《かつゆう》陶器の硯《すずり》など、渡来文化を示す新しい副葬品も発見されています。

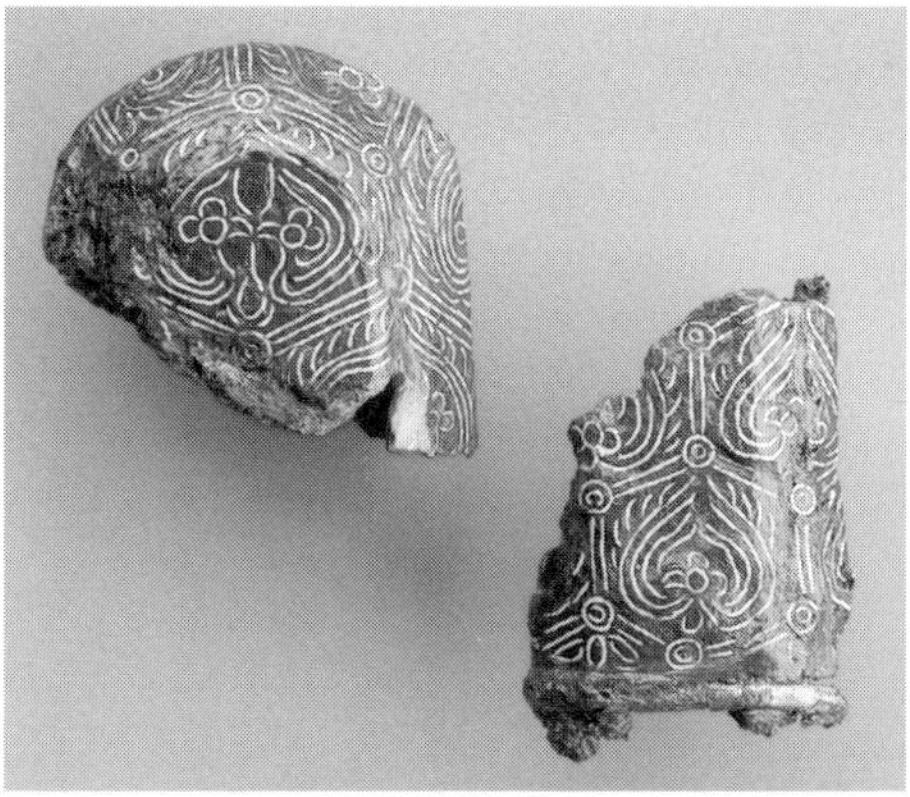

a 銀象嵌大刀飾り

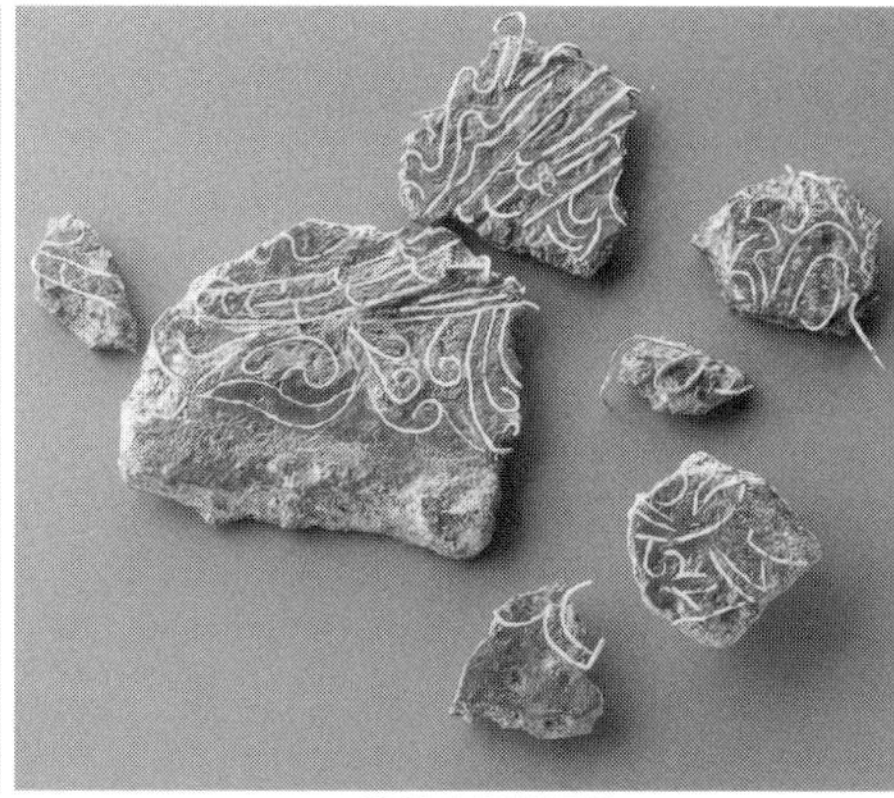

b 龍紋金象嵌馬具

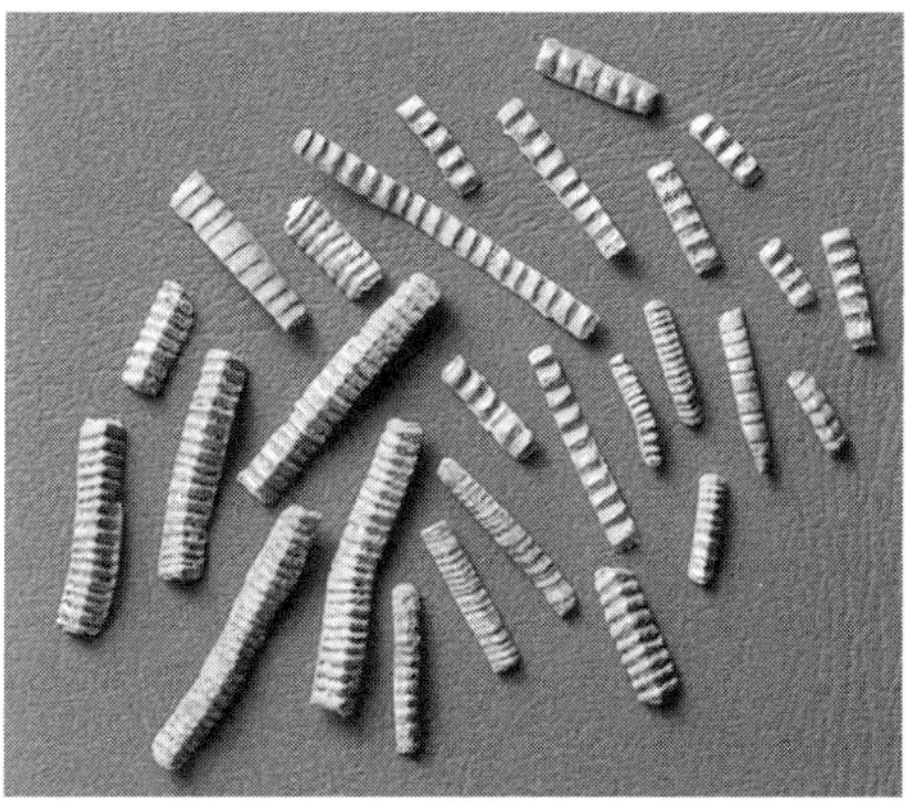

c 銀線

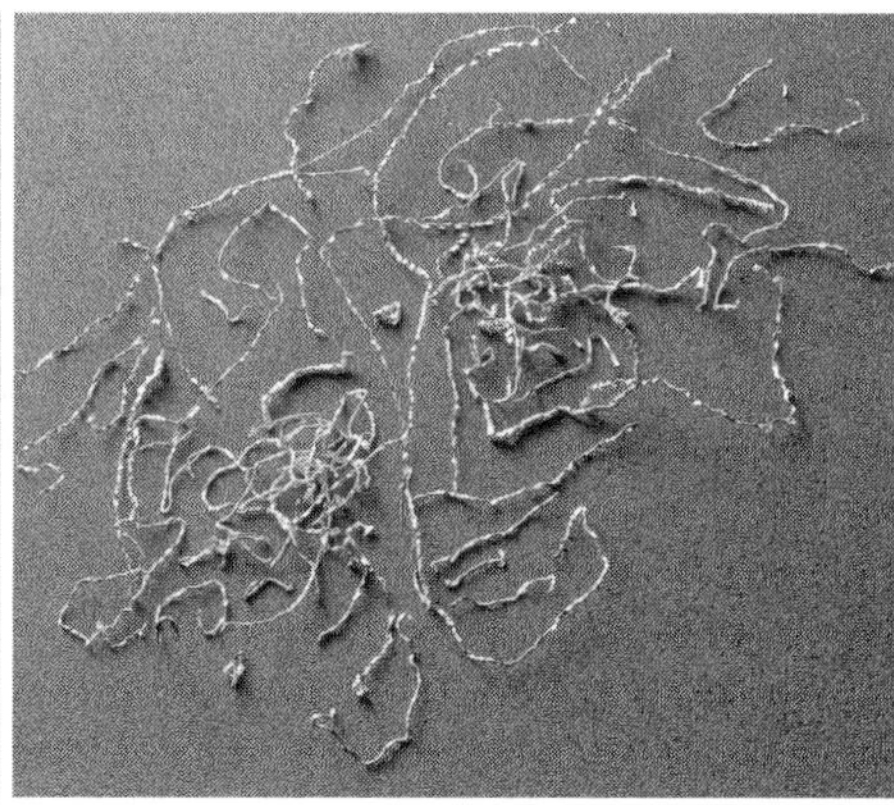

d 金糸

e ガラス玉

f 漆塗籠棺

図 11　シシヨツカ古墳出土遺物

地元に残る字名「白木」は「新羅《しらぎ》」に通じることから、飛鳥時代後期の渡来系高級官僚一族の埋葬地だった可能性が、発掘当初から指摘されていました。また、「白木」は全国に三〇以上知られ、冒頭で示した井真成の白猪氏にかかわるという説もあります。

ただし、石室形態とは別に、墳丘形態と副葬遺物だけで解釈すれば、磯長谷の王陵被葬者たちと同時期に活躍した勢力の墓域と考えざるをえません。とくに、副葬された土器が造営年代を語るとすれば、横口式石槨の年代も五〇〇年代までさかのぼり、ひいては古墳時代終末期の開始時期もそこまで古く位置づけられるという議論をよんだわけです。

しかし、わたしは副葬品から古墳の年代を古くさかのぼらせる位置づけに疑問をもっています。たしかに、シショツカ古墳の被葬者が五〇〇年代後半に活躍した人物だとしても、古墳の年代はツカマリ古墳、アカハゲ古墳とともに六〇〇年代初頭以降、つまり、平石谷は王陵の谷の次世代に活躍した人たちの墓域とみています。

そこに古い副葬品がおさめられていたことには理由があります。この墓域の人たちが隆盛をきわめた六〇〇年代になって、先祖の墓を改葬し、新時代の墓室形態でシショツカ古墳を造営し、副葬品と棺をおさめ直したと考えるのです。その結果、高坏は供物を供える目的ではなく、大甕におさめて墓室入り口に埋納されました。また、この墓の造墓と改葬にはツカマリ古墳、アカハゲ古墳の被葬者が深く関与したことは間違いありません。おそらく、父親かおじさんにあたる人物の墓を墓域の中心に据え直し、荘厳にする目的だったのではないでしょうか。

多くの改葬例

このように、古い時期の供物をいれた土器を副葬した古墳に大阪府八尾市愛宕塚《あたごづか》古墳があります。やはり墓室の入り口に古い高坏をまとめて添えています。わたしは記紀に記された改葬墓を考える好例だととらえています。

磯長谷に葬られた用明天皇や推古天皇はともに改葬されていることも重視できます。用明天皇は五八七年に崩御してほどなく、磐余池上《いわれのいけのえ》に埋葬されました。しかし、六年後に磯長谷に改葬されています。また、推古天皇も厚葬を嫌い、息子の竹田皇子《たけだのみこ》の墓に合葬することを遺言したようです。六二八年に崩御後、すみやかに竹田皇子の墓に葬られましたが、皇子とともに磯長谷の陵墓に改葬されたのです。

このような改葬には当時の権力者である蘇我馬子の意向が強く働いていたことも指摘されています。それは欽明天皇の妃であり、推古・用明の母である堅塩媛《きたしひめ》の改葬がにぎにぎしくおこなわれたことによります。堅塩媛は蘇我稲目《いなめ》の娘で馬子の妹でもあります。正室でない堅塩媛が欽明天皇陵におさめられ、副葬品や葬送儀式に使われる明器・明衣のたぐいは一万五千も集まったと書かれています。

近年、真の欽明天皇陵と考えられている五条野《ごじょうの》（見瀬《みせ》）丸山《まるやま》古墳の石室内部の詳細があきらかにされ、二つの石棺が確認されました。驚きは新しい型式の石棺が奥に鎮座し、古い型式の石棺が手前の片側に寄せられていたのです（**図40、一一三ページ参照**）。それは五七一年に没した欽明天皇の棺がわきへ除けられて、六一二年に改葬された蘇我一族の堅塩媛が奥に据えられたことを示すと思っています。

墳丘形態が語る被葬者像

先に、天皇陵は当初、前方後円墳にはじまり、蘇我氏の台頭する時代になって方形墳へと変化することを話しました（**三一ページ参照**）。具体的には五条野（見瀬）丸山古墳（欽明天皇陵）・太子西山古墳（敏達天皇陵）までが前方後円墳、春日向山古墳（用明天皇陵）・赤坂天王山《あかさかてんのうざん》古墳（崇峻天皇陵）・山田高塚古墳（推古天皇陵）までが方形墳、段ノ塚古墳（舒明天皇陵）・山田上ノ山古墳（孝徳天皇陵）・牽牛子塚《けんごしづか》古墳（斉明〈皇極〉天皇陵）・御廟野古墳（天智天皇陵）・野口王墓古墳（天武・持統天皇陵）・中尾山《なかおやま》古墳（文武天皇陵）までが八角墳という推定です（**表2・図12**）。

ただし、天皇陵は宮内庁の指定で立ち入りができず、正確な墳形は考古学的に検証できないうらみもあります。また、欽明・崇峻・

天皇	没年		墳形	棺	埋葬地	備考
継体	531		前方後円墳	家形石棺	摂津	今城塚古墳説
安閑	535				河内	
宣化	539				飛鳥周辺	
欽明	571				飛鳥	梅山古墳・五条野（見瀬）丸山古墳説
敏達	585	追葬			磯長谷	石姫皇后墓に6年後追葬
用明	587	改葬	方形墳		磯長谷	磐余陵から6年後に改葬
崇峻	592				飛鳥周辺	赤坂天王山古墳説
推古	628	改葬		漆棺？	磯長谷	植山古墳（推定推古天皇陵）から改葬
舒明	641	改葬	八角墳		飛鳥周辺	飛鳥の陵から翌年改葬
孝徳	654				磯長谷	
斉明	661				飛鳥	鬼ノ俎・雪隠古墳、牽牛子塚古墳説
天智	671				山科	
天武	686				飛鳥	
持統	702	火葬		蔵骨器	飛鳥	天武陵に翌年合葬
文武	707	火葬			飛鳥	中尾山古墳説
元明	721	火葬	円形		奈良	
元正	748	火葬			奈良	
聖武	755	火葬			奈良	

表2　陵墓墳形と棺・葬送の変化模式表

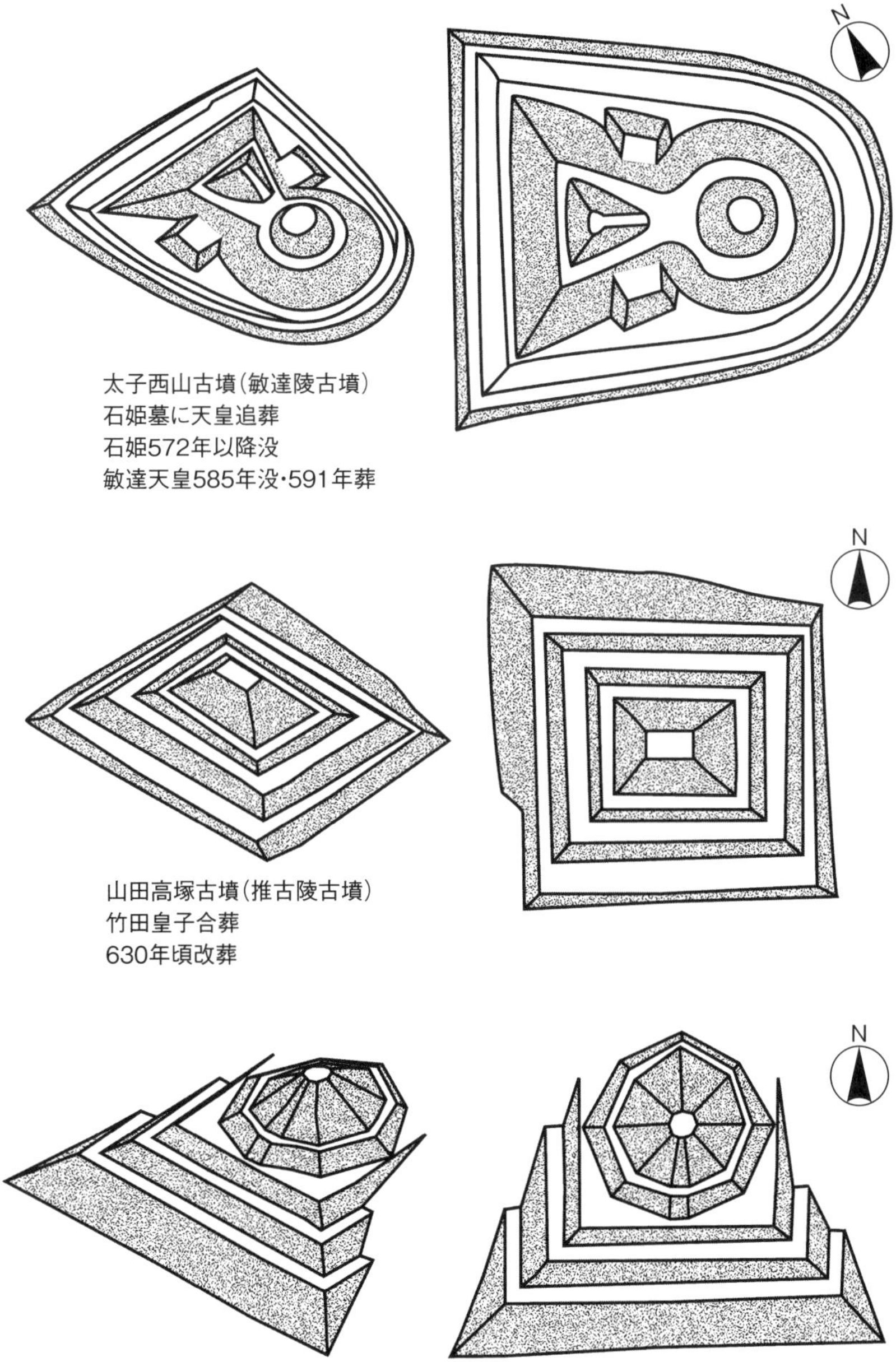

図 12　大王墓の墳丘変化

斉明・文武の各陵墓は宮内庁指定以外の墓が真の陵墓という説に立ちます。

いずれにせよ、平石谷の三つの古墳は、その墳形が大型方形墳であることから、飛鳥前期、つまり蘇我氏全盛期の有力者のものであることは確かでしょう。さらに、三古墳がほぼ同規模で並んで営まれることから同族による墓群とも考えられます。

残念ながら発掘成果から墓主を特定する資料は得られませんでした。けれども、それが蘇我系の墳墓とされる大型の方形墳であることは見のがせません。また、北にひろがる磯長谷古墳群や陵墓が蘇我氏系の一大古墳群であることを考慮すれば、同時期に形成された天皇陵に比肩する平石谷の三古墳群が地元の盟主や中小の豪族によるものとは考えられません。三古墳の被葬者は、飛鳥時代前期に活躍した皇族か蘇我氏の有力者と推定します。磯長谷の山田高塚古墳（推古天皇陵古墳）の三段目の墳丘規模が東西三四メートル、南北二五メートルで、それがシショツカ古墳の三段目の規模とまったく共通することも偶然とは思えません。造墓集団も関連すると考えられます。

榛原石と蘇我氏

具体的な被葬者名は、調査段階からさまざまにささやかれました。近年注目されているのは、当時近つ飛鳥博物館で終末期古墳の研究をまとめていた山本彰《やまもとあきら》さんの意見です。それは、この三古墳こそ蘇我氏三代（馬子・蝦夷・入鹿）の墓という推測です。

以前より蘇我氏に関する墳墓や寺院に共通する特徴として、榛原石《はいばらいし》（流紋岩質溶結擬灰岩《りゅうもんがんしつようけつぎょうかいがん》）と俗によばれる板石の出土が注目されていました。この板石は奈良県と三重県の境にある渓谷などから産出します。

両飛鳥の寺院の基壇・石敷き、墳墓の積み石・敷石などには通常、二上山《にじょうさん》の凝灰岩や葛城・生駒山などの花崗岩《かこうがん》が利用されます。しかし、蘇我氏にかかわる島庄遺跡、甘樫丘東麓《あまがしのおかとうろく》遺跡をはじめ、飛鳥寺、山田寺、新堂廃寺《しんどうはいじ》など、蘇我系の遺跡や寺院ではことごとく榛原石の利用が認められます。このことは、蘇我氏が一元的に石材の切り出しと流通を掌握していた可能性を示すものかもしれません。

したがって、平石の三古墳に榛原石が利用されていたことも偶然ではありません。石材を分析した奥田尚《おくだひさし》さんは三古墳の被葬者が蘇我氏にかかわることをはやくから力説しています。

しかし、蘇我氏三代の墓は『日本書紀』などの古記録を頼りに古くから研究が進められ、なかでも、昭和のはじめに発掘された遠つ飛鳥の石舞台古墳は、馬子の墓と語り継がれています。そして、蝦夷・入鹿の墓も奈良県水泥《みどろ》古墳の二石棺と推定されてきたのです。

5　平石古墳群と蘇我三代墓

『日本書紀』による馬子の墓

蘇我三代の墓について、もう少しくわしく史料をひもときますと、『日本書紀』に概略が記されています。まず、馬子は六二六（推古三四）年に亡くなり、桃原墓《ももはらのはか》に葬ると記されています。そのとき、蘇我諸族が嶋大臣《しまのおおおみ》（馬子）のために墓をつくろうと墓所に集まったとあります。ところが、墓の造営中に馬子の弟である摩理勢《まりせ》が造営のための庵《いおり》を壊して、田家《なりどころ》に帰ってしまい、仕事をしなかったといいます。これは六二八年に推古天皇が崩御し、後継の天皇をめぐって内紛がおこったからです。摩理勢は聖徳太子の子の山背大兄王《やましろのおおえのおう》を推していました。あからさまな態度に出た摩理勢は馬子の子である蝦夷によって殺され、蝦夷の推した田村皇子《たむらのみこ》（舒明天皇）が即位しました。

以上により、馬子の墓は桃原にあると考えられます。しかし、桃原で「殯《もがり》」か仮埋葬されているときに別所で造墓されていたという解釈もできます。現在、馬子の邸宅があった島庄ちかくにある石舞台古墳が桃原墓と考えられ、馬子が埋葬されたとなかば定説化しています。

石舞台古墳は昭和のはじめに発掘調査されました。全長二〇メートルの巨大な石室が明らかにされ、その古墳形も一辺五〇メートルと王陵クラスであることがわかりました（**図13上**）。さらに、石室内は古くに盗掘を受け、本来あった家形石棺がわずかなかけらを残して持ち去られていることも判明しました。さらに、墳丘盛土が失われ、石棺も破壊されてなくなっていたことから、乙巳の変後に天智天皇一派によって破壊されたのではないかという推定もあります。

蝦夷・入鹿の墓

蝦夷の擁立した舒明天皇の治世は長つづきせず、一三年で終わります。舒明天皇には蝦夷の妹、法《ほ》堤郎媛《てのいらつめ》との間に古人大兄皇子《ふるひとのおおえのみこ》が、皇后宝皇女《たからのひめみこ》との間に葛城皇子《かづらきのみこ》（中大兄皇子《なかのおおえのみこ》）と大海人皇子《おおあまのみこ》がいましたが、皇子たちは若すぎました。そこで、宝皇女が皇極女帝として即位したのです。

皇極天皇即位の元年（六四二）、蝦夷は葛城の高宮に祖先の廟《びょう》を新設し、中国の王家の舞である八《や》佾《つら》の舞を奉納しました。さらに上宮家の人夫を徴発し、「今来《いまき》」の地に自分と息子の入鹿の双墓《ならびのはか》を造

図 13　石舞台古墳の石室（上）と岩屋山古墳の切石石室（下）

営した、とあります。蝦夷の墓を大陵《おおみささぎ》、入鹿の墓を小陵《こみささぎ》とよばせます。上宮王家の舂米《つきしね》女王（山背大兄王妃）は「国政を我がものとし、非道なおこないが目に余る。なぜ、王家の民を勝手に使役するのだ」と非難したといいます。

　そして、六四五（皇極四）年に乙巳の変がおこりました。入鹿は斬り殺され、蝦夷は自害します。その日のうちに蝦夷・入鹿の遺骸は墓に葬ってよいという許可が下り、服喪も許されたといいます。以上により、蝦夷と入鹿の墓は「今来」に営まれた大小の双墓であることや大勢の人夫を駆り出して大規模に造営したことがわかります。祖先の廟を新設したとされる葛城の高宮がどこであるのかは知られていません。かつての葛城氏の本拠、現在の御所市高宮廃寺付近が高宮の候補とされていますが、金剛山の山腹の標高が五〇〇メートルをこえる山中です。馬子が死ぬ二年前の六二四（推古三二）年に、馬子は推古天皇に葛城県を懇願するものの受け入れられなかったという記事があります。蘇我の本貫は葛城氏であり、葛城蘇我氏の名も残り、代々封ぜられたいという願いです。皇極天皇の代になって祖先の廟を葛城に新設したことから、その地が蘇我一族に渡ったようです。

　ところで、「今来」とは「今来郡」のことで、現在の奈良県高市《たかいち》郡を示すという考えが一般的です。たとえば、欽明七年の条には今来郡の報告として、檜隈《ひのくま》の里人の見聞が記録されています。「今来」を檜隈と考える説では、双墓がのちの天武・持統天皇陵ではないかという考えもあります。この陵墓は巨大な陵域が復元され、もともと二人の墓室の空間が用意されていたものの、持統天皇が火葬されたため、天武天皇の墓室におさめ、西側の丘陵がとり残されたという分析を発展させたものです。つまり、巨大な墓域の方形壇があり、東西に大陵・小陵が並んでいた形態を改変して天皇陵が造営されたという興味深い説です。

近年、丸山古墳のある橿原市五条野《ごじょうの》の丘陵で区画整備事業にともなう発掘調査があり、六基の古墳が調査されました。このあたりは、今来郡で墳墓が集中する地域です。調査された一つは、推古天皇と竹田皇子の墓と推定されている植山《うえやま》古墳です。さらにその東側で二基の新たな古墳が発見されました。宮ケ原《みやがはら》一・二号墳です。この二基の古墳は中規模の横穴式石室をそなえていましたが、石室は徹底的に破壊され、石材の大半は抜きとられて紛失していました。わずかに残された石から、この二基の古墳は切り石積みの石室で、飛鳥時代後期にくだる可能性があるものとわかりました（図46、一二四ページ参照）。

大形の切り石の石材が高取城《たかとりじょう》の建設のために大量にもち出されていることに注目する河上邦彦《かわかみくにひこ》さんは、この墓の石材こそ高取城の石垣に残されている可能性が高いと考えました。そして、調査を担当した橿原市の竹田政敬《たけだまさのり》さんは、二つの古墳が蝦夷・入鹿の墓だったと新たに推測しました。

しかし、「今来」の名は葛城にもあり、古くから御所市水泥古墳が蝦夷・入鹿の双墓とされてきました。この古墳は直径一五メートルほどの円墳で、全長約一〇メートルの横穴式石室があり、二基の家形石棺がおさめられていました（図14）。また、その北側にひとまわり大きな石室をもつ水泥北古墳があり、双墓ともよばれています。こちらは直径約二〇メートルの円墳です。両古墳とも調査されていますが、年代や被葬者の手がかりとなる遺物はすでに盗掘されていました。

図 14　水泥古墳の墓室と石棺

水泥古墳は蝦夷・入鹿の墓にあらず

蘇我三代の墓について、確かかもしれないという考古学的に比較検討できる二つの資料が、五条野の古墳から示されるようになりました。その一つが、先に示した真の欽明天皇の陵墓とされる五条野（見瀬）丸山古墳の内部状況が公表されたという成果です。全長二六メートルにもおよぶ長大な横穴式石室には石舞台古墳の天井石を上回る巨大な石材が使われ、二基の家形石棺がおさめられていました（図40、一一三ページ参照）。

石棺は形態から新旧の差が見られ、手前が五七一年に葬られた欽明天皇の棺《ひつぎ》、奥が六一二年に改葬された馬子の妹にあたる堅塩媛の棺と考えられます。

堅塩媛の棺が初葬かそれ以前に用意されていたとしても、埋葬年代から二つの棺には三〇年近くの時期差があり、その時期差が棺蓋の突起の形態差に明瞭に示されています。前者の欽明の棺とされる石棺は和田晴吾《わだせいご》さんの編年によると、藤ノ木古墳の棺（五八〇年頃）にやや新しく、赤坂天王山古墳の棺（五九二年頃）ほど新しくならない南大和型のものです。後者、堅塩媛の棺とされる石棺はさらに形骸化が進んだ最終段階の形態であることがうかがえます（図69、一九一ページ参照）。

これを蝦夷・入鹿の墓とされる水泥古墳の石棺と比較すれば、堅塩媛の棺とされる六二〇年代の石棺に共通し、六四〇年代にくだる形態ではないことが一目でわかるのです。つまり、蝦夷・入鹿の棺は堅塩媛の棺よりさらにくだった時期の形態であるはずだということです。実際には堅塩媛の家形石棺が最終段階と考えられ、それ以降の石棺は存在しないようです。したがって、二人の棺は家形石棺ではありえません。

石舞台古墳は馬子の墓にあらず

さらに、竹田皇子・推古天皇が初葬された墓と考えられる橿原市植山古墳が明らかにされました（**図15**）。この墓は一辺約五〇メートルの長方形の方形墳で、二基の石室が並びます。東側の石室のみに巨大な家形石棺がおさめられていました。西側石室には石棺が置かれた痕跡はなく、玄門には寺院に共通する扉構造がありました。

ところで、推古天皇は六二八年に葬られています。竹田皇子は蘇我と物部の戦争（五八七年）で聖徳太子とともに戦陣におもむき、推古にかわって王位につくと目されていました。しかし、その後の記録には登場せず、西暦六〇〇年以前に若死にしたのでは、と考えられています。この場合、東側が竹田皇子、西側が推古天皇の墓室だったと推定でき、やはり最終段階の形態である五〇〇年代末の家形石棺の様相がつかめる資料です。

このように考えると、小破片にせよ、家形石棺が

図15　植山古墳（推定推古天皇陵）**の西の石室**（左）**と東の石室**（右）

発見された石舞台古墳の年代も馬子が没した六二四年よりさかのぼる可能性が高くなってきます。また、石舞台古墳は石室形態も五条野（見瀬）丸山古墳の石室に共通し、むしろ五〇〇年代の範疇で考えるべきだという意見もあります。この場合、蘇我氏の墓とすれば、馬子ではなく稲目の墓と解釈することもできます。

なによりも石舞台古墳の造営時期が六〇〇年代にくだらない理由として、石室の主軸が正方位から大きくはずれ、南に開口せず、その前面が周溝の堤でさえぎられることです。これまで知られる古墳時代後期の大型方形墳は南に下る丘陵斜面を利用して、南面を正面に段状に造営し、北側と東西を周溝によって丘陵と切り離し、形態を整えます。墳丘の軸線と石室は正方位を強く意識し、三方を山に囲まれ南をひろく開ける風水思想に準拠したものです。これは、のちに藤原京が畝傍《うねび》・耳成《みみなし》・香具《かぐ》の奈良三山に囲まれる方位地割であること、平城京が生駒・奈良山・春日山に囲まれる方位地割であることなどからも理解できます。

つまり、石舞台古墳は自然地形を利用した後期前方後円墳的な軸線と周溝に囲まれる形態で、風水思想に影響されていないのです。

それでは、六二〇年代の大型古墳の墓室形態はどうだったのでしょうか。その好例が上城古墳（聖徳太子墓）と考えられています。この墓は磯長谷古墳群にあり、墓の前面には古くから太子信仰で栄えていたことを示す叡福寺《えいふくじ》が営まれています（**図16上**）。この墓も三方を山に囲まれ、真南に開口する石室を中心とします。宮内庁の管理となり、内部は公開されていません。しかし、古記録から石室形態が復元されており、岩屋山《いわややま》古墳式（**図13下**）とよばれる精美な切り石造りの石室だったことがわ

かっています（図17）。
　棺は六二一年に亡くなった太子の母である穴穂部間人《あなほべのはしひと》皇女の棺が奥に、その手前には六二二年に亡くなった太子と妃の棺が東西に並べられていたようです。太子と妃の棺は漆塗り木棺でした。現在、その実物大の復元石室が大阪府立近つ飛鳥博物館に展示されています。
　実際のところ、三人がほぼ同時に亡くなるという記録は不自然で、母の皇女はもう少しはやくに他界し、造墓

図 16　上城古墳（聖徳太子墓、上）**と石室の入り口**（下）

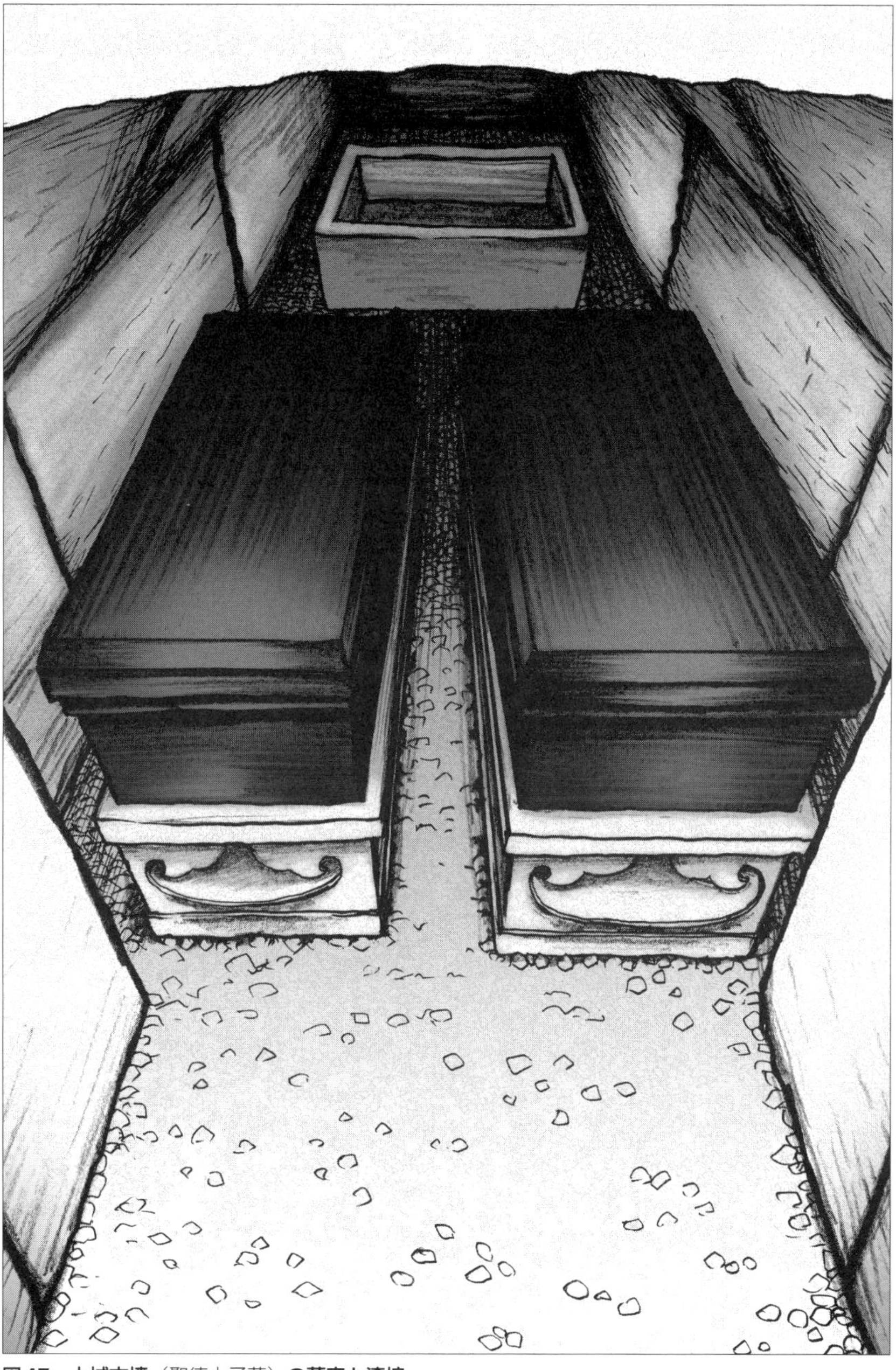

図 17　上城古墳（聖徳太子墓）**の墓室と漆棺**

もさかのぼる可能性があります。いずれにせよ、この石室形態を六〇〇年代前半の典型例とすれば、自然石を積み上げ、家形石棺をおさめる石舞台古墳は一時期さかのぼるはずなのです。

石舞台古墳の発掘成果から、飛鳥時代後期のうちに石室内が破壊されたという積極的な証拠もなく、多くの古墳が盗掘されたり、墳丘が削られていたりすることを考慮すれば、石室がむき出しになって石棺がもち出された現象を乙巳の変に結びつける根拠は薄いものです。

平石古墳群の年代

つぎに、シショツカ古墳、アカハゲ古墳、ツカマリ古墳の造墓年代を確認します。先に示したように、三古墳はすべて壮大な墳丘をつくり出す方形墳で、飛鳥時代前期の特徴を示します（**巻頭図版2**）。しかし、墓室の形態はほぼ同規格の横口式石槨という新型のものでした（**図18**）。丘陵の開口部から深部の高地に造墓がつづけられたとすれば、シショツカ古墳にはじまり、ツカマリ古墳に終了する変遷がたどれます。

シショツカ古墳から五〇〇年代後半の須恵器が発見された以外、アカハゲ古墳・ツカマリ古墳では副葬遺物からはその年代を明瞭にすることはできません。しかし、先に示したようにシショツカ古墳の須恵器は古墳の造営年代を示すのではなく、改葬にともなう古いものだと考えます。墓室形態からみて、いずれの古墳も六〇〇年代以降と考えます。

横口式石槨の開始時期は六〇〇年代初頭と考えられています。年代の根拠となった墓は、平石谷から石川をはさんで対岸に営まれたお亀石《かめいし》古墳です。この墓の墓室形態は家形石棺の側面に穴をあけて

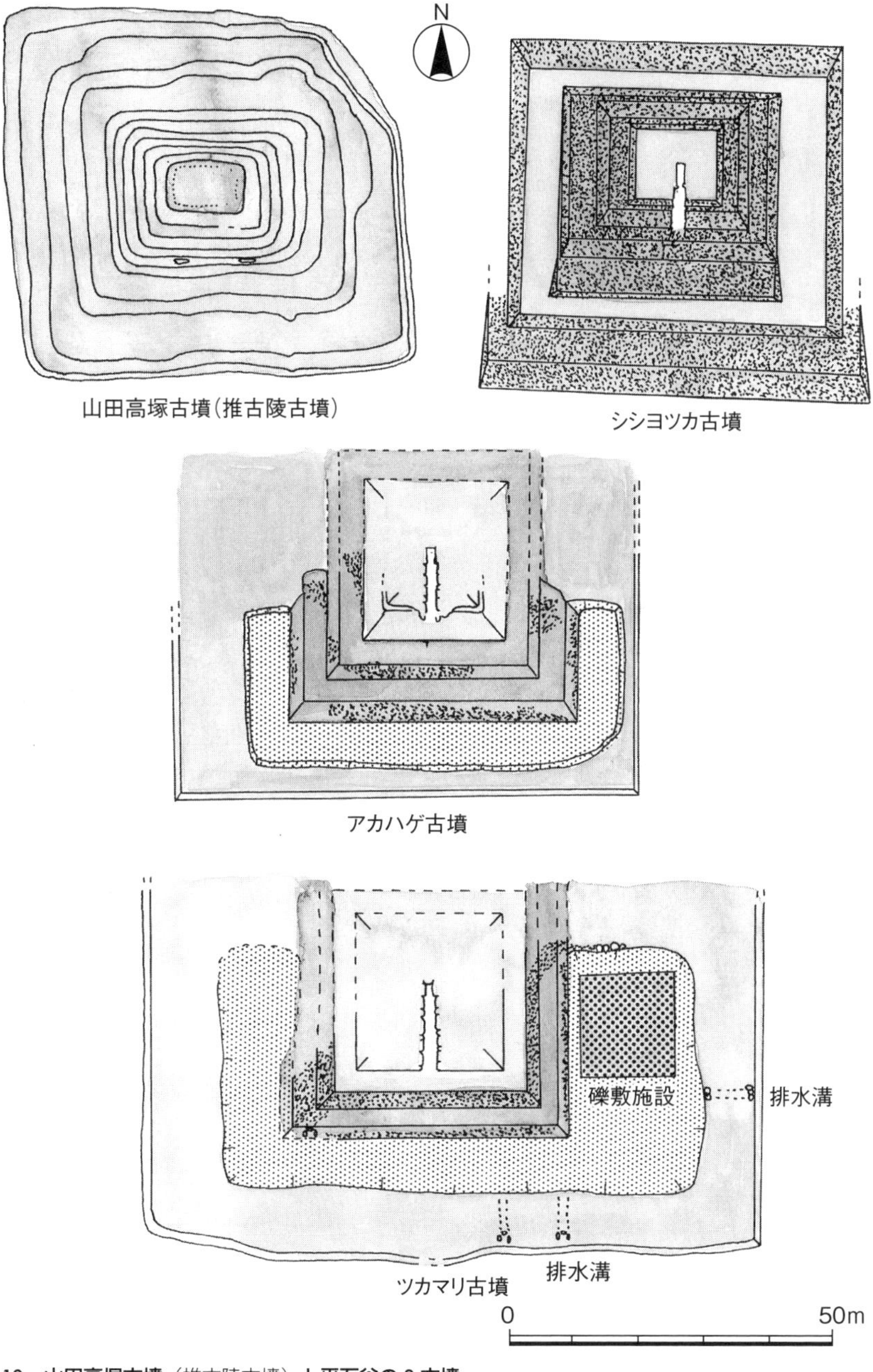

図 18　山田高塚古墳（推古陵古墳）**と平石谷の 3 古墳**

箱状の槨とし、その前面に切り石組みで前室と羨道を備えたものです（図19）。

この古墳は後に詳述する蘇我系寺院、新堂廃寺の裏山にあり、付近に瓦窯《かわらがま》もみつかっています。そして、石棺を土留めするために瓦が埋め込まれていたのです。この瓦はお寺の創建段階の技法をもつものに共通し、軒瓦の紋様をこまかく比較検討する研究を通して、草創期の寺院の瓦に共通するものであると判明したのです（コラム1参照）。お亀石古墳の石槨は家形石棺を利用することから横口式石槨としては不完全なものですが、この形態を祖形に切石造りの横口式石槨が定型化していくようです。

したがって、横口式石槨の開始段階も飛鳥寺の伽藍が整う六〇〇年代初頭と推測されているのです。もう一つの推測は六〇三年に制定された冠位十二階の制度です。出身氏族の勢力による漠然とした身分制度から、色の違った冠を天皇が与えることによって、政治力と序列を明瞭にするものです。つまり、氏族の力から個人の力へと変化するのです。古墳造営の動員力や祭祀の規模は、個人を支えた氏族の勢力を示すものでした。この変化によって、一族墓から個人墓へ収斂が進み、あるいは大規模な造墓の意味が半減したと考えられています。

以上により、横口式石槨の普及は六〇〇年代初頭以降と考えるわけです。ただし、制度改正と造墓変化を単純に結びつけることに異議をとなえる説もあります。

それでは、三古墳のうち、最初につくられたシショツカ古墳が仮に六〇〇年代初頭に造営されたとしても、最後につくられたツカマリ古墳はいつ頃のものと考えるべきでしょう。三古墳の設計や石室規格に大きな変化がないことに注目すれば、同世代の造墓集団によるものと理解できます。

さらに、突き詰めれば、わずかにツカマリ古墳の排水溝に須恵器の小片が流れ込んでおり、その形

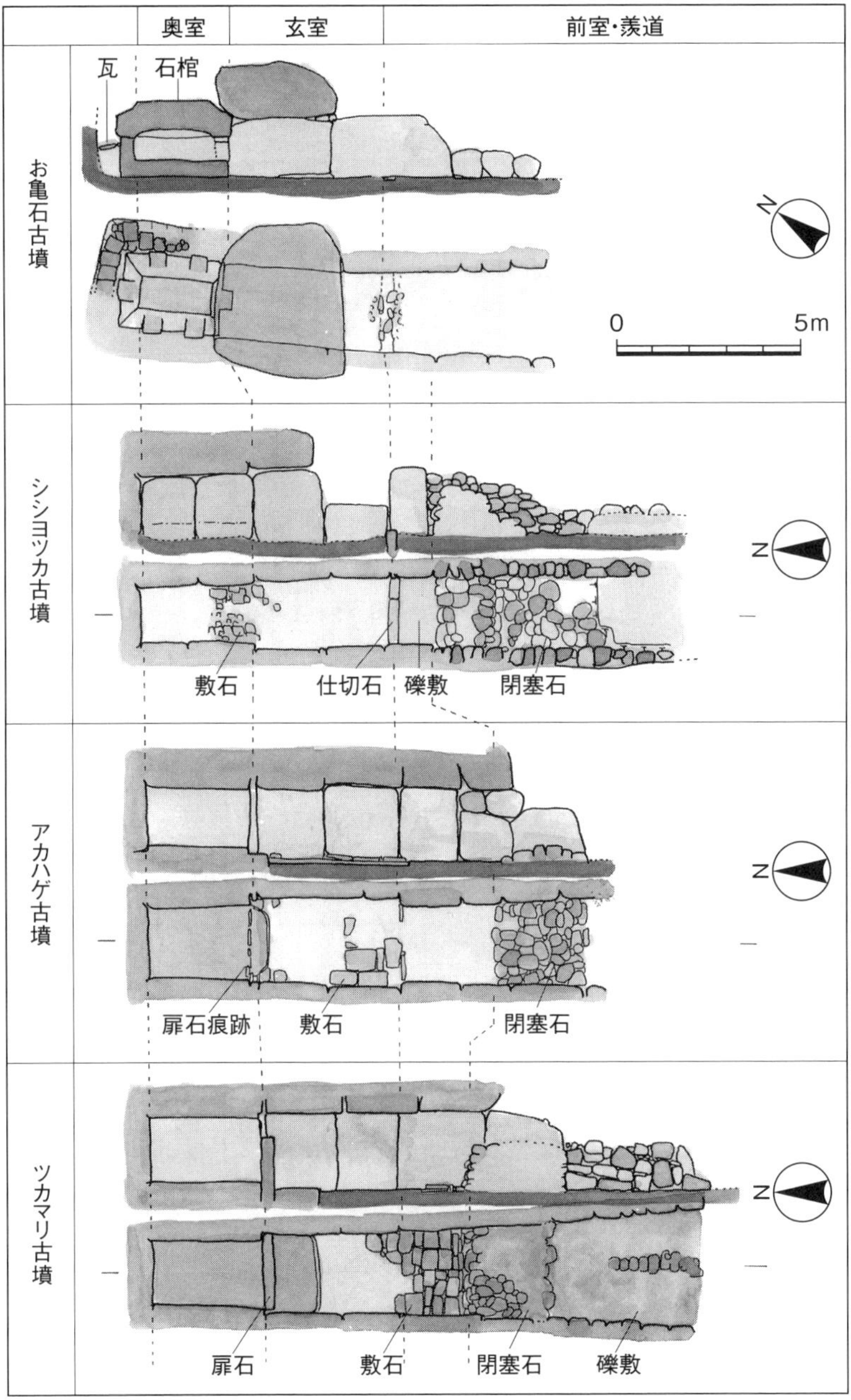

図 19　お亀石古墳と平石谷 3 古墳の石槨

態は飛鳥時代中頃と推定できます。非常に小さなかけらで、造墓段階で混入したのか埋葬段階で混入したのか限定できません。

これを補強する推測は大化薄葬令が発布され、大規模古墳の造営に規制がかけられたことです。薄葬令が実効性のあるものならば、大規模なツカマリ古墳の造営は大化以前と推定されます。薄葬令の規定では、もっとも高位の天皇や皇族が一〇〇〇人の夫役《ふえき》で七日間の労働、上臣《かみつおみ》が五〇〇人で五日、下臣《しもつおみ》が二五〇人で三日などとつづきます。ツカマリ古墳では石室の切り出しから墳丘構築をふくめれば、とても七日の労働ではできないだろうということです（**表10、一八三ページ参照**）。

ただし、これについても制度改正による造墓変化がスムーズだったことに異議をとなえる説もあります。古くにツカマリ古墳の石室内が調査されたときに緑釉の陶製棺台が採集されたことを重視し、飛鳥後半でも藤原宮期頃（六八〇年代）の造営と考える年代観が一つの候補となります。つまり、高松塚古墳のような石室形態が出現する直前の墓だったというものです。

以上に対し、個々の遺構・遺物の検討のほか、調査を担当した枡本哲《ますもとてつ》さんの意見は少し違っています。平石谷には三古墳のほか、谷の開口部に点在する七基以上の群集墳である加納《かのう》古墳群、シショツカ古墳の西に近接する方形墳である駕田《かもた》古墳、三古墳の背後にあるバチ川古墳や大原《おおはら》古墳などの群集墳をあわせた変遷のなかに造墓の年代をとらえるべきだというものです（**図20**）。

さらに、シショツカ古墳とアカハゲ古墳の間には破壊されたもう一つの大型古墳が存在したのではないかという地形分析もなされています。現地を丹念に調査した成果だといえるでしょう。

以上を一連のものとすれば、五〇〇年代後半から末にかけて谷の開口部や丘陵斜面に群集墳が形成

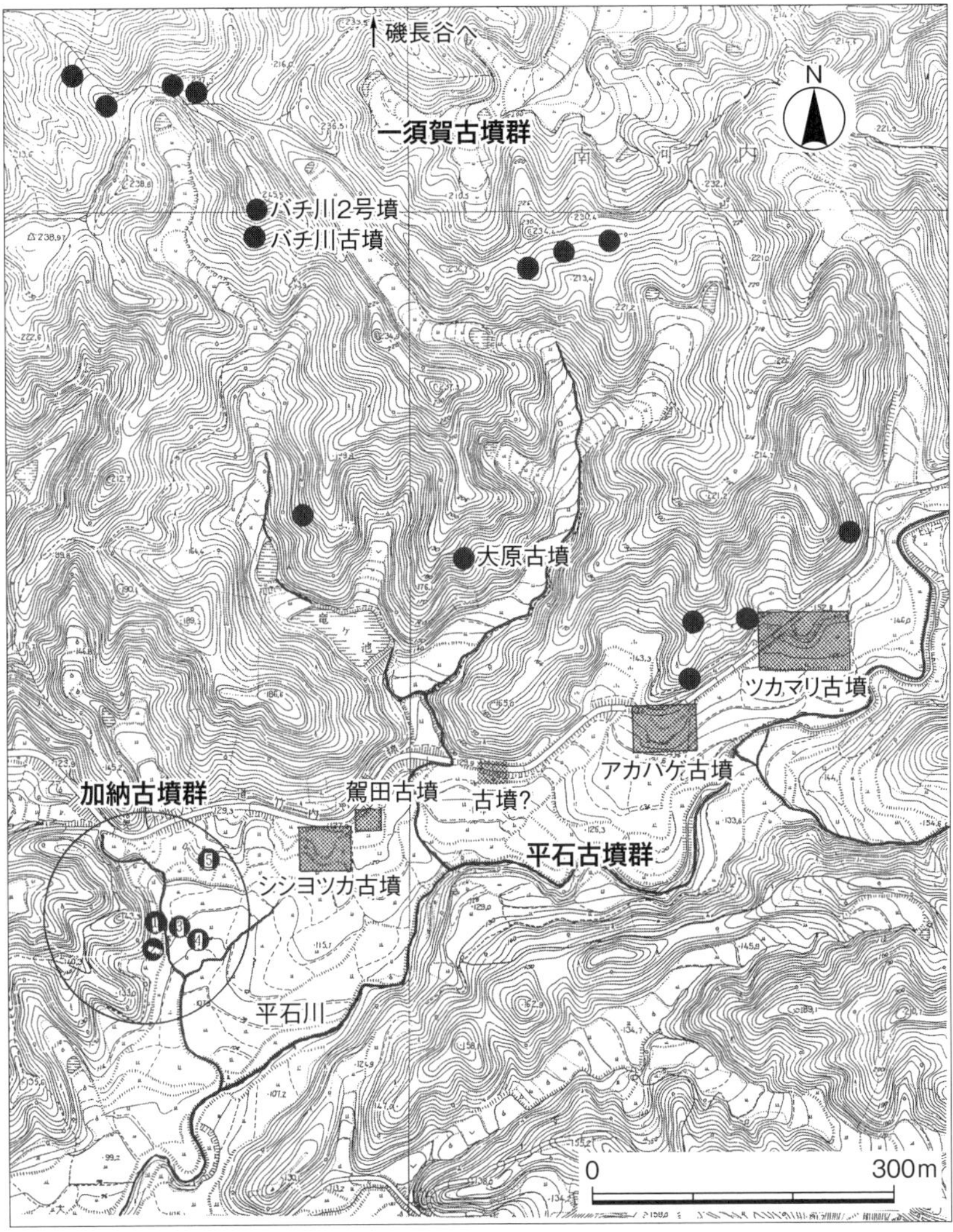

図 20　平石谷の 3 古墳配置図

され、その上流に向かってシショツカ・アカハゲ・ツカマリの大型古墳がつぎつぎと形成されていくというものです。

蘇我三代墓の考証

たしかに、蘇我一族は宗家に限らず、いくつかの傍系やその婦女、夭折の子息も多くいたでしょう。蘇我の墳墓としても、集団墓の形成と展開を位置づけることは基本となります。しかし、集団墓としての群集墳と、巨大な墳丘、高度な切り石技術、卓越した副葬遺物をもつ方形墳を同列に扱うことはできません。その意味で、平石の三古墳は造営そのものに政治性、社会性が表出されていると思います。

磯長谷古墳群も小規模な集団墓、中規模古墳、大型の天皇陵を含みこむ集合体です。これらのうち、陵墓とよばれる大型方形墳と対比すれば、平石谷の三古墳も王墓に匹敵、あるいは超越する卓越性、先進性をもっているのです。

その立地が王家の谷とよばれる磯長谷に近く、同時期に形成されたもので、いずれも方形墳を採用することから、その被葬者は磯長谷の王家に関連するものか、対抗できる勢力とみるべきでしょう。その意味では蘇我氏三代を候補にすることは魅力的です。

難波と遠つ飛鳥を結ぶ竹内街道が磯長谷を貫いています。三韓の使節、遣唐使などは王家の谷の威容を横に見ながら大和入りをしたことでしょう。同様に、一つ南の平石谷から葛城の山腹をこえて遠つ飛鳥へ入る道を選べば平石谷の三古墳の威容を目の当たりにするのです（**図21**）。明らかに被葬者

図 21　平石谷の 3 古墳復元図

は大王家に対抗できる勢力といえるでしょう。
馬子（六二六年没）、蝦夷（六四五年没）、入鹿（六四五年没）の没年代と三古墳の年代がほぼ対応することは興味深い事実です。ただし、シショツカ古墳の出土須恵器から五〇〇年代後半の被葬者を改葬した墓と考えるわたしの説と折衷すれば、シショツカ古墳は馬子の父である稲目（五七〇年没）と考えるべきでしょう。

五七〇年に没した稲目はいつ、どの墓に葬られたのか、古記録にはありません。石舞台古墳が五〇〇年代にさかのぼるものであれば、改葬前の墓の候補にできると思います。

アカハゲ・ツカマリ古墳を六四二年に造墓がはじまった蝦夷と入鹿の双墓と考えた場合、記録にある「今来」の墓所についての解釈が必要です。現地に残る「白木」という地名に関連づける必要があるでしょう。

さらに、『日本書紀』斉明天皇元年条には興味深い記述があります。「大空に龍に乗った者が現れた。顔かたちは唐人に似ていた。油を塗った青い絹で作られた笠をつけ、葛城山から馳せて生駒山の方に隠れた」という記事です。この龍に乗った不思議な人物について、『扶桑略記《ふそうりゃっき》』は「時の人いわく、蘇我《そが》豊浦《とゆら》大臣《だいじん》の霊なり」と記します。つまり、蘇我蝦夷の霊魂が葛城から出てきたというのです。乙巳の変で退位した皇極天皇が再び即位したときにおこった事件です。真相は定かではありませんが、蝦夷の御霊をまつる墓が葛城にあった手がかりと考えます。

想像をたくましくすれば、シショツカ古墳の造営は葛城の高宮に新設された祖廟という記事に結びつくのかもしれません。また、ツカマリ古墳の西側周溝に浮島状に残された東西一五メートル、南北一三メートルにおよぶ方形の礫敷き施設で「中国の王家の舞である八佾《やつら》の舞」が奉納されたのかもしれません。

以上の仮説では、馬子の墓のみ不明です。馬子の時代、推古天皇に本貫だった葛城を乞うたが実現しなかった、という記事が示唆的です。上城古墳（聖徳太子墓）に対比できる墓を馬子は造墓の構想にもっていたのかもしれません。ちなみに、現状で上城古墳と同時期で対比できる大型石室の方形墳は越《こし》の岩屋山《いわややま》古墳以外に見当たらないと思います（**図13下**）。

一般に知られる奈良県葛城郡は、葛城氏が没落する五〇〇年代の勢力図がわかっていません。蘇我の力がおよんでいたとしても、ごく一部と思われます。3節に示した、橿原市曽我にある宗我坐宗我都比古神社の縁起には河内の石川郡からこの地に移ったことが示されており、やはり蘇我の本貫を葛城二上の近つ飛鳥にもとめることができると思うのです。その意味において、平石谷に大規模な方形墳が並んで営まれた理由は蘇我一族の威容を示すにふさわしいものです。蝦夷、入鹿はみずからの墓を「大陵」「小陵」とよばせています。陵に匹敵する規模のものだったと考えられるのです。そういう意味では宮ヶ原一・二号墳は陵墓に匹敵しません。

さらに、馬子が葛城にこだわった理由として、稲目の妻、つまり自分の母方の出自が葛城だったという説がヒントになります。この時期の葛城氏の墓域は散在的で明瞭ではないのですが、平石谷を東に登って峠をくだったところで古墳群が調査されており、注目できます。三ツ塚古墳群とよばれる五〇〇年代後半にはじまる墳墓群で三〇基以上が発掘されました。それぞれは小規模ですが、奈良時代末頃までつづくことから連綿と官人層を輩出した在地勢力と考えられます。平石谷の三古墳は磯長谷のみならず、葛城とも関連する立地にあるのです。

蘇我氏傍流

一般に、大化改新以降、蘇我氏は歴史の舞台から消え去っていくように考えられています。たとえば、大化の改新後に山田寺《やまだでら》を完成させ、六四九年に謀反《むほん》の罪に自害、断絶した蘇我倉山田石川麻呂《そがのくらやまだのいしかわまろ》一族や壬申《じんしん》の乱で負け組（大友皇子《おおとものみこ》派）についた蘇我日向《ひむか》・赤兄《あかえ》などが有名です。

しかし、本宗家の滅亡後も数多くの傍流が要職についていることが知られています。たとえば、小治田臣《おはりだのおみ》・桜井臣・田中臣・岸田臣・久米臣《くめのおみ》などです。そのほか、南河内では石川郡川野辺《かわのべ》を本拠にした川野辺臣や錦部郡高向《たこう》を本拠にした高向臣がいます。前者からは斉明天皇時代に百済救援将軍、孝徳天皇時代に遣唐大使が輩出されており、後者のなかには天武天皇の時代に遣新羅大使に抜擢された者がいます。蘇我氏全盛期の近つ飛鳥周辺には蘇我傍流が勢力をのばしていたことも見過ごせません。

6　新堂廃寺と蘇我氏滅亡の後

古墳の終焉・寺院の建立

先に、近つ飛鳥では宮殿や豪族の居住地がみつからないといいました。蘇我一族は物部一族を破って、飛鳥寺の建立を機に遠つ飛鳥を本格的に開発するのですから、それ以前の本拠地が近つ飛鳥にあってもおかしくないのですが、発見されていません。寺院については大化改新以降に造営がなくなったとしても、それ以前の古伽藍がいずれかで発見されることを期待するのですが、はっきりしません。

六〇〇年代は、畿内を中心に寺院がつぎつぎと建立されはじめる時期です。大阪府内だけでも飛鳥時代に一〇〇以上の初期寺院が建設されていたことが発掘調査などによって確認されています。それは有力な豪族の氏寺として権力を視覚的に示すもの、とされています。たとえば、和泉《いずみ》三郡二四郷だけでも一七の寺院がつくられました。

また、巨大古墳の造営事業で力を競い合っていた地域ごとの豪族が寺院建立に力を移しかえたため、古墳祭祀は衰退していったと考えられることもありました。しかし、古墳から寺院への変化はスムーズに進行したわけではなかったようです。

そして、大陸からとり入れられた仏教も庶民のものではなく、豪族による祖先崇拝や国家鎮護、五穀豊穣を願った現世利益的役割が強いと考えられています。寺院建立のはじまりはこのように理解されているのですが、発掘調査が進むにつれ、わたしはいくつかの疑問をもつようになりました。

寺院を庇護した豪族の居住地

大阪府は府営住宅の建て替えなどにともなって泉佐野市秦廃寺《はたはいじ》、富田林市新堂廃寺、羽曳野市野中《やちゅう》寺《じ》などの大規模伽藍とその周辺を調査してきました。なかでも新堂廃寺では史跡整備のために中門、回廊や南門など、伽藍の中枢部分と寺域を確定する調査もおこなわれています。その結果、南北約一〇〇メートルの寺域に伽藍が配され、寺域の北方には七〇〇年代の掘立柱建物群からなる集落が確認

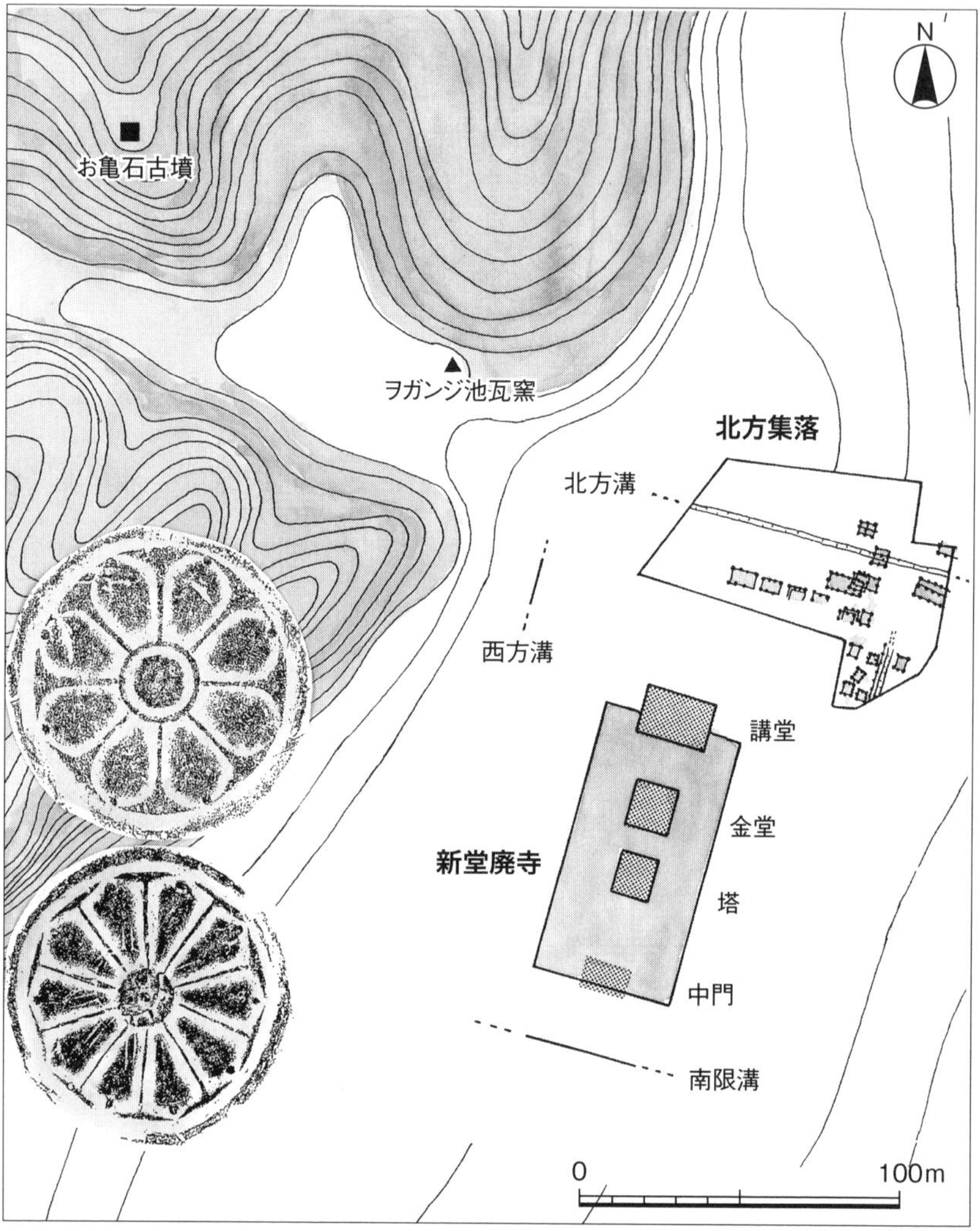

図22　新堂廃寺と檀越氏族の居住域・墳墓

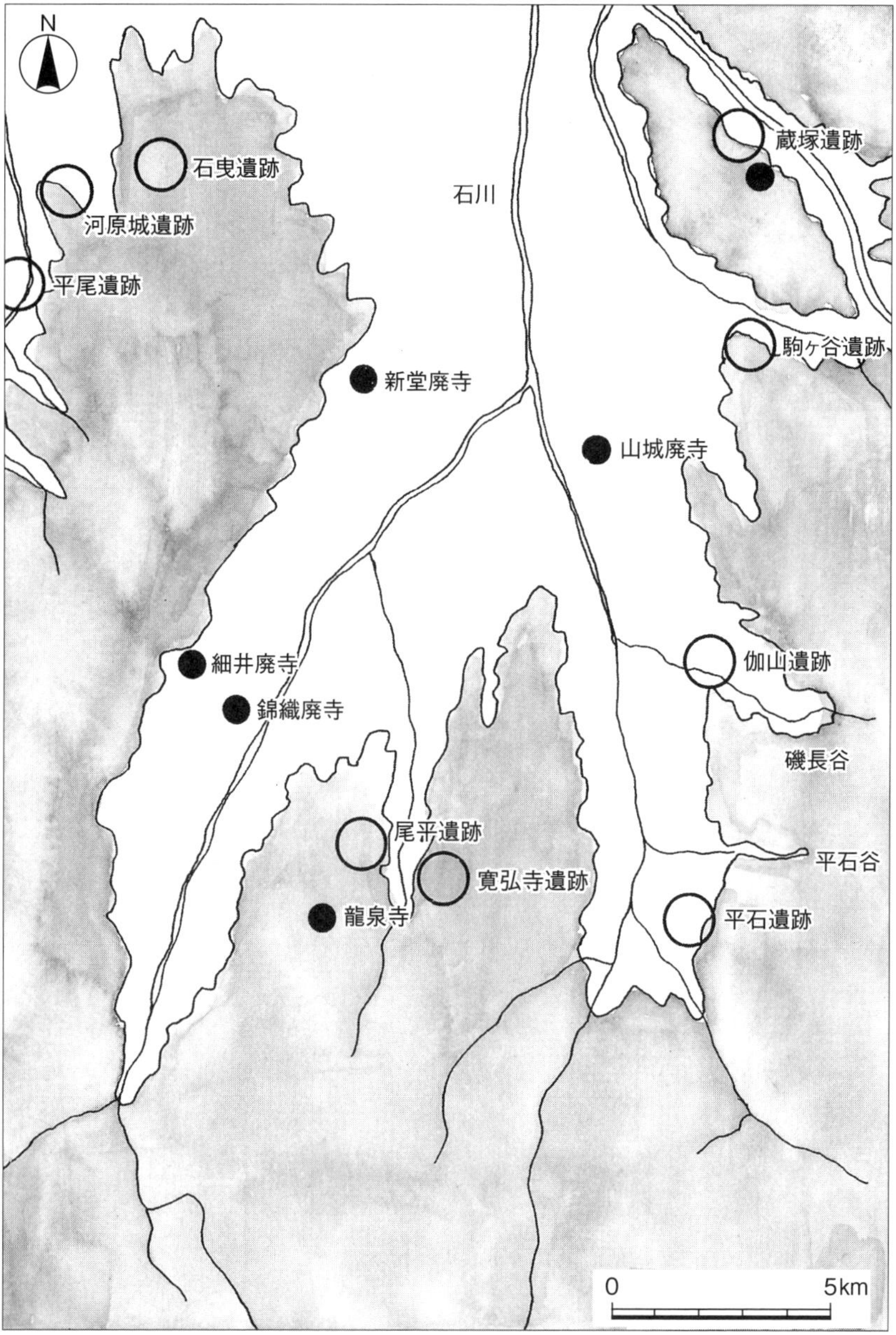

図 23　近つ飛鳥周辺の開発を示す遺跡群

されました（図22）。

注目すべきは、初期寺院が豪族の庇護を受けて建立されたと考えられているにもかかわらず、寺院は豪族の屋敷地内に造営されるのではなく、まったく独立して営まれていることです。しかも、付近には豪族の居住地と考えられる大規模な建物などは発見されません。それは先に示した秦廃寺や野中寺についても同様で、周辺には小規模な建物群による集落がみられる場合はあるものの、豪族のいた痕跡がみつかりません。唯一、泉南市の海会寺《かいえじ》跡からは寺院の東に併設する大型建物群が発見され、豪族の庇護のもと寺院造営がおこなわれた典型とされてきました（図24）。しかし、発見された大型建物は奈良時代初めから中頃のもので、六〇〇年代中頃の海会寺創建当時の豪族居住地は発見されていないのです。

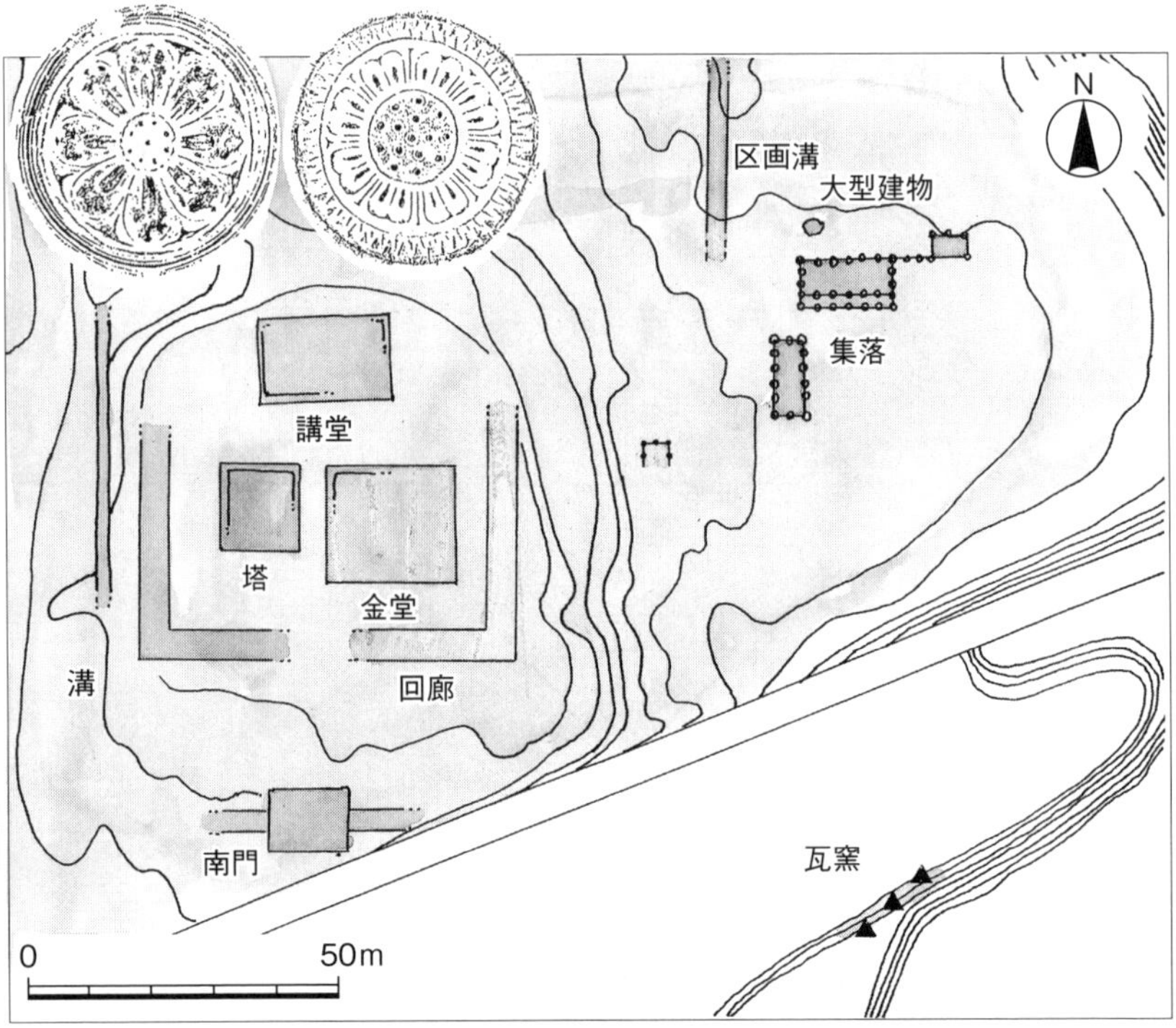

図24　海会寺跡と檀越氏族の居住域

加えて、奈良時代律令国家の有力者の居住地であっても、寺院のように瓦を葺いたり、礎石や基壇を用いた重厚な建物にはならず、板葺きの伝統的な掘立柱建物なのです。華麗な寺院を誇る豪族にしては居館が質素なのです。

寺院造営のエネルギー

磯長谷をはじめ、近つ飛鳥には飛鳥時代前期の古代寺院がほとんどありません。ところが、石川をはさんだ磯長谷の西側にひときわ大きな寺院が営まれていたことが解明されています。

新堂廃寺とよばれるこの大寺院は、かなり以前に伽藍の一部が発掘されましたが、その後は府営住宅が建設され、全容は不明でした。近年、住宅の建て替えにともなって大規模な調査が継続的におこなわれ、寺院と周辺の風景が復元されるに至ったのです。

この寺院の造営に深く関与した豪族はよくわからないのですが、百済系の渡来氏族、あるいは蘇我氏の傍流だと考えられています。付近には「ヲガンジ」とよばれる地名が残り、それは百済にある「烏含寺《ヲガンジ》」に関連する可能性があります。また、発掘された軒瓦が蘇我一族と関連が深い飛鳥寺式や山田寺式などの搬入品を多く含むことから蘇我氏の傍流も推測されています（**巻頭図版1**）。新堂廃寺を庇護していた豪族が百済と密接な関係をもっていたか、あるいは蘇我一族だとすれば、新堂廃寺の運命は時代の波に大きく翻弄されたはずです。

先述したように、蘇我氏は大化の改新（六四五年）を境に没落の一途をたどり、百済も白村江《はくそんこう》の敗北（六六三年）により滅亡が決定します。つまり、創建からしばらくして、新堂廃寺の後ろ盾がなくなり、寺院の衰退も必然と考えられるのです。

以上のような歴史の流れに反して、新堂廃寺の伽藍は奈良時代になっても衰えず、むしろ繁栄していきます。このことは、後ろ盾になる豪族を再考するか、移行した、とも考えられます。

石川谷の開発

しかし、わたしは古代寺院の隆盛が有力豪族というごく一部の人びとにのみ支えられつづけたとは考えず、その存続と隆盛は地域の庶民によるところが大きかった、と推測します。寺は僧侶と豪族のための閉鎖的な空間ではなく、たとえば、信仰をはじめ地域開発・教育・情報の拠点的建造物だったと考えるのです。

冒頭に示した井真成のように、飛鳥時代後期は中国や朝鮮半島から出自の違う多くの渡来人が流入し、交流も盛んだったようです。人口増加による土地開発の必要性、異文化の混交による摩擦の緩和や仲裁など、地域の集団を結束させて、新たな秩序づくりを担う役割に寺院が大きく関与したと考えるのです。

藤原京から平城京へと都市計画が発展し、大陸の都城制、律令制にならい、仏教を国教とした鎮護国家による国づくりが急速に進みます。その一方、奈良時代の初頭から公地公民による国家管理の理想は崩れはじめ、地方では新興勢力の勃興と開発による土地の私有化時代となります。

新堂廃寺の周辺では羽曳野《はびきの》市駒ヶ谷《こまがたに》遺跡、河南町尾平《おひら》遺跡など、飛鳥時代後期から奈良時代初頭の大規模集落が忽然とあらわれ、営まれます。石川の上流は丘陵の奥まで開発が進んだと予想されますが、それは新たな経済基盤を求めた寺院による戦略だったのかもしれません。奈良の都の有力者による土地支配に対して、仏教による求心力で集まった地域の人たちによる新たな土地開発がさかんになったと考えるのです（図23）。

7　蘇我と藤原の結合

石川年足の墓誌

中国で死去した井真成の墓誌を最初に紹介しました。突然に歴史の実態がひもとかれる場合があるわけです。墓誌の記録から遠い唐の長安とわが国の交流がつながり、歴史的意義を浮彫りにさせた例です。同様の実態を示す墓誌を最後に紹介したいと思います。

それは、たまたま発見された「石川年足朝臣《いしかわのとしたりあそん》」の墓誌です（図25）。現在、国宝に指定されています。長さ三〇センチ、幅一〇センチ程度の鍍金《ときん》された銅板で一三〇字が刻まれています。その文頭は「武内宿禰命子宗我石川宿禰命十世孫……　石川石足朝臣長子……」というみずからの来歴が刻まれています。七六二（天平宝字六）年に七五歳で亡くなったともあります。

つまり、蘇我の系譜が武内宿禰の子である石川宿禰に発することが、蘇我本宗家滅亡後も奈良時代中頃までは明確に伝わっており、一族は稲目や馬子を通じて、一〇代あとまで継承されていたことをこの墓誌は明瞭に示しているのです。蝦夷が自害するとき、甘樫丘邸宅にあった『国記』『天皇記』などがすべて焼失したと考えられていたにもかかわらずです。

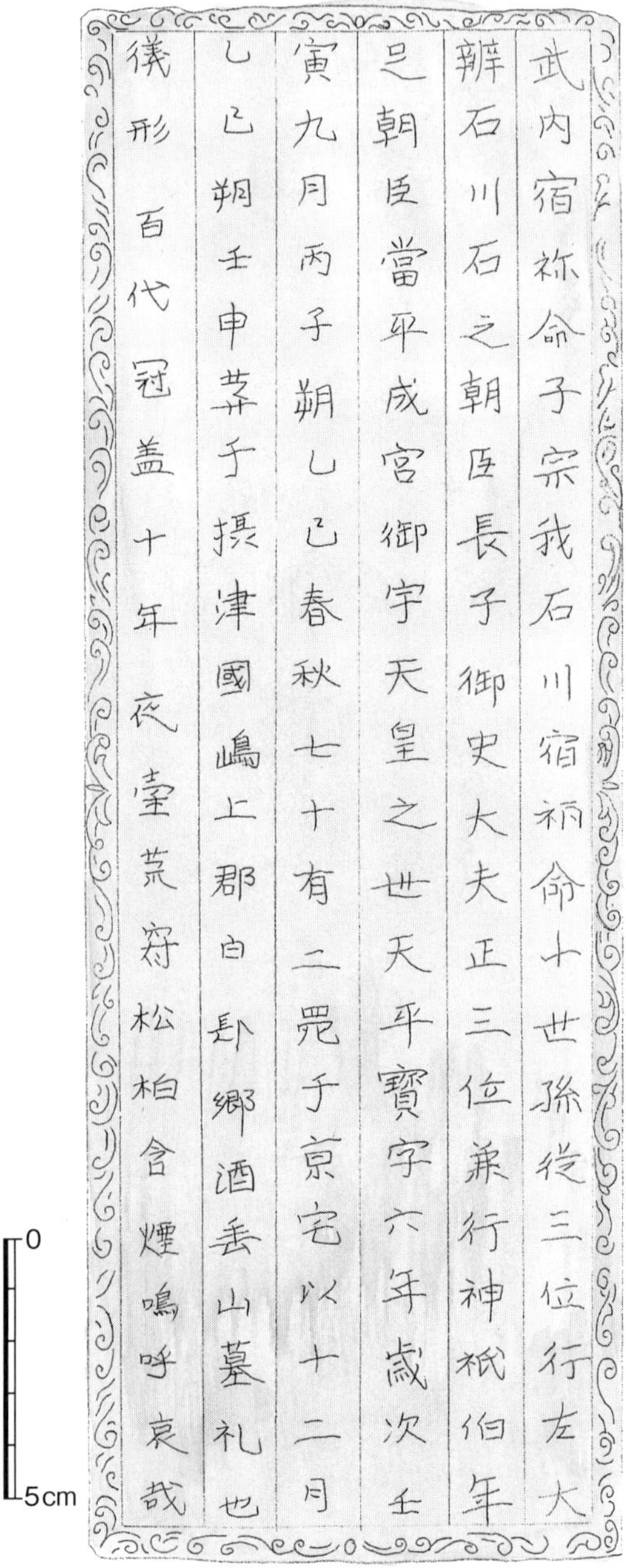

図25　国宝石川年足墓誌

石川宿禰は武内宿禰と同様に伝説上の人物と考えられています。しかし、平安時代の書物に『日本三代実録』があり、「石川朝臣来村」が「曽我朝臣」に改姓したいという請願の記録があることなど、石川と蘇我は起源を同じくする可能性が高いわけです。

したがって、稲目の台頭とともに、天皇の墓群が河内の石川郡に営まれるようになり、蘇我系の集団墓として一須賀古墳群が発展することにもうなずけるような気がします。門脇禎二さんは石川宿禰説を否定し、磯長谷の陵墓は蘇我のなかでも堅塩媛系に限られることから、その勢力範囲とお考えですが、そう限る必要はないと思います。

さらに、「石川年足朝臣」墓誌には「摂津国嶋上郡白髪郷酒垂山の墓に葬る」と、年足の埋葬地を明らかにしています。この墓誌が発見されたのも大阪府高槻《たかつき》市真上町《まがみちょう》の北にある荒神山《こうじんやま》と伝わっています。

不比等と蘇我娼子

このことは非常に興味深く思われます。西隣の阿武山《あぶやま》に中臣鎌足《なかとみのかまたり》(藤原鎌足)が埋葬されたといわれる阿武山古墳があります。蘇我滅亡の立役者とされる鎌足と、墓誌に蘇我の子孫と銘する年足が並んで埋葬されているわけです。

実は両氏族は数奇な運命をたどっています。鎌足が没した六六九年には子の不比等《ふひと》は一五歳でした。三年後の六七二年に壬申の乱がおこり、藤原氏は勝ち組(大海人皇子派)でも負け組(大友皇子派)でもありませんでしたが、政局が一変したあとにとり入れられず、負け組の蘇我氏とともに没落氏族となるわけです。

しかし、藤原不比等は蘇我娼子《そがまさこ》を妻に迎え入れ、奈良時代に権力を握った藤原四家の基礎を築きます。不比等が政権に抜擢されたのは、実は蘇我氏の血縁にあった持統天皇(倉山田石川麻呂の外孫)が女帝として即位したからで、不比等が天皇の信任を得たのは娼子の存在があったからともいわれます。

同様に、奈良時代中期に政権を握った藤原仲麻呂《ふじわらのなかまろ》は年足をとり立てるのですが、やはり娼子を通じての血縁が関係するとみてとれます。こういったことから、墳墓まで近所に営まれているのですね。年足は蘇我の出自をたいせつにし、語り継いでいたことがわかります。ここに歴史の因果を感じずにはいられません。

参考文献

飛鳥資料館　一九七九『飛鳥時代の古墳』飛鳥資料館図録第六冊
飛鳥資料館　一九九〇『日本書紀を掘る』飛鳥資料館図録第二三冊
飛鳥資料館　一九九五『蘇我三代』飛鳥資料館図録第二八冊
飛鳥資料館　二〇〇五『飛鳥の奥津城』飛鳥資料館図録第四三冊
石野博信　二〇〇五『古墳時代史』増補改訂版　雄山閣
上野勝巳　一九八四『王陵の谷・磯長谷古墳群』太子町教育委員会
大阪府教育委員会　二〇〇九『加納古墳群・平石古墳群』
大阪府立近つ飛鳥博物館　一九九八『大化の薄葬令』
大阪府立近つ飛鳥博物館　二〇〇七『河内古代寺院巡礼』
奥田　尚　二〇〇二『石の考古学』学生社
橿原市教育委員会　二〇〇一『橿原市埋蔵文化財発掘調査概報』平成一二年度
門脇禎二　一九八四『葛城と古代国家』教育社
河上邦彦　一九九二「終末期古墳とその時代」『古墳時代の研究』一二　雄山閣
河上邦彦　一九九五『後・終末期古墳の研究』雄山閣

菅谷文則　一九八五「榛原石考」『末永先生米寿記念献呈論文集』末永先生米寿記念会
竹田政敬　二〇〇一「五条野古墳群の形成とその被葬者についての憶測」『考古学論攷』二四　奈良県立
　橿原考古学研究所
西川寿勝　二〇〇二「古代寺院の隆盛」『大阪春秋』一一〇　大阪春秋社
西川寿勝　二〇〇三「飛鳥時代の巨大古墳」『大阪春秋』一一六　大阪春秋社
西川寿勝　二〇〇九「シショッカ古墳、改葬墓の可能性」『加納古墳群・平石古墳群』大阪府教育委員会
羽曳野市教育委員会編　一九九八『河内飛鳥と終末期古墳』吉川弘文館
福尾正彦　二〇〇二「なぜ前方後円墳は終焉したのか」『古代史がわかる』朝日新聞社
藤田友治編　二〇〇六『遣唐使・井上真成の墓誌』ミネルヴァ書房
枡本　哲　二〇〇四「平石古墳群の調査成果」『今来才伎』大阪府立近つ飛鳥博物館
山本　彰　二〇〇三「河南町シショッカ古墳が提起する問題」『古代近畿と物流の考古学』学生社
山本　彰　二〇〇七『終末期古墳と横口式石槨』吉川弘文館
渡辺邦雄　二〇〇三「終末期古墳の墳形」『考古学雑誌』八七－四　日本考古学会

コラム1
飛鳥時代の寺院の諸問題

寺院あらわる

五〇〇年代半ば、大陸から朝鮮半島をへて日本に仏教が伝来した。諸説あるが、『元興寺《がんごうじ》伽藍縁起《がらんえんぎ》并《ならびに》流記資《るきし》財帳《ざいちょう》』や『上宮聖徳法王帝説《じょうぐうしょうとくほうおうていせつ》』の記述により、五三八（欽明《きんめい》七）年に仏教が公伝したと考えられている。百済《くだら》の聖明王《せいめいおう》が天皇に仏像や経典を献上したのである。

そして、五八八（崇峻《すしゅん》元）年、蘇我《そが》氏の氏寺である飛鳥寺《あすかでら》が本格的寺院として造営される。その後、大和《やまと》・山背《やましろ》・河内《かわち》・摂津《せっつ》などの地域につぎつぎと寺院が造営された。奈良県北西部の斑鳩《いかるが》に法隆寺《ほうりゅうじ》の前身となる斑鳩寺（若草《わかくさ》伽藍《がらん》ともよばれる）、山背の南部に高麗寺《こまでら》、摂津（河内）地域では四天王寺《してんのうじ》がつくられた。いずれの寺院も当時の有力氏族・王族による建立で、氏寺とよばれる。寺院は飛鳥前期の六二四（推古《すいこ》三二）年には四六、飛鳥後期の六九二（持統《じとう》六）年には五四五を数えるまでになったようだ。

瓦の種類

ところで、寺院建立にともない、それまで日本にみられなかったものが出現する。建物の屋根に葺かれた瓦である。飛鳥後期以降は宮都の主要建物や地方官衙《かんが》などにも瓦葺建物が出現し全国に普及する。しかし、豪族居館や一般の集落に屋根瓦が採用されるのは、もう少し後になってからのようである。

瓦には、さまざまな形や種類がある（**図26**）。大半は大棟から軒先にかけての屋根をおおう平瓦《ひらがわら》と丸瓦《まるがわら》である。平瓦を敷き並べ、平瓦と平瓦の間からの雨水の浸入を防ぐため、丸瓦でその隙間をおおい塞ぐ。現在は丸・平瓦の区別がなく、一体となった波形の桟瓦《さんがわら》が一般的である。

さて、軒先は、意匠をこらした紋様のある瓦当《がとう》で飾られる。これらは軒平瓦・軒丸瓦とよばれる。さらに、屋根の四隅は鬼《おに》瓦《がわら》で飾られる。鬼瓦は大棟《おおむね》の両端、降棟《くだりむね》・隅棟《すみむね》の端にも用いられる。ちなみに、鬼瓦という名称は中世以降に鬼面紋を用いた瓦が使われたためにその名がついた。飛鳥時代の鬼瓦は蓮華紋《れんげもん》・幾何学紋《きかがくもん》・獣面紋《じゅうめんもん》などがあり、現在の鬼瓦とは少し異なる。

屋根のもっとも高い位置にある大棟は、板状の熨斗瓦《のしがわら》が積み重ねられ、その両端に鴟尾《しび》がのる。鴟尾はもっとも大きな瓦で、瓦を葺く工程の最後を締めくくるものである。これ以外にも、屋根を支える垂木《たるき》の先を飾る垂木先瓦、隅木《すみぎ》の先を保護する隅木蓋瓦などがある。

なお、平瓦・丸瓦・軒平瓦・軒丸瓦の呼称は、女瓦《めがわら》・男瓦《おがわら》・宇瓦《のきがわら》・鐙瓦《あぶみがわら》とよびかえられる場合もある。この呼称は七〇〇年代の史料や木簡に記録があり、当時の呼称とされる。

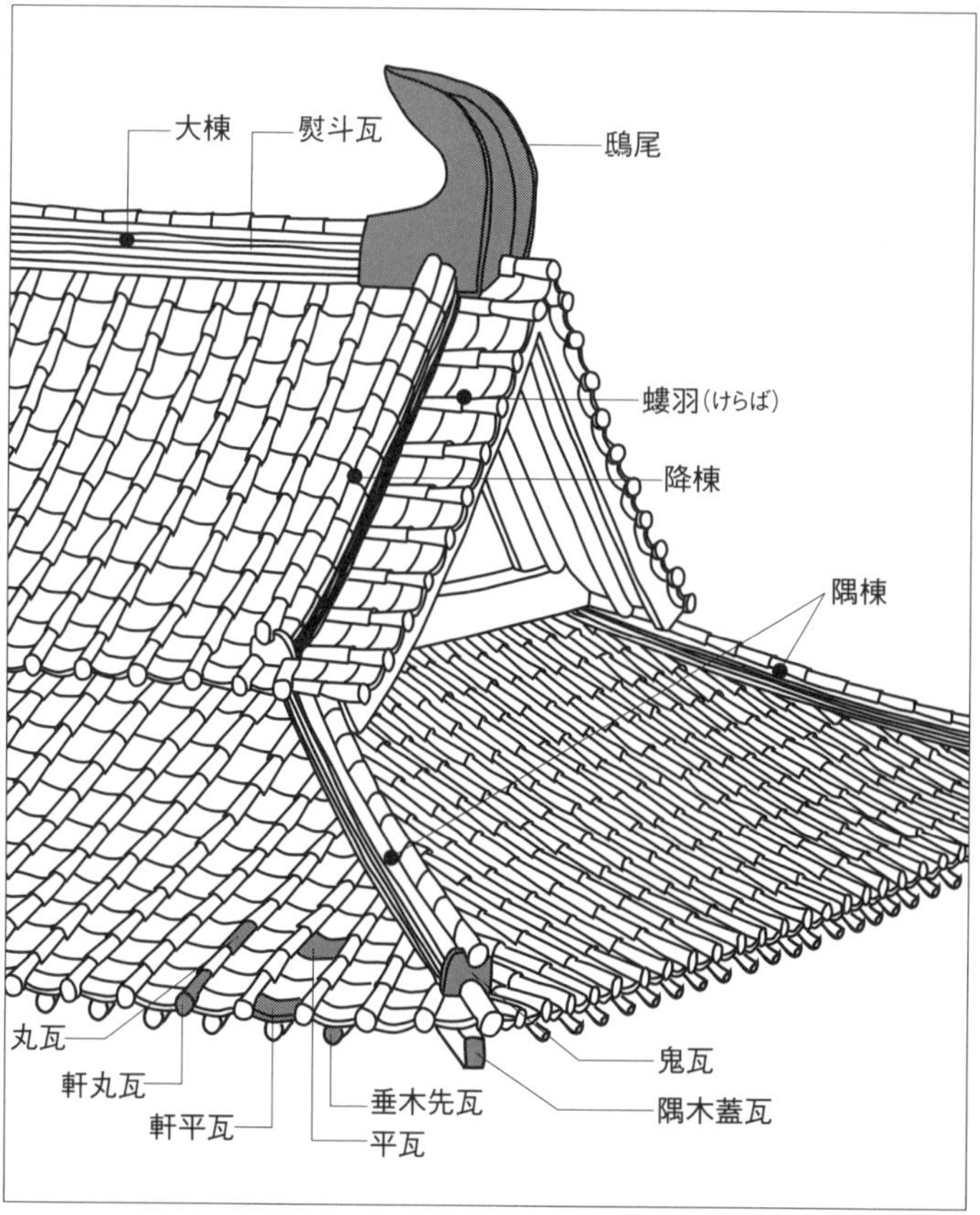

図26　さまざまな瓦

瓦当紋様の諸問題

軒丸瓦は軒にあたる瓦当面に装飾があり、蓮《はす》の花を真上からあらわした蓮華紋が大半を占める。蓮華紋軒丸瓦は表現された花弁の形で素弁《そべん》・単弁《たんべん》・複弁《ふくべん》の三種類に大別できる。これは花弁のなかの子葉《しよう》の形状によって分類したもので、花弁の中に子葉がみられないものは素弁（図27a・b）、花弁の中に一つの子葉が表現されたものが単弁（図27c）、二つの子葉が表現されたものが複弁である（図27d）。この違いは瓦工人の系統差のみならず、時期差を読みとく指標でもある。

素弁蓮華紋軒丸瓦は、遠つ飛鳥の飛鳥寺・豊浦寺《とゆらでら》、斑鳩寺（法隆寺若草伽藍）、四天王寺、近つ飛鳥の西側に営まれた新堂廃寺《しんどうはいじ》など、飛鳥時代初頭の寺院を飾るものだった。五〇〇年代末〜六〇〇年代前半である。つまり、素弁蓮華紋軒丸瓦は仏教伝来当初の日本で焼かれた一群の瓦である。その系譜は朝鮮半島の百済地域の瓦と共通点が多く、彼の地から仏教が伝わったことを考古学的に検証することができるものである。

ところで、もっとも古いとされる飛鳥寺で用いられた素弁蓮華紋軒丸瓦の蓮華紋は二種類に分けられる。一つは、花弁の先端に切り込みを入れて花びらを表現した「花組」とよばれる一群で（図27a）、もう一つは先端に珠点をほどこした「星組」とよばれる一群である（図27b）。違いは瓦当だけでなく、「花組」では丸瓦部先端が無段の行基式、「星組」では先端が有段の玉縁式《たまぶち》になる。いずれの技法も百済の瓦に故地をもとめることができ、飛鳥寺造営にあたって系統の異なる工人が共同作業したようである。

つぎに、単弁蓮華紋の軒丸瓦は遠つ飛鳥の吉備池廃《きびいけはい》寺《じ》・山田寺《やまだでら》、南河内の善正寺《ぜんしょうじ》、和泉《いずみ》の海会寺《かいえじ》などを飾っていた。六〇〇年代中頃に出現する紋様である（図27c）。注目すべきは、近年明らかにされた吉備池廃寺で単弁蓮華紋軒丸瓦がみつかったことである。吉備池廃寺は香具《かぐ》山《やま》の北東で確認された寺院跡である。その位置と規模などより、『日本書紀』に記されるわが国最初の勅願寺《ちょくがんじ》として名高い百済大寺《くだらのおおでら》と考えられるのである。

百済大寺は六三九（舒明《じょめい》一一）年に天皇の氏寺として建立されはじめた。『日本書紀』『扶桑略記《ふそうりゃっき》』『大安寺伽藍縁起并流記資財帳』に創建の詳細が記され、大規模伽藍に九重塔がそびえる大寺である。しかし、その所在は諸説あり、広陵町《こうりょうちょう》の百済寺、橿原市の木《き》の本廃寺《もとはいじ》、大和郡山《こおりやま》市の額安寺《かくあんじ》などの候補があり、定まっていなかった。

吉備池廃寺は発掘調査によって中枢部が確認され、伽藍には素弁蓮華紋ではなく、単弁蓮華紋の軒丸瓦が用いられていることが判明した。史料による百済大寺の造営年代からみて、吉備池廃寺の軒丸瓦がはじめて用いられた単弁蓮華紋の瓦だとわかる。蘇我氏による飛鳥寺の造営開始からおよそ五〇年おくれて天皇家の寺が造営された。発掘成果によると、塔を支える一辺二八メートルの基壇が確認されている。飛鳥寺の一辺約一二メートルの基壇を大きくしのぐものである。

天皇家により巨大な寺院が建立され、これまでの素弁蓮華紋軒丸瓦とは異なる単弁蓮華紋軒丸瓦が用いられた背景には、蘇我氏に対抗する意識が読みとれる。百済大寺発願の舒明天皇は在位期間が短く、歴史的にあまり評価されていない。発掘成果からは百済大寺は未完のまま廃絶したと考える説もあるが、蘇我氏主導で展開してきた寺院造営との決別を物語っているかのようだ。

つぎに、複弁蓮華紋軒丸瓦は花弁および子葉を二枚一組で表現したものである（図27d）。六〇〇年代後半ごろからみられ、遠つ飛鳥の川原寺《かわらでら》・紀寺《きでら》をはじめ、すでに建立された寺院の葺き替えにも用いられている。複弁蓮華紋の瓦は寺院だけではなく、藤原宮《ふじわらのみや》の主要建物や大垣の屋根も飾り、新時代の建物を飾る瓦として普及した。また、奈良時代には聖武《しょうむ》天皇による仏教鎮護国家の形成のため、全国に国分寺・国分尼寺が造営されたのだが、東大寺をはじめ、全国の国分寺でもこの紋様の瓦が採用され、ひろく普及したのである。

さて、軒丸瓦に対し、軒平瓦にも瓦当紋様が刻まれたが、その変遷はやや異なる。飛鳥寺などの初期寺院では軒先部分を軒丸瓦で装飾するものの、軒平瓦はなく、平瓦を数枚重ねて屋根の先端としていたようだ。これは六〇〇年代前半に重弧紋《じゅうこもん》とよばれる三重・四重の弧紋が重なった紋様として瓦当紋様になる（図27e）。平瓦形成時に瓦当部分を厚くして、鋸歯《きょし》状のヘラで弧を刻む技法で

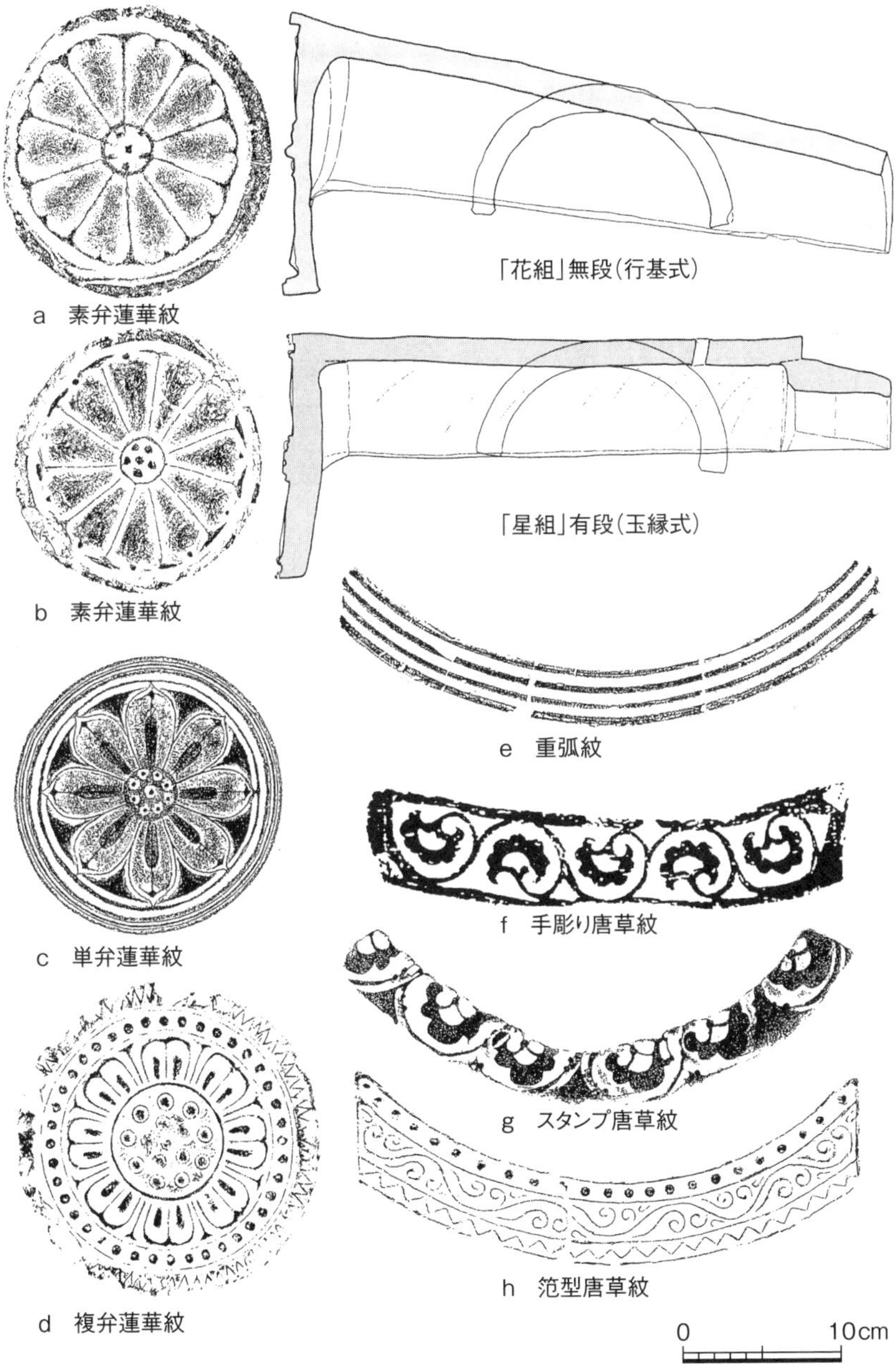
「花組」無段(行基式)
a　素弁蓮華紋
「星組」有段(玉縁式)
b　素弁蓮華紋
e　重弧紋
f　手彫り唐草紋
c　単弁蓮華紋
g　スタンプ唐草紋
h　笵型唐草紋
d　複弁蓮華紋
0
10cm

図27　軒丸瓦・軒平瓦

ある。

ただし、聖徳太子により造営された斑鳩寺では、六〇〇年代はじめごろに唐草紋を手彫りした軒平瓦が使われた（図27f）。この瓦当紋様も平瓦形成時に瓦当部分を厚くしてヘラによって手彫りで粗く唐草紋を施す技法である。おそらく紋様は型紙で下絵を描き、彫刻したものと考えられる。瓦当に型紙をとめるピン穴が確認できる瓦もある。

六〇〇年代も後半になり、ようやく一つの笵型《はんがた》による唐草紋軒平瓦が普及する（図27h）。複弁蓮華紋軒丸瓦に対応するもので、全国の寺院にも急速に採用された。単弁蓮華紋軒丸瓦が最初に採用されたと考えられる吉備池廃寺では、手彫り唐草紋軒平瓦の瓦当紋様に酷似する唐草紋の一単位を笵型でつくり、それを連続的にスタンプして瓦当面を装飾する瓦が出土している。手彫り技法と笵型技法の過渡的技法の瓦である（図27g）。

ところで、軒を飾る瓦当紋様は型に粘土を詰めてつくられる。こうした型を笵とよぶ。大半は木製で、その製作には仏師がかかわっていたと推定されている。

瓦工人は一つの笵を使って、同じ瓦当紋様の瓦を大量に製作する。笵には力をこめて粘土を充塡する作業がくり返されるため、ひび割れや紋様の欠損が進行する。このような傷は製品の瓦当面に、粘土の直線的なふくらみとして映し出される。これを笵傷《はんきず》という。また、欠落した紋様は彫り直しなどの手が加えられる。紋様にあらわれた傷の進行や彫り直しの有無を追うことで、同一の笵が長期間利用され、時間差をもって多くの寺院に供給された実態、瓦の製作順をつかむことができる。

同じ笵でつくられた瓦が一五〇キロメートルも離れた愛知県尾張元興寺《おわりがんごうじ》と大阪府野中寺《やちゅうじ》でみつかったり、岡山県末《すえ》の奥窯跡《おくかまあと》で焼かれた瓦が二〇〇キロメートルも離れた大阪衣縫廃寺《いぬいはいじ》（井於《いのえ》廃寺）、遠つ飛鳥の豊浦寺へ供給された実態も判明している。ちなみに、甘樫丘東麓遺跡で発見された豊浦寺式の瓦もこの窯からもたらされた可能性がある（第2章、一〇九ページ参照）。

伽藍配置の諸相

古代寺院は一つのお堂が単体で存在するわけではなく、

さまざまな建物が複合的に組み合って伽藍を形成する。また、主要建物の配置の違いで系譜や建立時期を推定することも可能である。

主要建物とは塔・金堂《こんどう》・講堂《こうどう》・回廊《かいろう》・門などである。塔は釈迦の遺骨やその代用品、すなわち舎利《しゃり》がおさめられる建物である。大陸や半島では石塔などで、建物にならない場合もある。

金堂は本尊を安置し、まつる中心的建物である。

講堂は説教・講話などをする建物で、大勢の僧侶が集うため、もっとも大型になる場合が多い。

門は回廊にとり付く中門、寺の出入り口にあたる東西南北の門などがある。

そのほか、経典を納める経蔵《きょうぞう》・宝蔵《ほうぞう》、梵鐘《ぼんしょう》を吊る鐘楼《しょうろう》、僧の生活にかかわる僧房《そうぼう》・食堂《じきどう》・温室《おんじつ》、そして、回廊・参道などがある。

以上の建物を伽藍《がらん》とよび、各建物の配置を伽藍配置という。

古代寺院の伽藍配置は代表的な寺院の名前を冠して「○○寺式」とよぶ場合が多い。伽藍配置のなかでも代表的なものをいくつかみてみよう。

飛鳥寺式（図28b）　正面からみると塔が中心にあり、塔の南に中門がある。塔の北・東・西に金堂、そして講堂は回廊の外側に置かれる。中門・塔・中金堂・講堂が一直線に配置され、一塔三金堂とよばれる伽藍配置で、現在のところ飛鳥寺以外に類例はない。ただし、高句麗《こうくり》の清岩里廃寺（図28a）に共通するものがあり、半島北部の影響が指摘されている。

四天王寺式（図28d）　中門・塔・金堂・講堂が一直線に並び、中門と講堂が回廊によってつながる一塔一金堂の伽藍配置である。太子にゆかりのある斑鳩寺もこの伽藍配置である。

山田寺式（図28e）　中門・塔・金堂・講堂が一直線に並ぶ点で四天王寺の伽藍配置と共通するが、講堂が回廊の外側に配される型式である。

法隆寺式　東に金堂、西に塔が横並びに配され、中門からのびる回廊が塔・金堂を囲むようにめぐる。そして、回廊外の北側に講堂が配される伽藍配置である。

川原寺式（図28f）　回廊内の東に塔を、西に金堂（西金堂）を配し、中央北側には回廊がとり付くもう一つの金堂（中金堂）を配置する一塔二金堂の伽藍配置である。講堂はその北側に配される。

薬師寺式（**図28g**）中央に金堂を配し、その前面に東西二つの塔を配置する。東西の塔は回廊で囲まれ、回廊の南北は中門と講堂がとり付く。

寺院発願から完成まで

伽藍配置を概観すれば、古代寺院の造営にさまざまな設計・思想が働いていたことがうかがえる。史料によると、すべての建物を同時に建てはじめるのではなく、優先順位があり、段階的に伽藍が完成していく様子がわかる。大半の古代寺院は数十年かけて完成に至る大事業だったと考えられている。飛鳥寺の場合、五八八（崇峻元）年頃に造営が開始され、六〇九（推古一七）年の本尊の金銅丈六仏鋳造に至るまで、およそ二〇年の歳月を要して、伽藍が整えられていったことが知られる。

塔や金堂が完成した後、回廊・講堂・南門などがかなりおくれて建立された例は多い。史料のみならず、先に示した出土する瓦の型式差から建設時期を推定できる例もある。

伽藍配置の優先順位は舎利や本尊をおさめる建物、すなわち聖域ともいえる仏地から建造していったことを示している。すなわち、もっとも重視すべき建物は塔・金堂である。そこには仏教をひらいた釈迦の遺骨と信仰の対象となる仏の像が安置されている。その後、聖域は回廊で囲まれ、他と切り離して仏地が形成される。

仏地に対して、僧が修行したり、生活する講堂・僧坊・食堂などの付随建物などを僧地とよべば、寺院は二つの空間に大別することができる。

もう少しくわしくみると、飛鳥寺の場合、最初に仏堂が完成したと記されている。まず、中金堂から建立し、順次塔などが完成したことを示す。また、山田寺でもまず金堂が造営されたことが記録に残る。さらに、斑鳩寺・檜隈寺《ひのくまでら》、海会寺（**図24、六六ページ参照**）でも、発掘調査によりみつかった瓦の型式差から、金堂が最初に造営されていたことがわかっている。このように、日本の古代寺院は金堂を重視したようで、寺院造営のはじまりは、金堂造営にあったとみることができる。金堂完成後、塔やそのほかの伽藍を整備していったようである。

永年にわたって少しずつ伽藍を整備していったのであるが、大寺院は造営途中に資金難で完成を断念した例や遷都による移転、山田寺のように造営途中で発願者（蘇我倉《そがのくら》山田石川《やまだのいしかわ》麻呂《まろ》）一族が滅亡し、設計変更を余儀なくされた例もあったようだ。

ところで、古代寺院の伽藍配置にはいくつかの約束事がある。その一つはすべての建物は南面し、寺院は南側が正面という配置である。南面する本尊を中心とするからだろう。したがって、南に入り口があり、先に示した仏地は中央に、僧地はその北側（裏側）に配置される。ところが、山河に富んだわが国で南面する適地に大規模伽藍を造営できない場合もある。

遠つ飛鳥では多くの寺院が地形的制約を

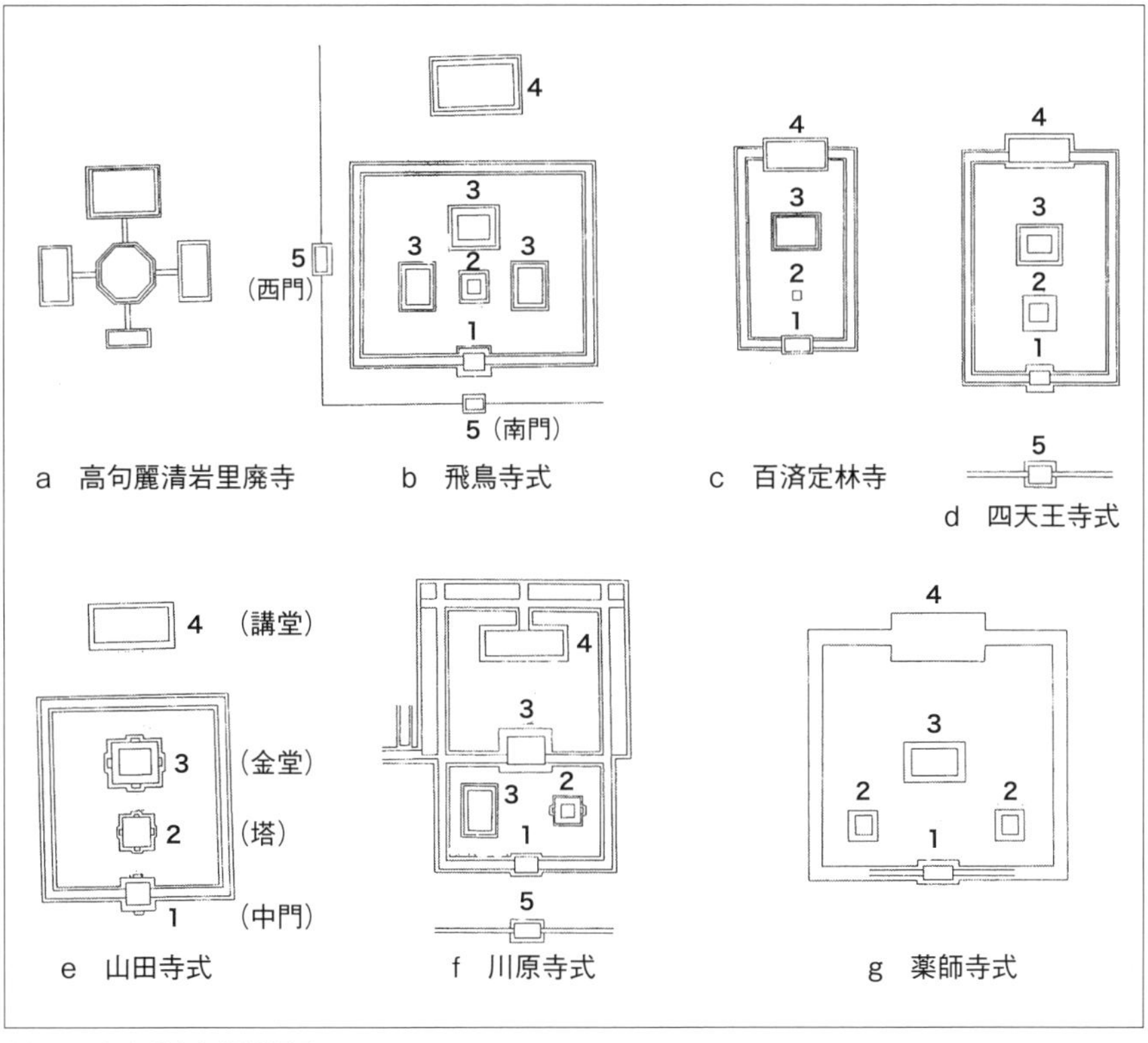

図 28　さまざまな伽藍配置

うけている。山田寺の場合、南門と参道が調査によって確認されているものの、その南側は丘陵となり、とり付き口とはならない。むしろ、山田道から寺の西側にとり付く道があったようだ。同様の例として、川原寺は南面する大寺で、南に東西道路があり、参道がとり付いたと推定できる。しかし、その南の橘寺《たちばなでら》は南門から進入できないくらい急峻な丘がせまり、北側がひらける立地である。

近つ飛鳥の西側に営まれた新堂廃寺の場合も、中門の南側が大規模に発掘調査されていて、奈良時代以降に南へ参道が設置されることが確認された。しかし、造営当初の南側部分は自然河川やくぼ地が広がり、中門の南は溝で区画され、進入口はなかったようだ（**図22、六四ページ参照**）。

四天王寺は伽藍が南北に一直線状に並ぶ配列で南側が正面である。しかし、後の時代に西方浄土信仰がひろまると、南門より西門が重視されるようになる。現在の参道も西側に開けている。このように、後の時代に伽藍配置の規則が変容していく寺院もある。

寺院の正面観や進入経路を考えた場合、わがで国最初に造営された飛鳥寺は奈良盆地の東南部の狭い谷地形に南面し、むしろ、活動域は北側にひらける。また、飛鳥寺本尊の視野に飛鳥の範囲を設定できるとすれば、蘇我一族の居宅の位置や、乙巳《いっし》の変があった皇極《こうぎょく》天皇の飛鳥板蓋宮《いたぶきのみや》の位置が理解できるという考えもある。また、推古天皇がその視界からはずれる豊浦《とゆら》・小墾田《おはりだ》に宮殿を置いたことも偶然ではないだろう。

伽藍配置の源流

五〇〇年代に朝鮮半島を経由して日本にもたらされた仏教は、半島諸国の寺院の伽藍配置や仏教観などを模倣しながら急速に発展していった。

冒頭に記したように、日本で最初に造営された本格的寺院は飛鳥寺である。言い換えれば、伽藍配置は「飛鳥寺式」からはじまる。しかし、『日本書紀』は飛鳥寺造営中に四天王寺（五九三年）、斑鳩寺（六〇六年）の造営開始を記している。伽藍が発見されていないものの、六〇六（推古一四）年に坂田尼寺の記事がある遠つ飛鳥の坂田寺では素弁蓮華紋軒丸瓦・手彫り唐草紋軒平瓦などが出土し、その造営は飛鳥寺完成以前と考えられている。

少なくとも、わが国の伽藍配置は「飛鳥寺式」と「四天王寺式」が並立していたことがわかる。造営主体は蘇我氏と上宮王家で、ともに覇権を拡大しつつある勢力である。

伽藍配置の研究によると、「飛鳥寺式」は高句麗に、「四天王寺式」は百済に源流があると考えられる。「飛鳥寺式」とよく似た伽藍配置が高句麗の清岩里廃寺（図28a）に、「四天王寺式」と同じ伽藍配置が百済の定林寺《じょうりんじ》（図28c）にみられるからである。しかし、飛鳥寺では百済系の瓦当紋様が用いられ、僧・寺工・鑪盤《ろばん》博士・瓦博士・画工などは百済から招来されたという史料も残ることから、百済の影響は確実である。

ほぼ同時期に百済の伽藍配置を上宮王家が採用したことを評価すれば、むしろ、「飛鳥寺式」の源流となる伽藍配置も百済で発生し、百済の工人を通じてわが国に伝わったのではないか、という思いが拭いきれないでいる。

参考文献

飛鳥資料館　一九八六『飛鳥寺』飛鳥資料館図録第一五冊
石田茂作　一九五六「伽藍配置の変遷」『日本考古学講座六』歴史時代（古代）河出書房
上原真人　一九九六『蓮華紋』（日本の美術第三五九号）至文堂
大阪府立近つ飛鳥博物館　二〇〇七『河内古代寺院巡礼』
大脇　潔　一九八九「七堂伽藍の建設」『古代の宮殿と寺院』古代史復元第八巻　講談社
清水昭博　二〇〇六「朝鮮半島における伽藍配置」考古学ジャーナル六月増大号『古代寺院の伽藍配置』ニューサイエンス社
森　郁夫　一九九八「伽藍配置変化の要因」『日本古代寺院造営の研究』法政大学出版局
森　郁夫　二〇〇六「古代寺院における伽藍配置と仏教観」考古学ジャーナル六月増大号『古代寺院の伽藍配置』ニューサイエンス社

（鹿野　塁）

第2章　蘇我三代の遺跡を掘る——邸宅・古墳・寺院——

相原嘉之

1　遠つ飛鳥

飛鳥地域

つい先日（二〇〇八年二月）、明日香《あすか》村の真弓鑵子塚《まゆみのかんすづか》古墳の成果が大きく報道され、また公開もされました。発掘された石室は石舞台古墳よりも大規模で、羨道《せんどう》が南北両端にある特殊な構造です（図29）。天井はドーム状に大ぶりの川原石を積み上げており、渡来系の横穴式石室と考えています。おそらく東漢《やまとのあや》氏の頂点に立った人物の墓ではないでしょうか。

このような発見のあった「飛鳥《あすか》地域」とは、明日香村だけではなく、橿原《かしはら》市・桜井《さくらい》市・高取町《たかとりちょう》の一部も含み、現在、広い意味で「飛鳥地域」とよばれています。このなかに推古《すいこ》天皇から元明《げんめい》天皇まで、六〇〇年代の約一〇〇年間、都が営まれていました。宮殿・寺院・古墳・邸宅・工房・庭園などさまざまな施設が建ち並び、現在の緑あふれる水田・里山景観とはまったく異なった景観がそこにはありました。

寺院と宮殿

まず、飛鳥地域の遺跡群を概観したいと思います（**図30・表3**）。飛鳥の中心にあるのが、飛鳥寺です。蘇我馬子《そがのうまこ》が五八八年に建立したわが国最初の本格寺院です。中央に塔を建て、その東西と北の三方に金堂《こんどう》を配置して、これを中門からのびた回廊《かいろう》が囲んでいました。一塔三金堂の飛鳥寺式とよばれる特殊な伽藍《がらん》配置です。

この北西に中大兄皇子《なかのおおえのみこ》がつくった水時計台と考えられる水落《みずおち》遺跡があります。そのすぐ北には斉明《さいめい》天皇時代の迎賓館である石神遺跡があります（**図39**）。石神遺跡は天武《てんむ》・持統《じとう》天皇時代には役所に

図29　真弓鑵子塚古墳のドーム状石室

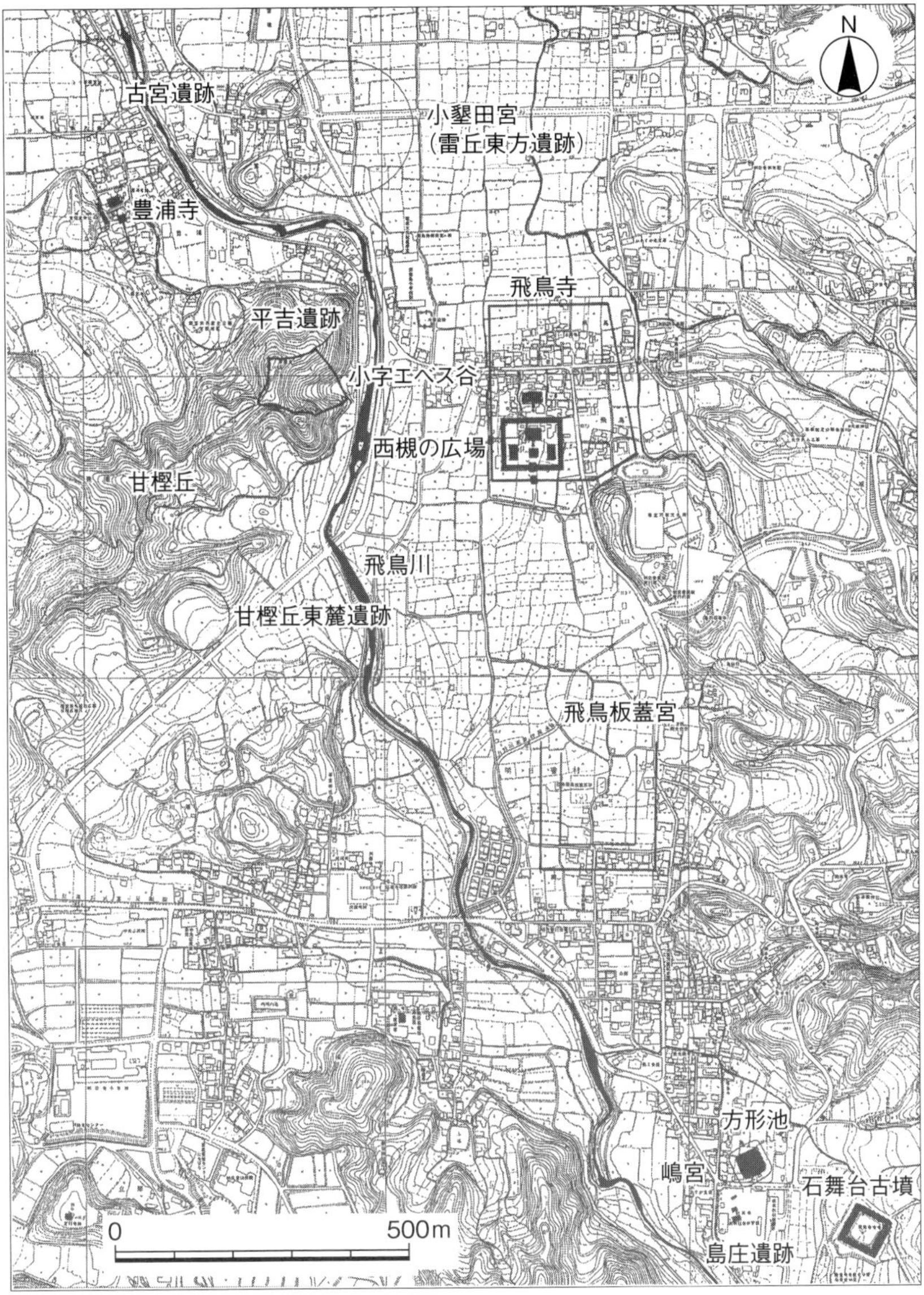

図 30　乙巳の変前後の遠つ飛鳥

西暦	天皇治年	宮	おもな出来事(太字は蘇我氏関連)
538	欽明 7		仏教の公伝。
570	欽明 31	磯城島金刺宮	**蘇我稲目が没する。**
571	欽明 32		欽明天皇が没し、檜隈大陵に埋葬される。
572	敏達 元	百済大井宮	**敏達天皇が即位し、馬子が大臣に、守屋が大連になる。**
587	用明 2	池辺双槻宮	**蘇我馬子が物部守屋を討って、物部氏滅亡。**
588	崇峻 元		**飛鳥衣縫の家を壊し、飛鳥寺の造営開始。**
591	崇峻 4	倉梯宮	敏達天皇の亡骸を磯長谷の石姫墓に追葬する(敏達天皇陵)。
592	崇峻 5		**馬子が崇峻天皇を暗殺。推古天皇が豊浦宮で即位。初の女帝。**
593	推古 元		**飛鳥寺の塔心礎に仏舎利奉納。太子が摂政に。**
			用明天皇の亡骸を磯長谷に改葬。
603	推古 11		冠位十二階を定める。
604	推古 12		十七条憲法を定める。
607	推古 15	豊浦宮→小墾田宮	小野妹子らを遣隋使として、隋に派遣。翌年、帰国。
621	推古 29		**堅塩姫(馬子妹)を檜隈大陵に改葬。祭器・喪服が1万5000。**
622	推古 30		聖徳太子が死去。磯長谷の穴穂部間人王女墓に合葬される。
626	推古 34		**馬子が没して、桃原に造墓が開始される。蝦夷が大臣に。**
628	推古 36		推古が没し、竹田王子墓に合葬される。植山古墳西石室か。
630	舒明 2	岡本宮(Ⅰ)→田中宮	犬上御田鍬らを遣唐使として、唐に派遣。二年後に帰国。
641	舒明 13	→百済宮	**山田寺の造営開始。**
642	皇極 元		**入鹿が執政となり、葛城の高宮に祖廟を造り、陵と称する。**
644	皇極 3	板蓋宮(Ⅱ)	**蝦夷と入鹿が家を甘樫丘に並べて宮門と称する。**
645	皇極 4		**入鹿が飛鳥板蓋宮で暗殺され、蝦夷が自害する。**
	大化(孝徳)元		孝徳が難波宮で即位する。
646	大化(孝徳) 2	難波宮	大化改新の詔を発する。公地公民制・薄葬令を施行する。
649	大化(孝徳) 5		**蘇我倉山田石川麻呂が冤罪により山田寺で自害する。**
660	斉明 6	板蓋宮→後岡本宮(Ⅲ)	中大兄皇子が漏刻(水時計)をつくる(水落遺跡)。
			石上池のほとりに須弥山をたてて饗宴する(石神遺跡)。
663	天智 2	大津宮	白村江の戦いで日本・百済の軍が新羅・唐の軍に大敗する。
667	天智 6		九州に防人、水城などを整え、近江大津宮に遷る。
672	天武 元	浄御原宮(Ⅲ)	壬申の乱が勃発し、大友皇子が敗死する。天武天皇が即位。
688	持統 2	浄御原宮→藤原宮	天武天皇を大内陵に葬る。703年に持統天皇を火葬して合葬。
694	持統 8		藤原京に遷る。
700	文武 4	藤原宮	僧道昭を火葬する。火葬の始まり。
708	和銅(元明)元		和同開珎を発行する。
710	和銅(元明) 3		平城京に遷都。
712	和銅(元明) 5	平城宮	『古事記』の撰上。
720	養老(元正) 4		『日本書紀』の撰上。

表3 飛鳥時代歴史年表

なっていました。

石神遺跡の北端は古代の官道である山田道《やまだみち》が東西に通っています。現在でも県道が同じ場所にあります。この北側には六九四（持統八）年に飛鳥から都を遷した新益京《あらましのみやこ》（藤原京《ふじわらきょう》）が広がっています。それは一辺五・二キロメートル四方の中国制都城で、大和三山をも含み込む広大な都です。

一方、飛鳥寺のすぐ南に飛鳥板蓋宮《あすかのいたぶきのみや》伝承地があります。この遺跡は飛鳥宮ともよばれ、奈良県立橿原考古学研究所によって五〇年近くにわたって発掘調査がつづけられています。

飛鳥板蓋宮伝承地では、宮殿遺構が三層みられます（**表4**）。同じ所で宮殿を二度、三度と建て替えたわけです。発掘調査では、まずいちばん上の層の宮殿遺構があらわれます。その下をさらに調査すると、それよりも古い宮殿遺構があらわれます。しかし、いちばん上の宮殿遺

年代	古記録	発掘成果
舒明 2年（630）	飛鳥岡本宮に遷る	飛鳥宮Ⅰ期遺構（600年代前半）
8年（636）	飛鳥岡本宮が火災	
皇極 2年（643）	飛鳥板蓋宮に遷る	飛鳥宮Ⅱ期遺構（600年代中頃）
皇極 4年（645）	乙巳の変で入鹿惨殺	
斉明元年（655）	飛鳥板蓋宮が火災	
2年（656）	後飛鳥岡本宮に遷る	飛鳥宮Ⅲ－A期遺構（600年代後半）
		苑池遺構の造営（600年代後半）
天武元年（672）	岡本宮の南に宮室を造る	飛鳥宮Ⅲ－B期遺構（600年代後半）
14年（685）	白錦後苑	苑池遺構の改修（600年代後半）
朱鳥元年（686）	宮号を飛鳥浄御原宮とする	
持統 5年（691）	御苑	
		飛鳥宮Ⅲ－B期内郭の廃絶（600年代末）
		飛鳥宮Ⅲ－B期外郭内の廃絶（600年代末～700年代初頭）
		飛鳥宮外郭の廃絶（700年代中頃）
		苑池の埋没が始まる（800年代）
		苑池が埋没し、窪地になる（1100年代）

表4　飛鳥宮関連年表

構は建物や溝、石敷などが非常によく残っているので、これを壊さなければ下の宮殿遺構は調査できません。ですから、なかなか下の宮殿遺構の全貌がつかめないわけです。

建物配置や構造が、もっともよくわかるいちばん新しい上層の宮殿は、斉明天皇の後飛鳥岡本宮《のちのあすかのおかもとのみや》です。また、それを改造した天武天皇の飛鳥浄御原宮《あすかのきよみはらのみや》と考えられます。その下の宮殿は調査が部分的にしかおよんでいないので、建物配置など十分には解明されていませんが、皇極《こうぎょく》天皇の飛鳥板蓋宮と考えられています。さらに下の層にある大きな柱穴の遺構群は舒明《じょめい》天皇の飛鳥岡本宮の可能性がありますます。つまり、飛鳥◯◯宮とよばれていた宮殿は、すべてが飛鳥板蓋宮伝承地と現在よんでいる飛鳥寺の南方にあったということです。この宮殿の北西の飛鳥川沿いには巨大な庭園も発掘されています。

飛鳥宮の西には南東から北西に向かって飛鳥川が流れています。飛鳥川をはさんで西側の平地には川原寺《かわらでら》と橘寺《たちばなでら》が南北に並びます。また、飛鳥川をさかのぼると、今回の話の中心の一つである島庄《しまのしょう》遺跡や石舞台古墳があり、蘇我馬子にかかわる遺跡として注目されます。

現世の世界と黄泉の世界

飛鳥宮の東側には酒船石《さかふねいし》のある丘陵があります。酒船石遺跡です。この丘陵の中腹には石垣がめぐっており、北側の谷から亀形石槽も発見されました。『日本書紀』斉明天皇条に「宮殿の東の山に石垣を築く」という記事があります。宮殿とは後飛鳥岡本宮ですから、現在の飛鳥板蓋宮伝承地の場所です。その東の山といえば、まさしく酒船石のある丘陵にあたります。そこで石垣がみつかったわけです。

石垣に使用されていた石材は飛鳥地域に産出する石ではなく、現在の天理市で採石される砂岩《さがん》とわかりました。史料には「石上《いそのかみの》山石《やまのいし》」とあり、石上神宮の地域から運び込まれた砂岩だとわかります。まさに発掘された遺跡と『日本書紀』の記事がぴったりと合ったのです（**表5**）。

酒船石遺跡の北側には、現在は万葉文化館が建てられていますが、その事前調査で飛鳥池工房《あすかいけこうぼう》遺跡が発掘されました。金・銀・銅・鉄・ガラス・漆《うるし》・瓦などさまざまな製品がつくられた飛鳥時代最大の総合工房です。とくに注目されるのは、これまで日本最古の貨幣とされてきた和同開珎《わどうかいちん》よりも古くに富本銭《ふほんせん》を鋳造していたことです。

宮殿・寺院などが集中する地域の南西には高松塚《たかまつづか》古墳などの古墳が点在します。このあたりは古代に檜隈《ひのくま》とよばれていたようです。天武・持統天皇陵である野口王墓《のぐちのおうのはか》、文武《もんむ》天皇陵とされる中尾山《なかおやま》古墳、高松塚古墳・キトラ古墳などの壁画古墳、川嶋皇子《かわしまのみこ》・草壁皇子《くさかべのみこ》を葬ったと推定されているマルコ山古墳・東明神《つかみょうじん》古墳など、飛鳥時代後半の王陵が集中します。

つまり、飛鳥寺周辺の中心部が現世の世界とすると、檜隈は飛鳥時代の黄泉《よみ》の世界といえます。

年代	古記録	発掘成果
斉明 2年（656）	宮の東の山に石を累ねて垣とする	遺跡の造営（600年代中頃）
		北部地域の大改修（600年代後半）
天武 4年（675）	宮の東の岳に登る	
13年（684）	白鳳南海地震	石垣の倒壊（600年代後半）
		北部地域の改修（600年代末）
持統 7年（693）	多武峯行幸	
10年（696）	二槻宮行幸	
大宝 2年（702）	大和国が両槻宮を修繕	
天平神護元年（765）	小原・長岡を巡る	
		北部地域の遺構埋没（900年代初頭）

表5　両槻宮・酒船石遺跡関連年表

「飛鳥」の範囲

飛鳥時代の遺跡はひろがりをもって分布していますが、厳密にみた場合、地理的にどこまでが大和の「飛鳥」の範囲に含まれるのでしょうか。

まず、島庄遺跡周辺は『日本書紀』などによると「嶋」と記され、「飛鳥」ではありません。さらに飛鳥川上流は「稲淵《いなぶち》（南淵《みなみぶち》）」や「坂田」と記され、「飛鳥」ではありません。

飛鳥寺の北方はこれまで「飛鳥」の範囲と考えられていました。しかし、雷丘《いかずちのおか》の東南の井戸から「小治田宮」と記された墨書土器がみつかり（**図31**）、この辺りが小墾田宮《おはりだのみや》であることがわかりました。そうすると雷丘周辺は「飛鳥」ではなく、「小墾田」とよばれていたことになります。

飛鳥川の西側にある川原寺や橘寺は「川原」「橘」とよばれており、やはり「飛鳥」ではありません。豊浦寺《とゆらでら》も「豊浦」と記されています。

そうすると、大和で厳密に「飛鳥」とよばれて

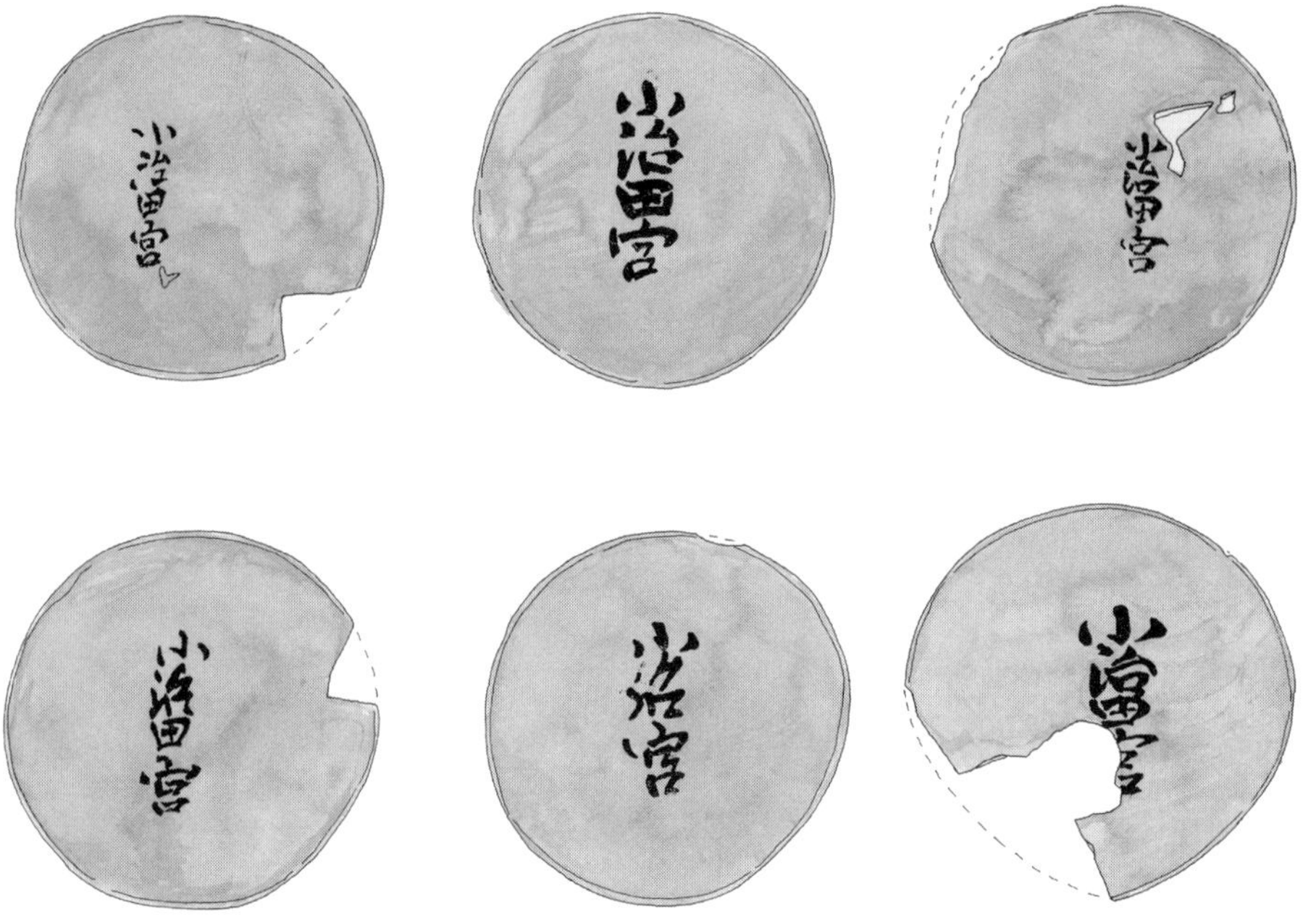

図31　雷丘東方遺跡出土「小治田宮」墨書土器

いた地域は飛鳥寺・飛鳥宮（飛鳥板蓋宮伝承地）のあった南北一二〇〇メートル、東西五〇〇メートルの狭い範囲に限られていたようです。

2　蘇我氏の系譜と盛衰

蘇我氏の出自と渡来系集団

つぎに、蘇我氏の系譜と盛衰について振り返ってみたいと思います。蘇我氏の出自については、実はよくわかっていません。はっきりとわかっているのは蘇我稲目《そがのいなめ》からです。

1章で西川さんは、河内の石川を蘇我氏発祥の地としていました。たしかにそういう説も古くからあります。しかし、橿原市には曽我《そが》町という地名があり、そこに宗我坐宗我都比古《そがにいますそがつひこ》神社があります（**図9、二八ページ参照**）。このあたりには五〇〇年代までの集落遺跡で、玉造り工房遺跡でもある曽我遺跡があります。そのようなことから、橿原市の曽我町が蘇我氏発祥の地という説も根強くあります。

蘇我氏は葛城《かつらぎ》の出身であると門脇禎二《かどわきていじ》さんは考証されています。そのほか、蘇我氏の先祖は渡来人で、檜隈から飛鳥・河内などに進出したという説もあります。稲目の先祖には高麗や韓子という、日本人らしからぬ渡来系を示唆するような名前も見られるところから、そういわれています。でも実際のところは、よくわかっていません。

五三六（宣化元）年に蘇我稲目は大臣《おおおみ》となりました。渡来人の知識・技術と経済力を背景に、蘇我氏が歴史の表舞台にあらわれてきました。その後、天皇家との婚姻関係を強め、権力繁栄の基礎をつくりました。

しかし、天皇との婚姻関係による台頭は天皇の代が変わるたびに、確執をまねく可能性もあります。また、ほかの有力豪族にとっても新興勢力である蘇我氏はしだいに目に余る存在となっていきます。

それは仏教の受け入れをめぐって表面化しました。敏達《びたつ》天皇の死後、蘇我馬子が推す用明《ようめい》天皇が即位しますが、物部守屋《もののべのもりや》の推す穴穂部皇子《あなほべのみこ》と衝突することになります。用明天皇は、わずか二年で亡くなり、つぎの天皇をめぐる争いで蘇我氏は穴穂部皇子と物部氏とを倒し、崇峻《すしゅん》天皇を即位させました。この年、馬子は飛鳥寺の造営を開始し、二〇年後の六〇九（推古一七）年に完成させています。

蘇我氏によって擁立された崇峻天皇ですが、蘇我馬子を排除しようとしたため、逆に、馬子によって暗殺されてしまいます。ここに至って馬子の権力は頂点に達しました。そして、蘇我氏と強い絆をもつ推古天皇が豊浦宮で即位し、蘇我一族が結集して推古政権を補佐することになります。この時代、摂政の聖徳太子とともに、遣隋使《けんずいし》をはじめとする外交、屯倉《みやけ》の整備と治水事業による農業振興、仏教を中心とした文化政策、十七条憲法や冠位十二階の制定による法治国家の推進など、蘇我氏は数々の政策を実現していきました。

このように蘇我氏が力をつけた背景には天皇家との婚姻関係（**図32**）のほかに、東漢《やまとのあや》氏の存在がありました。渡来系氏族である東漢氏をみずからの支配下に従えたことにより、彼らの技術力を手に入れたわけです。当時の渡来人というのは、単なる亡命人や外国人というのではなく、技術者や知識人でありました。わかりやすく言えば、明治新政府はイギリス・フランスなどのお抱え外国人から軍制や議会制を学び、彼らの知識・技術力によって新時代を築いたのです。これと同じようなことが飛

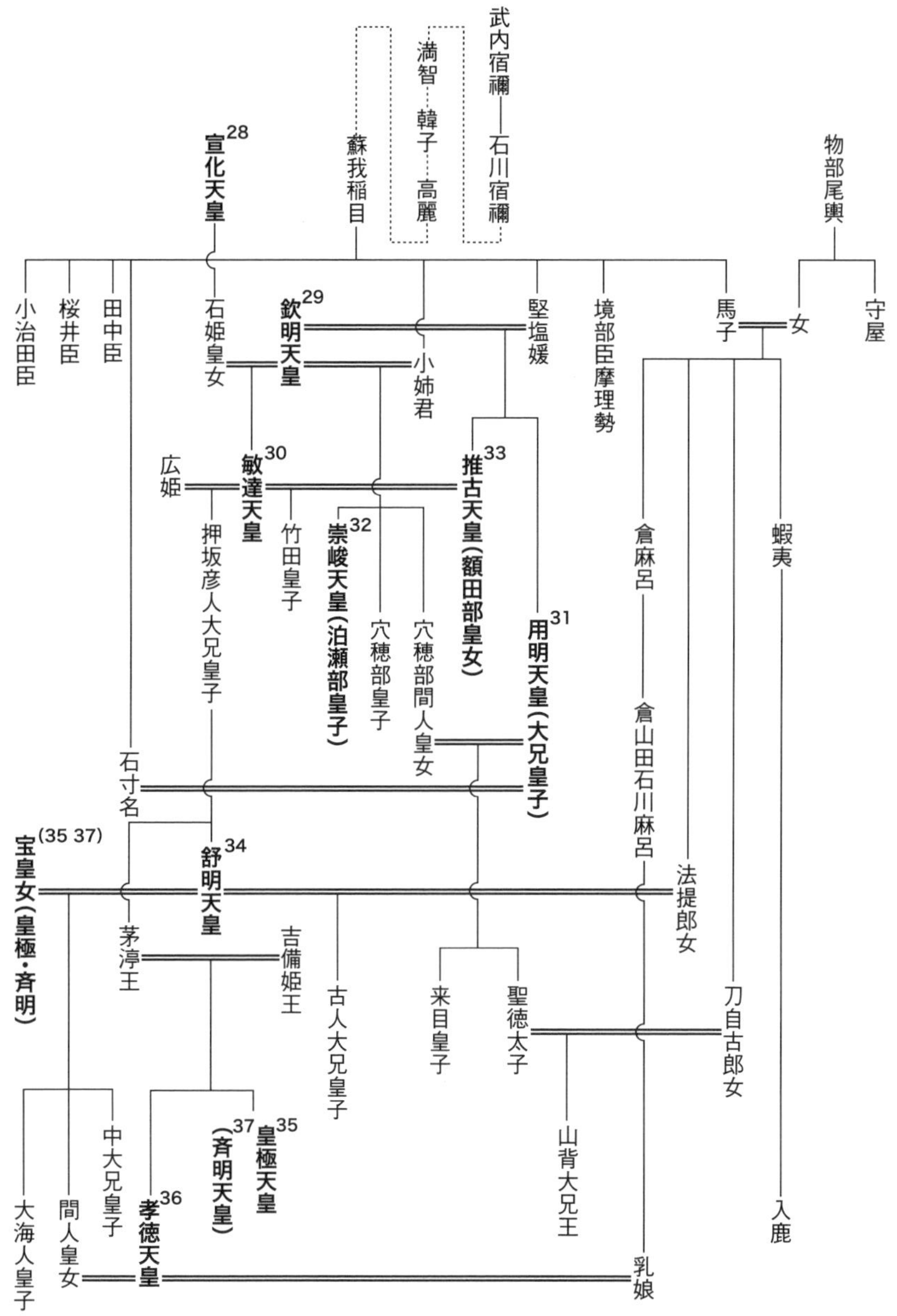

武内宿禰
石川宿禰
満智
韓子
高麗
蘇我稲目
宣化天皇 28
物部尾輿
小治田臣
桜井臣
田中臣
石姫皇女
欽明天皇 29
小姉君
堅塩媛
境部臣摩理勢
馬子
女
守屋
広姫
敏達天皇 30
推古天皇（額田部皇女） 33
押坂彦人大兄皇子
竹田皇子
崇峻天皇（泊瀬部皇子） 32
穴穂部皇子
穴穂部間人皇女
用明天皇（大兄皇子） 31
倉麻呂
倉山田石川麻呂
蝦夷
石寸名
宝皇女（皇極・斉明） (35 37)
舒明天皇 34
法提郎女
茅渟王
吉備姫王
古人大兄皇子
来目皇子
聖徳太子
刀自古郎女
中大兄皇子
皇極天皇 35
（斉明天皇） 37
孝徳天皇 36
山背大兄王
大海人皇子
間人皇女
乳娘
入鹿

図 32　蘇我氏系図

鳥時代にもあったわけです。

新興豪族である蘇我氏が勢力をのばした理由の一つには、渡来人との結びつきが大きかったと思います。冒頭で紹介した真弓鑵子塚古墳は五〇〇年代中頃ですから、稲目の時代のものです。東漢氏の本拠地でみつかり、石室の構造や規模からみても、東漢氏の族長の墓と考えられます。

蘇我氏の滅亡

六二六年、蘇我馬子が亡くなると、蘇我氏の内部に亀裂ができます。本宗家の蝦夷《えみし》は敏達天皇の孫である田村皇子《たむらのみこ》を、傍流の境部摩理勢《さかいべのまりせ》は聖徳太子の子である山背大兄王《やましろのおおえのおう》を次期天皇に推しました。結局、蘇我蝦夷が武力によって境部摩理勢を倒し、皇位の継承問題は決着します。田村皇子が即位し、舒明天皇となりました。

境部摩理勢を倒したことによって、本宗家蝦夷の地位は堅固なものになりましたが、一族のなかでは大きな不満が渦巻くことになったようです。六四二（皇極元）年、蝦夷は祖廟を葛城の高宮に建て、中国天子の特権とされる八佾舞《やつらのまい》をおこない、双墓《ならびのはか》を今城《いまき》につくり、大陵《おおみささぎ》・小陵《こみささぎ》とよばせます。

蘇我蝦夷の子、入鹿《いるか》が国政を担うようになる頃、蝦夷・入鹿は邸宅を甘樫丘《あまかしのおか》に建てました。蝦夷の邸宅を「上《うえ》の宮門《みかど》」、入鹿の邸宅を「谷《はさま》の宮門《みかど》」とよび、家の外には城柵をめぐらして、門の傍らに武器庫を設け、武器を携えた兵士が守る要塞のようであったといわれます。同時に次期天皇位にからんで、山背大兄王を倒して、上宮王家を滅ぼします。

そして、六四五（皇極四）年、乙巳《いっし》の変がおこりました。その日、飛鳥板蓋宮の大極殿《だいごくでん》では三韓の上表文が読み上げられており、そこで入鹿は中大兄皇子や中臣鎌足らによって斬り殺されました。甘樫丘の邸宅にいた蝦夷は、国記・天皇記・珍宝を焼いて自害したとされます。こうして蘇我本宗家は滅亡しました。

3　蘇我氏にかかわる邸宅の調査

蘇我氏邸宅の報道

近年、明日香村内で調査された遺跡に、蘇我氏にかかわる興味深い発掘調査が相つぎました。一つは以前に方形池もみつかっている島庄遺跡で大型建物が発掘されました。これは嶋大臣、つまり蘇我馬子の邸宅とされたものです（**巻頭図版3上**）。もう一つは甘樫丘東麓遺跡です。甘樫丘の蘇我蝦夷・入鹿の邸宅との関連性が注目されました（**巻頭図版3下**）。

二つの発掘成果については、報道などで大きくとり上げられました。甘樫丘東麓遺跡は現在も奈良文化財研究所によって調査が進められており、今後、新しい成果も発表されるでしょう。報道ではこれらの調査成果が記事になると「蘇我入鹿の邸宅発見！」などと載って、発掘調査によって邸宅が確定したかのような表現も多くみられます。しかし、よく読むと「蘇我入鹿の邸宅発見？」とクエスチョンマークが後ろに付いている記事もあります。そのほうがより正しい報道だとは思いますが、どうでしょうか。

島庄遺跡は明日香村教育委員会が調査して、その成果を発表しました。わたしたちが発表した内容は「蘇我馬子の邸宅や嶋宮があったといわれる島庄遺跡で、馬子の時代の建物や草壁皇子の嶋宮のあった時代の建物群を発見した」というものです。馬子の邸宅を発見したとは一言も言っていません。その時代の建物と言っているのですが、翌日の新聞では「蘇我馬子の邸宅発見！」となっていました。

発掘調査で邸宅の主や古墳の被葬者を確定することは、なかなかむずかしく、木簡や墨書土器などがみつからなければ確定できません。あくまでも状況証拠から推定して、その可能性が高いということだけです。

では、この二つの遺跡の調査で本当は何がわかったのか、どこまで解明できたのか、そして何が課題として残されているのかを整理したいと思います。

蘇我一族の邸宅

まず、『日本書紀』などにある蘇我氏の邸宅を整理したいと思います。蘇我氏が最初に住んでいた邸宅は現在の橿原市曽我町とされています。ここは今も蘇我馬子が創立したと伝える宗我坐宗我都比古神社があります。しかし、今のところ近くから邸宅にかかわる遺跡は確認されていません。

その後、蘇我氏は畝傍山《うねびやま》から飛鳥へと勢力範囲を広げていきました。蘇我稲目にかかわる邸宅は「小墾田の家」「向原《むくはら》の家」、そして「軽《かる》の曲殿《まがりどの》」があります。「小墾田の家」は『日本書紀』欽明一三年（五五二）の記事にあります。この邸宅に稲目が欽明天皇からいただいた仏像を最初に安置しました。

推古天皇の宮殿が小墾田宮で、その地は先に示した「小治田宮」と書かれた墨書土器が発見された飛鳥川右岸の雷丘《いかずちのおか》周辺に推測されているので、「小墾田の家」もこの近辺と思われます。

一方、「向原の家」は先の記事につづき、「向原の家を浄めて寺とした」とあるので、現在の豊浦寺、つまり飛鳥川左岸の豊浦に推定されています。

「軽の曲殿」は下ッ道と山田道の交差点である橿原市石川町近辺に推定されています。しかし、関連する遺跡は、まだみつかっていません。

つぎに、蘇我馬子時代は「石川の宅」「槻曲《つきくま》の家」「嶋の家」などが記録に表れます。「石川の宅」は敏達紀一三年（五八四）に記載され、そこに仏殿を建てたとあります。その推定地は現在の橿原市石川町とされます。仏殿を石川精舎にあてています。

「槻曲の家」は用明紀二年（五八七）の記事にあります。馬子と物部守屋の仲がいよいよ険悪となり、大伴毗羅夫連《おおとものひらぶのむらじ》が馬子を警護したと記されています。

この地は橿原市西池尻町《にしいけじりちょう》軽古《かるこ》にある軽樹村坐《かるこむらにます》神社（**図33**）付近、あるいは稲目時代の「軽の曲殿」と

図33　軽樹村坐神社

推定されます。いずれにしても橿原市大軽町《おおがるちょう》から見瀬町《みせちょう》にかけての地域と考えられます。

馬子の邸宅は推古紀三四年（六二六）の記事に「飛鳥河の傍《ほとり》に家せり。乃《すなは》ち庭の中《うち》に小《いささか》なる池を開《は》れり。仍《よ》りて小なる嶋を池の中に興《つ》く。故《かれ》、時の人、嶋大臣と曰ふ」とあることから、飛鳥川沿いに庭園をもつ邸宅を設けていたことがわかり、明日香村島庄に推定されています。ここは後で紹介する島庄遺跡が有力な候補地です。

蘇我馬子が「嶋大臣」とよばれたのに対して、蘇我蝦夷は「蘇我豊浦蝦夷臣」「豊浦大臣」とよばれました。このことから、蝦夷の邸宅は豊浦だったことがわかります。これまで、豊浦の古宮《ふるみや》遺跡は小墾田宮の有力推定地でした。しかし、小墾田宮が雷《いかずちの》丘《おか》東《とう》方《ほう》遺跡に確定しつつあるので、古宮遺跡は蝦夷邸の可能性が高いと考えています。

また、蝦夷・入鹿は甘樫丘に邸宅を築きます。皇極紀三年（六四四）の記事には蝦夷の邸宅を「上の宮門」、入鹿の邸宅を「谷の宮門」とよんだとあります。また、畝傍山の東麓にも蝦夷は邸宅を建てたと記されており、いずれも防備が堅いとされています。「谷の宮門」は甘樫丘東麓遺跡が有力な候補地で、畝傍山東麓の蝦夷邸は橿原遺跡が候補地です。いずれの遺跡からも豊浦寺と同笵の瓦が出土しており、注目されています。

このようにみると、蘇我三代にかかわる邸宅は下ツ道と山田道の交差点である軽の衢《ちまた》から山田道沿線上にいくつもあったことがわかります。つまり、蘇我氏は山田道を軸にその拠点をおいていたことが容易に指摘でき、六四四（皇極三）年には、甘樫丘にその本拠を移したことになります。

島庄遺跡の調査

島庄遺跡は石舞台古墳の西側にあります。一九七二年以降、奈良県立橿原考古学研究所が発掘調査を実施し、一辺四〇メートルにもおよぶ方形池、河状遺構、小池、建物群がみつかりました。とくに方形池は「曲池《まがりのいけ》」の記事との関連が注目されました（図34）。

二〇〇三年から明日香村教育委員会による範囲確認調査が開始され、方形池の南側で六〇〇年代の建物群を多数確認しました。主な建物は時期によって方位が異なります。

Ⅰ期の建物群は、六〇〇年代前半のもので約六〇度の振れをもち、五間×三間の大型建物とその前面に並んでいる五間×二間の建物などです（図35のⅠ）。Ⅱ・Ⅲ期の六〇〇年代中頃の建物群は約三五～五〇度の振れをもちます。小規模な建物群です（図35のⅡ・Ⅲ）。

六〇〇年代後半の建物群は南北に建物軸を合わせ、

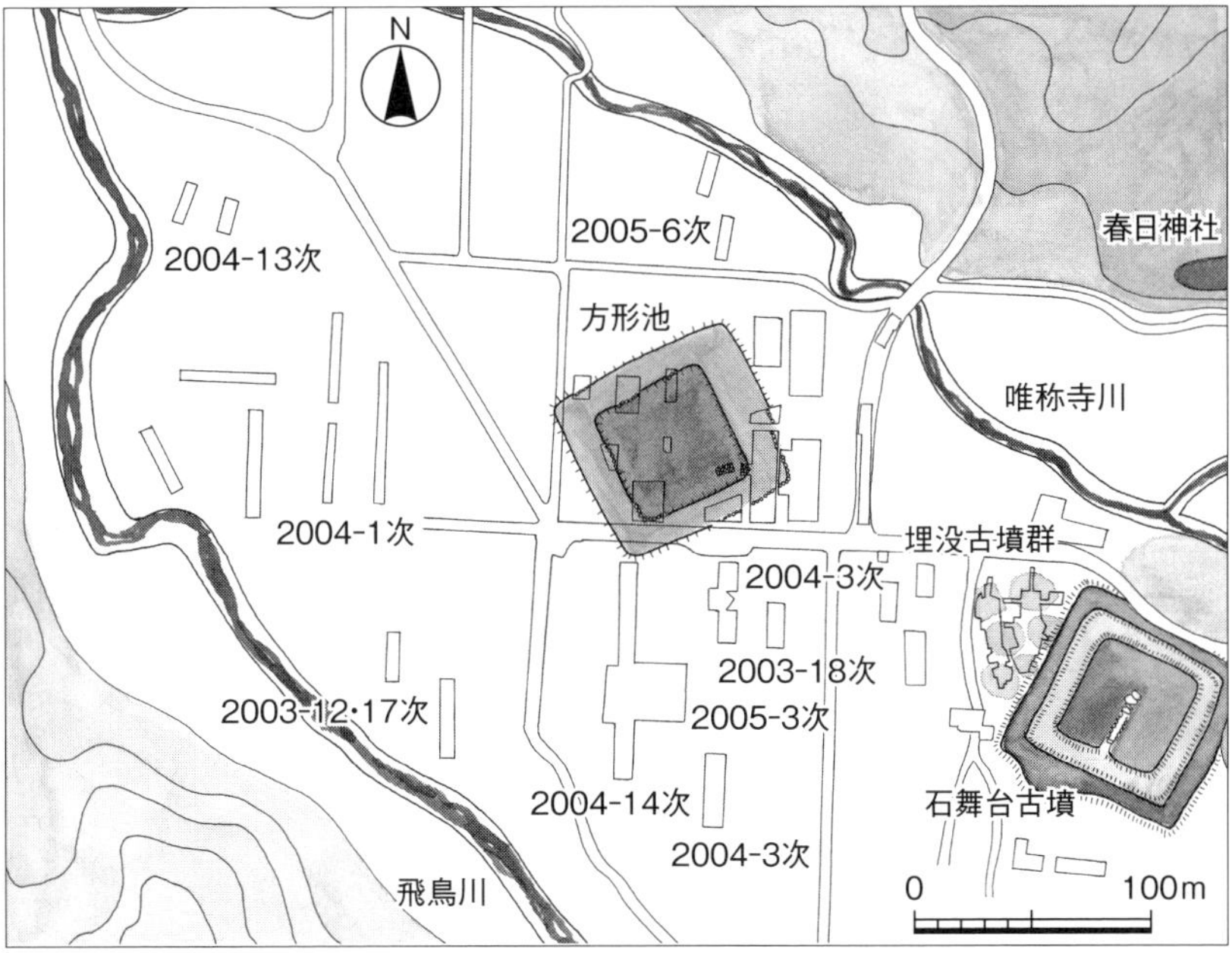

図34　島庄遺跡周辺の調査

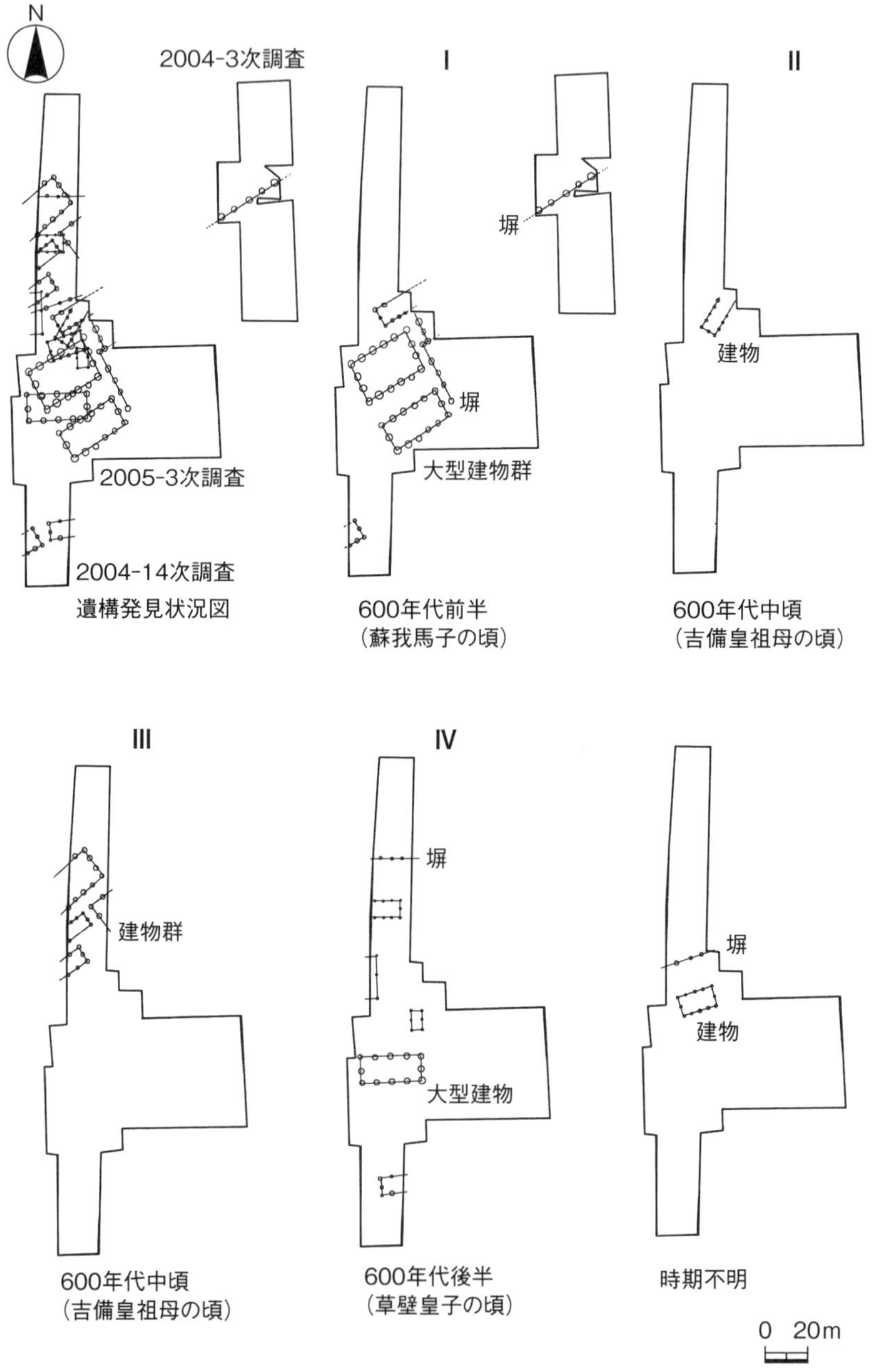

図 35　島庄遺跡遺構変遷図

四間×二間の大型建物などがあります（**図35のⅣ**）。

島庄遺跡大型建物の東側は蘇我馬子の桃原墓《ももはらのはか》と推定される石舞台古墳があり、北側には曲池とも推定される方形池もみつかっています。現在の地名が「島庄」であることから、嶋大臣である蘇我馬子の邸宅や草壁皇子の嶋宮と推定されてきた場所です。

調査では、六〇〇年代前半・中頃・後半のそれぞれの時期の建物群が重複して検出され、その遺跡の範囲も東西・南北ともに約三〇〇メートルにもおよぶ広大なものであることが判明しました。つまり、これまで蘇我馬子の邸宅や嶋宮と推定されていた場所で、馬子の時代、嶋皇祖母命《しまのすめみおやのみこと》（舒明天皇の母の糠手姫《あらてひめ》）の時代、草壁皇子の嶋宮時代の建物群が確認されたということです（**表6**）。しかし、遺跡の全容が解明されたわけではなく、中枢部（中心建物）が未確認であることから、歴史上の人物に結び付けられる段階ではありません。

年代	古記録	島庄遺跡発掘成果
		方形池造営（600年代初頭）
推古34年（626）	飛鳥川傍らに嶋大臣（馬子）の家をつくる	Ⅰ期大型建物群・塀（600年代前半）
		曲溝・川・小池・建物（600年代中頃）
皇極 2年（643）	吉備皇祖母死去	
皇極 4年（645）	中大兄皇子の宮を馬子邸隣接地につくる	
大化 2年（646）	吉備皇祖母の貸稲を廃止	
		Ⅱ・Ⅲ期建物群・塀（600年代中頃）
天智 3年（664）	糠手姫皇女死去	
天智10年（671）	大海人皇子、嶋宮に立ち寄る	
天武 元年（672）	大海人皇子、嶋宮に入る	
5年（676）	大射の後、嶋宮で宴を行う	
		Ⅳ期正方位の建物群（600年代後半）
10年（681）	赤亀を嶋宮の池に放す	
持統 4年（690）	京と畿内の高齢者に嶋宮の稲を与える	
		方形池が埋没する（1100年代後半）

表6　嶋宮・島庄遺跡関連年表

島庄遺跡の問題点

つぎに、解決すべき問題点をあげます。まず、『日本書紀』にある「曲池」は、はたしてこの方形池かという問題です。わたしは飛鳥時代の池を平面形態で二大別しています。方形池と曲池です。曲池とは飛鳥京苑池《えんち》や飛鳥宮内郭正殿脇で発見された池のように、池汀《ちてい》が曲線を多用する宴遊用の苑池と推定します。対して、方形池は真四角の池です。

方形池も規模や護岸の構造、水深によって三種類に細分が可能です。島庄遺跡の方形池の場合、規模や護岸形態から貯水池を想定すべきです。ただし、この方形池の西側（下側）にも池の堆積土とも推定される土層が確認されており、別の池があった可能性があります。あるいはこの池が曲池かもしれません。

もう一つの問題として、今回検出された六〇〇年代前半の大型建物は建物としてはかなりの大型です（**巻頭図版3上**）。しかし、この遺跡を馬子邸としても、中心建物ではありません。正殿（中心施設）ならば、やはり庇《ひさし》付きの建物でしょう。今回検出された建物に庇はなく、正殿とは言いがたい気がします。島庄遺跡の中心建物はまだ発見されていないのです。

しかし、遺跡の変遷をみると、史料にある蘇我馬子邸・嶋皇祖母命の邸宅・草壁皇子の嶋宮への歴史的変遷と合致することも事実です。現段階において島庄遺跡が馬子邸・嶋宮という仮説はきわめて有力といえます。そして、六〇〇年代全般にわたって広大な範囲を利用していたことが判明し、方形池、建物群、石舞台古墳が一体となって構成されるきわめて特異かつ希有な遺跡なのです。

甘樫丘東麓遺跡の調査

もう一つの話題に甘樫丘東麓遺跡の成果があります（**図36**）。この遺跡は一九九四年に最初の発掘調査が実施されました。そのときは建物などの遺構は検出されませんでしたが、谷底で真っ赤に焼けた焼土層がみつかりました。焼けた壁土や建築部材・炭・土器なども出土しています。このことから調査区の上方に建物があり、火災によって焼け落ち、谷に捨てられたことが推測されます。同時に出土した土器の型式は山田寺の下層から出土した土器型式に近く、それよりもわずかに新しい傾向があることから、六四五年前後と判断されました。つまり、甘樫丘の一

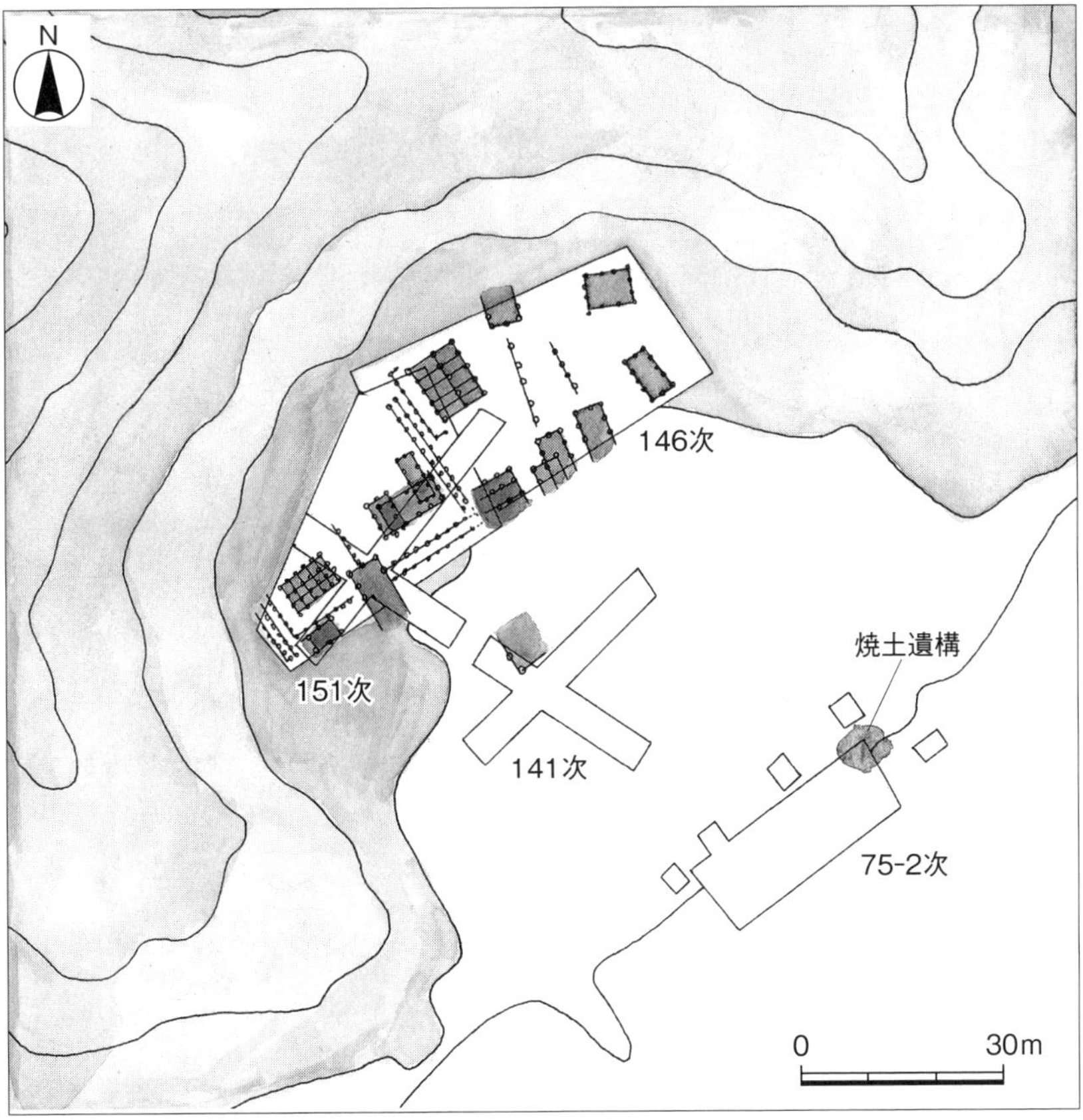

図36　甘樫丘東麓遺跡の遺構

角で六四五年頃の焼けた建築部材がみつかったということです。『日本書紀』は蝦夷が甘樫丘に邸宅を構え、乙巳の変の後に「天皇記・国記・珍宝ことごとく焼く」とあります。したがって、焼土遺構は蘇我氏邸宅に関するものと注目されたのです。その後、二〇〇五～二〇〇七年度には谷の奥が調査され、六〇〇年代では大きく三時期の遺構群が大規模な造成をともないながら営まれることが確認されました。

Ⅰ期（六〇〇年代前半）は建物と塀、そして石垣を検出しています。石垣は段造成の護岸となっていますが、構造だけでなく見栄えも重視されたようで、谷の奥には倉庫も建てられます。

Ⅱ期（六〇〇年代中頃～後半）はⅠ期の施設を埋めたて、建物・塀・石敷をつくります。この時期はさらに前半・後半に区分できます。谷の奥の塀で囲まれた区画です。

Ⅲ期（藤原宮期）はさらに大規模な盛土造成があり、建物一棟と炉が数基つくられます。出土遺物は土器が中心です。特記されるものに、豊浦寺と同じ軒丸瓦《のきまるがわら》や垂木先瓦《たるきさきがわら》・鴟尾《しび》などがありました（**図37**）。

甘樫丘東麓遺跡の問題点

さて、甘樫丘東麓遺跡では六〇〇年代前半から大規模な造成をおこない、建物を建て替えながら継続的に使用されていることがわかりました。このうちⅠ・Ⅱ期段階は蘇我氏にかかわる可能性がありますす。しかし、いずれも小規模建物でした（**巻頭図版3下**）。

これまでの調査では大規模建物は確認できず、甘樫丘東麓遺跡は蝦夷の邸宅である「上の宮門」、入鹿の邸宅である「谷の宮門」の中心ではありません。また、城柵をめぐらして、門の傍らに武器庫を設けた様を推測するとしても、木簡などの文字資料で裏づけることができず、決定打に欠けます。

この遺跡の課題としていくつかの点をあげることができます。まず、現在、甘樫丘とよばれている丘陵が、本当に飛鳥時代に甘樫丘とよばれていたのかということです。この丘陵はもともと地元で豊浦山とよばれており、甘樫丘とよばれるようになったのは一九七〇年代に飛鳥の保存が叫ばれた頃からです。ほかに該当する丘陵がなく、盟神探湯《くがたち》で有名な甘樫坐《あまかしにます》神社も鎮座することから、この丘が甘樫丘として定着するようになりました。

重要なことは甘樫丘の丘陵は広大だということです。調査されたのは今回の東麓の谷部と北麓の平《ひ》吉《きち》遺跡（図38）の二カ所だけです。つまり、丘陵上は未調査、邸宅を構えるのに適した谷あいは、ほかにも多くみられ、現在展望台のある場所は眺望の点でも最適です。なかには「エベス谷」という地名も残されており、以前より蝦夷の谷として邸宅の有力な候補地でした（図39）。むしろ、甘樫丘全体に蘇我氏の邸宅や関連施設がひろがっていたと思います。

これを補強するように、甘樫丘東麓遺跡では豊浦寺と同笵の軒丸瓦、古宮遺跡と同笵の垂木先瓦が出土しています（図37）。豊浦寺は蘇我氏の氏寺で、平吉遺跡でも豊浦寺から運ばれたと思われる瓦が大量に出土したことから、蘇我氏との関連が指摘されてきました。

古宮遺跡も先に示したように、蝦夷の邸宅だったと思っていま

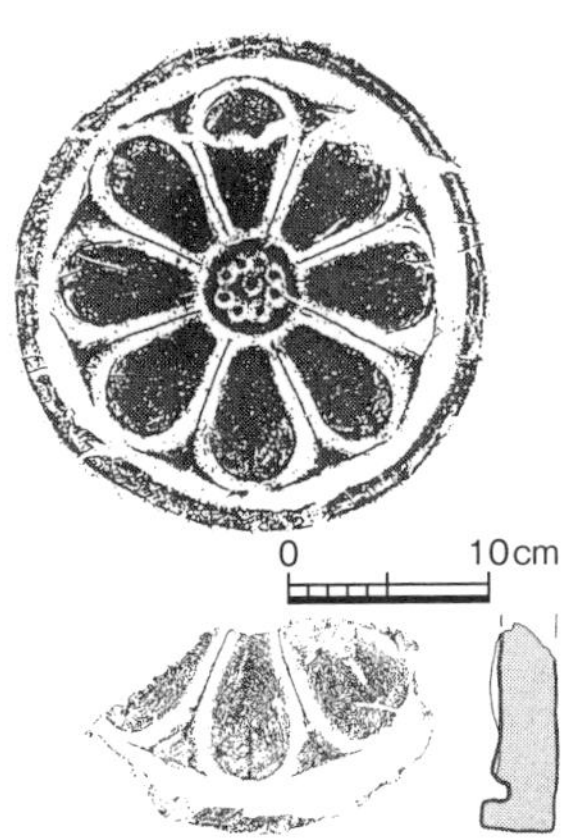

図37　豊浦寺の瓦（上）と甘樫丘東麓遺跡出土の瓦（下）

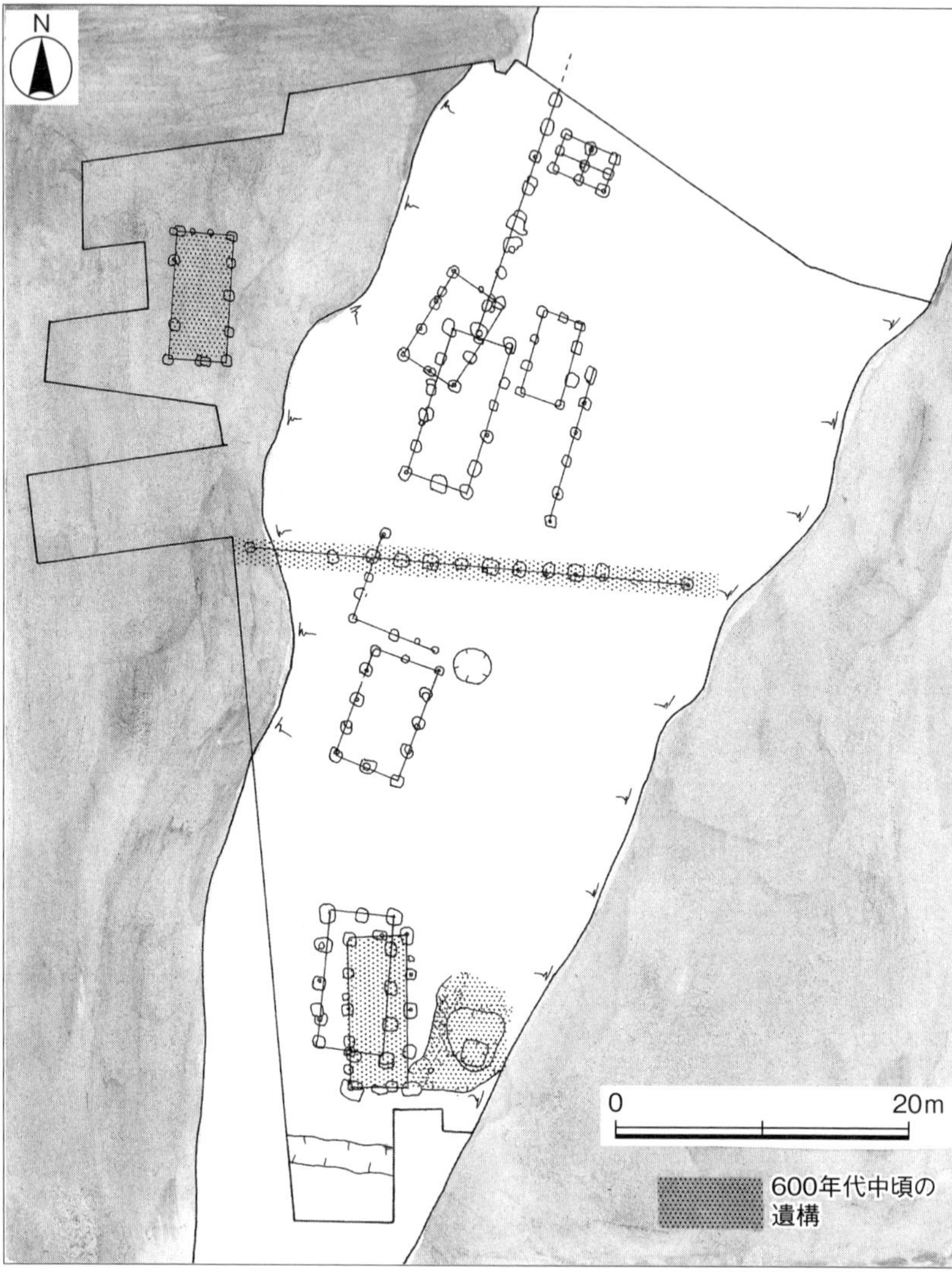

図 38　平吉遺跡の遺構

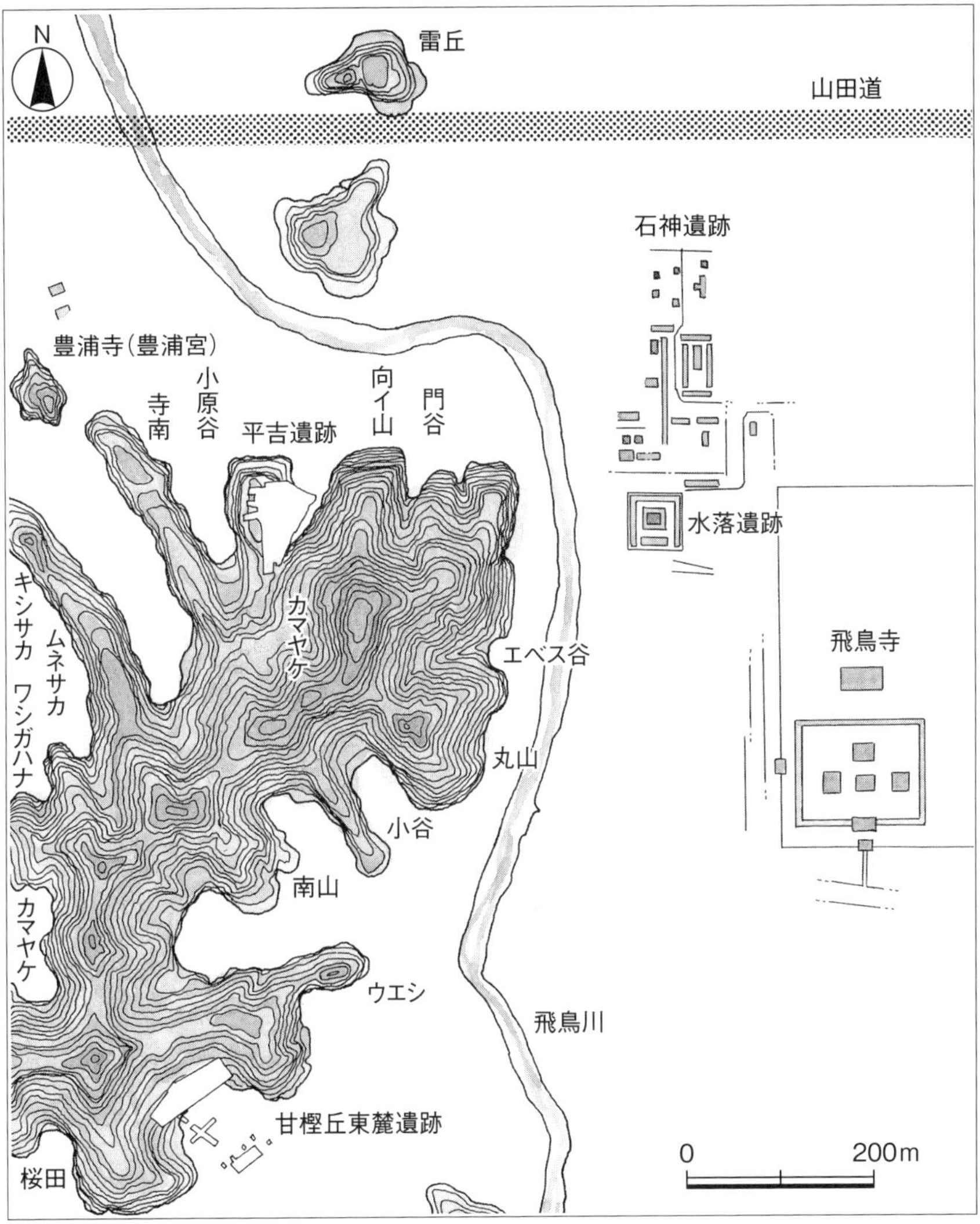

図39　甘樫丘周辺の遺跡・地名

す。甘樫丘東麓遺跡・平吉遺跡、豊浦寺・古宮遺跡は、いずれも蘇我本宗家にかかわるとわかります。つまり先の「エベス谷」地名も含めて、甘樫丘全体がこの当時、蘇我氏の支配下にあり、諸施設が配置されていたことが想定されるのです。

明日香での一連の調査成果は、これまで「馬子の邸宅発見」「入鹿の邸宅」などと断定調に報道されることがありました。しかし、確定的な証拠が発見されたわけではなく、解決すべき問題が残されていることを踏まえていただきたいと思います。確認された遺構は遺跡の中心施設ではないにせよ、蘇我氏の邸宅にかかわる遺構である可能性はきわめて高く、わたしもそう思っています。

4　欽明皇統の奥津城と蘇我氏の奥津城

欽明天皇の陵と蘇我稲目の墓

つぎに、1章で西川さんがとりあげた欽明天皇の陵《みささぎ》について、わたしの考えを示し、検討したいと思います。

注意すべきは、欽明天皇（五七一年没）と蘇我稲目（五七〇年没）はほぼ同時期に亡くなっているということです。つまり、古墳の年代・立地・規模だけでは欽明天皇陵と蘇我稲目の墓は識別できないのです。結論からいうと、欽明天皇の墓は宮内庁が管理している梅山《うめやま》古墳（現欽明天皇陵）、蘇我稲目の墓は橿原市五条野町《ごじょうのちょう》にある五条野（見瀬）丸山古墳（**図40**）と考えます。西川さんの見解のように、丸山古墳は巨大な横穴式石室の中に二つの家型石棺がおさめられ、奥の石棺が六〇〇年代前半、

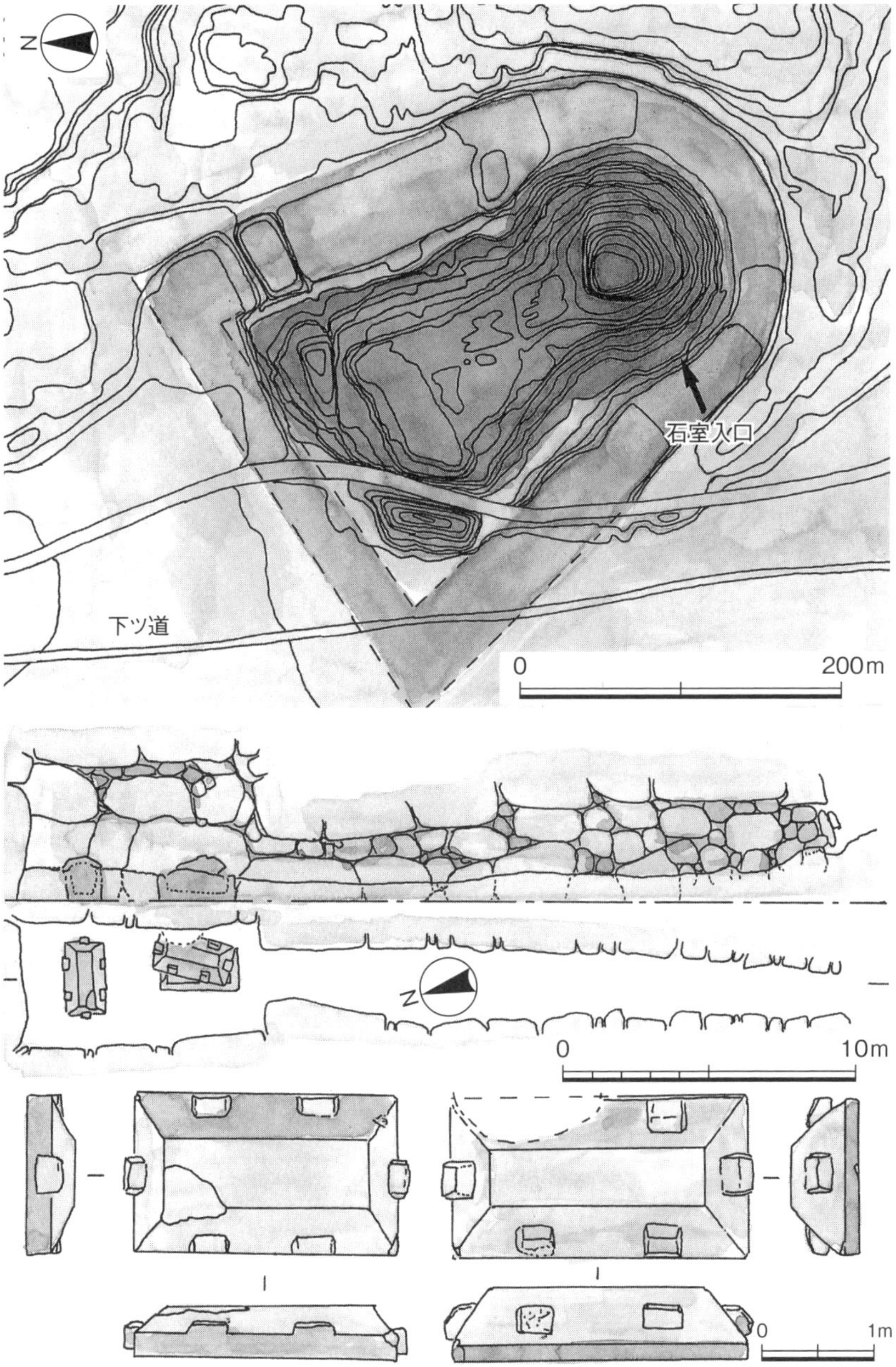

図 40　奈良県最大の古墳、五条野（見瀬）丸山古墳

手前の石棺は五〇〇年代後半の棺が安置されています。そうすると手前の棺が五七〇年に没した蘇我稲目の棺に該当するわけです。

梅山古墳（現欽明天皇陵）は明日香村内唯一の前方後円墳で、丸山古墳は橿原市に所在します。わたしは明日香村の職員ですので、明日香村としてはやはり、欽明天皇陵は宮内庁が指定しているように梅山古墳であってほしいわけです。

現在、丸山古墳石室内の手前の棺は稲目のものではなく、ほぼ同時期（五七一年）に崩御した欽明天皇の棺であるという説が有力です。西川さんもそう考えていました。しかし、『日本書紀』は欽明天皇の陵を「檜隈坂合陵」「檜隈墓」「檜隈大墓」と記します。丸山古墳は現在の五条野町・大軽町・見瀬町にまたがっています。大半は五条野町・大軽町です。現在の檜前《ひのくま》（檜隈）はその南方です。

遠つ飛鳥地域は古代の地名が比較的多く残り、現在の地名から古代の地名を対比させる参考にもなります。この場合、丸山古墳が檜隈に含まれるか否かによって、欽明天皇陵か否かを識別できるわけです。

古代檜隈の範囲

檜隈の北限を考えるのには二つの材料があります。陵墓と古代道路です。まず、平安時代に歴代陵墓を記録した『延喜式《えんぎしき》』などによると、檜隈には「檜隈坂合陵」「檜隈大内陵」「檜隈安古上陵」の三つの天皇陵が記されています。これは欽明天皇陵、天武・持統天皇陵、文武天皇陵です。

天武・持統天皇陵は合葬陵です。宮内庁が治定している野口王墓《のぐちおうのはか》古墳が記録にある天武・持統天皇陵として間違いないとされます。立ち入りができず、研究がなかなか進んでいない天皇陵古墳とその被葬者のなかで、珍しく確実視できるとされます。この合葬陵は、鎌倉時代に暴かれた際のくわしい記録が残っているからです（第3章、一四七ページ参照）。

対して、文武天皇陵は治定されている古墳ではなく、高松塚古墳の北側にある中尾山《なかおやま》古墳と考えられます。中尾山古墳は石槨の内のりが〇・九メートル四方しかなく、棺はおさまりません。したがって、火葬された骨蔵器が安置されていたと考えられます（図65、一六八ページ参照）。このことから、野口王墓古墳と中尾山古墳は檜隈の範囲内と考えます。

つぎに、遠つ飛鳥の都市的景観をよく調べると、下ツ道や山田道などの幹線道路、河川が地名の境界になることが多いことに気づきます。たとえば、川原と橘の境界、飛鳥と嶋の境界、飛鳥と小墾田の境界などです。つまり、檜隈と軽の境界も道路や河川の可能性が考えられます。川原寺と橘寺の間には幅約一二メートルの東西道路がみつかっています。東端は飛鳥宮、西端は下ツ道までほぼ一直線の飛鳥時代の道路だったと考えます。つまり、梅山古墳と五条野（見瀬）丸山古墳の間の谷に東西道路が通過していることになります。

わたしはこの直線道路が檜隈と軽の境界で、古墳の造営が道路整備以前としても、この谷が境界だったと考えます。つまり、梅山古墳は檜隈に含まれ、丸山古墳は軽に含まれます。少なくとも飛鳥時代後半には、東西に通過する直線道路によって南の檜隈と北の軽に分けることができ、『延喜式』の檜隈坂合陵は東西道路以南の古墳を指し示すはずです。同様に高取川《たかとりがわ》に沿って南北を通過する下ツ道（紀路）によって、その西側は牟狭《むさ》（見瀬）や真弓との境界だったと考えます。

梅山古墳は欽明天皇陵か

このように梅山古墳が「檜隈」、丸山古墳が「軽」の範囲に含まれると、梅山古墳が欽明天皇陵であった可能性が高くなります。これは別の点からも指摘できます。『日本書紀』推古二八年（六二〇）の条は「砂礫をもって檜隈陵の上に葺く」という記事があります。それは欽明天皇陵に砂礫、あるいは葺石の装飾が施されたことを記す記事なのです。

一九九七年、宮内庁は梅山古墳の墳丘裾で三カ所の発掘調査をおこないました。その結果、墳丘には一面の貼石がみつかりました（**図41**）。それは飛鳥の宮殿などでみられる石敷に共通するものです。まさしく推古二八年の「砂礫」に該当すると考えます。

これに対し、五条野（見瀬）丸山古墳は近年まで墳丘各所が開墾され、畑地にされていました。今のところ墳丘では葺石が確認できません。さらに、

図 41　梅山古墳の貼石

シリーズ「遺跡を学ぶ」

◎第Ⅰ期［全31冊］

セット函入46500円＋税

A5判96頁オールカラー
各1500円＋税

01 北辺の海の民・モヨロ貝塚　米村　衛
六世紀に、北の大陸からオホーツク海沿岸にやって来た海の民の文化。

02 天下布武の城・安土城　木戸雅寿
織田信長が建てた特異な城として、数多く描かれてきた安土城の真実。

03 古墳時代の地域社会復元・三ツ寺Ⅰ遺跡　若狭　徹
首長の館跡や古墳、水田経営の跡、渡来人の遺物から地域社会を復元。

04 原始集落を掘る・尖石遺跡　勅使河原　彰
八ヶ岳西南麓に栄えた縄文集落と、その保存に賭けた宮坂英弌の軌跡。

05 世界をリードした磁器窯・肥前窯　大橋康二
一七世紀後半ヨーロッパにも輸出された製品とその技術・流通の実態。

06 五千年におよぶムラ・平出遺跡　小林康男
縄文から古墳・平安へと、連綿と営まれてきた集落と人びとの暮らし。

07 豊饒の海の縄文文化・曽畑貝塚　木﨑康弘
干潟の豊富な魚介類を糧に有明海沿岸に栄え、東シナ海に広がる文化。

08 未盗掘石室の発見・雪野山古墳　佐々木憲一
三角縁神獣鏡など豊富な副葬品からみた古墳時代前期の地域首長の姿。

09 氷河期を生き抜いた狩人・矢出川遺跡　堤　隆
氷河期末、野辺山高原にやって来た狩人達の移動生活とその適応戦略。

10 描かれた黄泉の世界・王塚古墳　柳沢一男
石室内を埋めつくす複雑で、色彩豊かな図文は何を意味しているのか。

11 江戸のミクロコスモス・加賀藩江戸屋敷　追川吉生
能舞台・庭園・便所跡や、大皿、徳利・玩具等の遺物からみた小宇宙。

12 北の黒曜石の道・白滝遺跡群　木村英明
産地の石器生産システムと、シベリアにおよぶ北の物流ネットワーク。

13 古代祭祀とシルクロードの終着地・沖ノ島　弓場紀知
玄界灘の孤島にある岩上・岩陰の神殿におかれた貴重な奉献品の数々。

14 黒潮を渡った黒曜石・見高段間遺跡　池谷信之
神津島から黒潮を渡って黒曜石を運び、南関東一円に流通させた拠点。

15 縄文のイエとムラの風景・御所野遺跡　高田和徳
焼失住居から土屋根住居を復原し、縄文ムラと風景をよみがえらせる。

16 鉄剣銘一一五文字の謎に迫る・埼玉古墳群　高橋一夫
世紀の大発見といわれた、稲荷山古墳出土の鉄剣銘文が語る被葬者達。

17 石にこめた縄文人の祈り・大湯環状列石　秋元信夫
二つのストーンサークルと配石遺構からみえる、縄文人の祈りの空間。

18 土器製塩の島・喜兵衛島製塩遺跡と古墳　近藤義郎
瀬戸内海の無人島の古墳群と、浜辺の多量の土器片からみた塩民の姿。

19 縄文の社会構造をのぞく・姥山貝塚　堀越正行
埋葬人骨の考古学的検討から縄文人の家族や集団、社会構造にせまる。

20 大仏造立の都・紫香楽宮　小笠原好彦
恭仁京、難波京、紫香楽宮へと彷徨する聖武天皇と、大仏造立の意味。

21 律令国家の対蝦夷政策・相馬の製鉄遺跡群　飯村　均
大量の武器・農耕具・仏具を生産し律令国家の東北支配拡大を支えた。

『延喜式』は欽明天皇陵の兆域《ちょういき》（広義の墓の範囲）に吉備姫王《きびひめのみこ》墓があることを記します。ところが、五条野（見瀬）丸山古墳周辺には六〇〇年代中頃に造営された古墳はありません。梅山古墳には東側にカナヅカ古墳があります。この古墳は、大型の方形墳で精美な切石積石室と考えられています。

現在、梅山古墳は墳丘が調査されているが、五条野（見瀬）丸山古墳ではわからない。一方、梅山古墳は主体部の様相がわからないが、五条野（見瀬）丸山古墳は判明している、という状態です。同じ精度で比較ができないことも考慮すべきです。

石舞台古墳は蘇我馬子の墓

近年、石舞台古墳（図42）の北東丘陵の一部が発掘されました。石舞台古墳を見おろす眺望のよい場所です。奈良県立橿原考古学研究所の島庄遺跡第三一次調査です。注目されたのは、直径が三〇センチ以上、柱掘形が一辺一・八メートル四方

図42　石舞台古墳

の巨大柱穴が二つみつかったことです（図43）。柱穴は建物や塀の一部ではなく、それぞれ単独で建てられたと考えられます（巻頭図版3中）。つまり、ポールのように柱が立っていたのです。鯉のぼりの竿のようなものですね。ここで参考になるのが『日本書紀』推古二八年（六二〇）に欽明天皇陵の一画に大柱を立てる儀式があったことを記す記事です。石舞台古墳も大柱を立てていたのかもしれません。

同時に小型建物も二棟みつかっています。建物の軸が石舞台古墳の主軸と並行することから、古墳に関連する建物と推測できます。『日本書紀』は蘇我馬子の墓をつくるとき、一族が集まって庵をつくって造墓したと記します。そして、境部摩理勢は庵を壊して墓づくりを放棄、蝦夷との亀裂が決定的となるのです。発掘成果はこの記事に関連するものかもしれません。

残念ながら石舞台古墳は発掘調査で築造年代を位置づける土器などがみつからず、直接的に馬子の没年と対比することはできません。しかし、過去の調査では

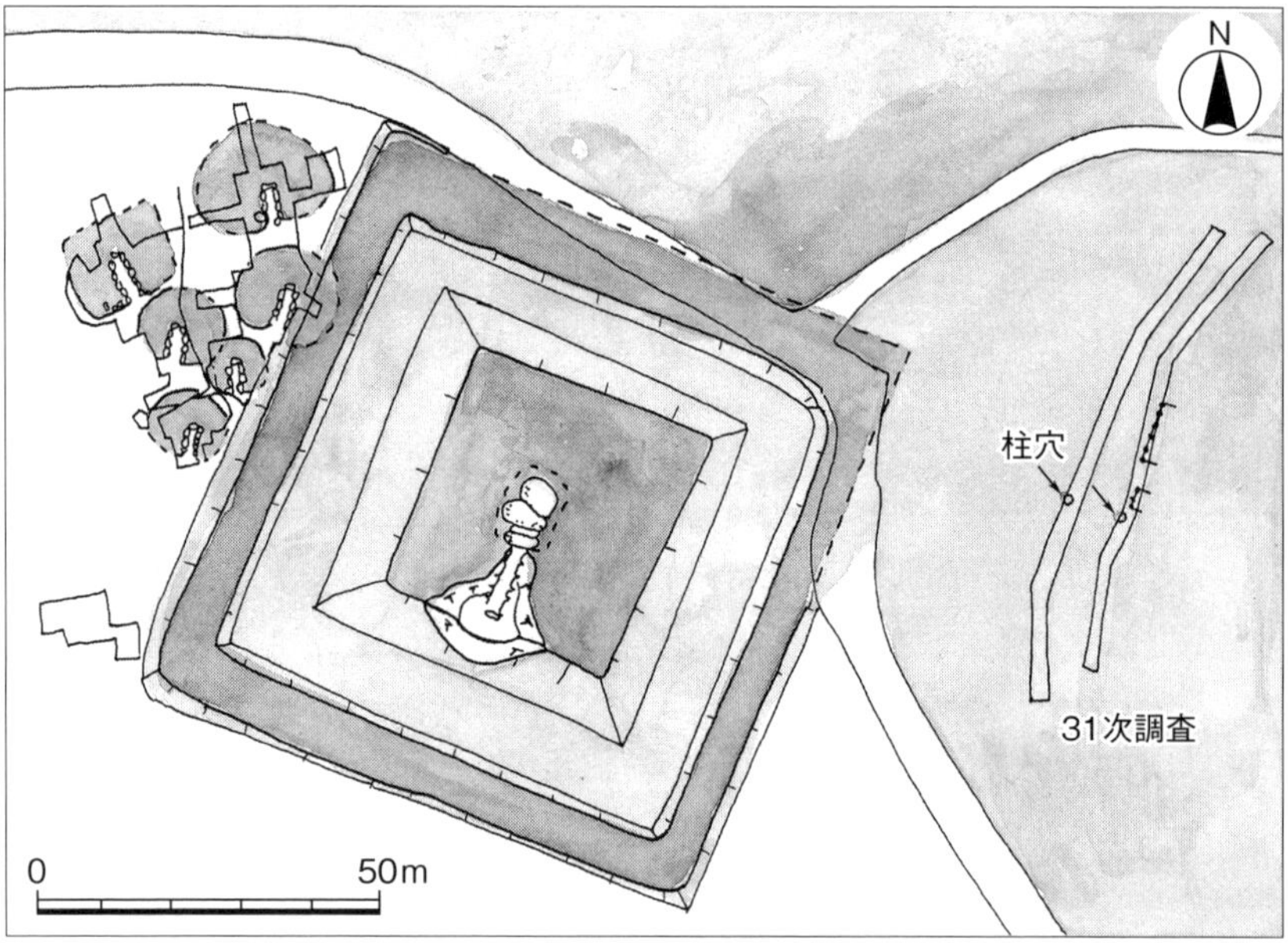

図 43　石舞台古墳西側の埋没古墳群・東側の建物遺構

石舞台古墳の西側の堤の下層から小古墳の残骸が数基みつかったのです。つまり、石舞台古墳はもともとあった古墳群を壊して築造されているのです。

石舞台古墳の東方は細川谷《ほそかわだに》とよばれ、二〇〇〜三〇〇基の小古墳が密集して営まれています。細川谷古墳群とよんでいます。この古墳群は四〇〇年代後半から五〇〇年代末にかけて造営されつづけた横穴式石室墳です。石舞台古墳の堤の下からみつかった埋没古墳群もその一部でしょう。古墳群からは五〇〇年代末頃の土器が多数発見されました。

着目すべきは、群集墳が先につくられ、それを破壊して石舞台古墳が後から築かれたという先後関係です。つまり、石舞台古墳は五〇〇年代末につくられた埋没古墳群以降に造営がはじまったことは確実で、わたしは六〇〇年代前半の築造と考えるのです。

埋没古墳群の被葬者は地元の中小豪族でしょう。六〇〇年代前半の島庄地域で、これを壊して巨石を使って造墓できる人物が石舞台古墳の被葬者を解く鍵です。そうすると、石舞台古墳の被葬者は蘇我馬子以外には考えられないということになります。

皇統譜を示す古墳群

わたしは石舞台古墳が蘇我馬子、梅山古墳が欽明天皇、五条野（見瀬）丸山古墳が蘇我稲目と被葬者を考えます。そうすると、梅山古墳を盟主とする明日香の古墳群、丸山古墳を盟主とする橿原の古墳群が飛鳥時代に並存していた実態が復元できます。梅山古墳・カナヅカ古墳・野口王墓古墳などの東西列、丸山古墳・植山古墳・宮ケ原《みやがはら》一・二号墳などの東西列です（**図44**）。わたしは梅山古墳の東西列を「古墳銀座」、丸山古墳の東西列を「古墳裏銀座」とよんでいます。これらの古墳群については、わたしの同僚の西光慎治《さいこうしんじ》さんと橿原市の竹田政敬《たけだまさのり》さんがそれぞれの古墳群をくわしく研究し、意義づけしています。ここで簡単に紹介しておきましょう。

梅山古墳の東西列は西から梅山古墳、カナヅカ古墳、鬼ノ俎《まないた》・雪隠《せっちん》古墳、野口王墓古墳（天武・持統天皇陵）です（**図53、一四四ページ参照**）。現在カナヅカ古墳は石室が埋められていて中に入れないのですが、岩屋山《いわややま》古墳のような切石の大型石室です。墳丘周辺

図44　遠つ飛鳥の墳墓群

は発掘調査され、東西六〇メートルの方形壇にのる一辺約三五メートルの方形墳です。その東には鬼ノ俎・雪隠古墳があり、花崗岩《かこうがん》を丁寧にくり抜いた横口式石槨墳《よこぐちしきせっかくふん》です。この石槨の東から石槨石材がもう一つ出土しています。現在、奈良県立橿原考古学研究所附属博物館の庭に展示されている石槨です。西光さんの復元によると、一つの墳丘に二つの横口式石槨を備えた長方墳だったようです。

東端は野口王墓古墳です。檜隈大内陵《ひのくまおおうちりょう》ともよばれる大型八角形墳です（図55、一四六ページ参照）。火葬された持統天皇の骨壺を追葬した、天武・持統天皇の合葬陵です。『日本書紀』は六八八年の造墓を伝えます。

西光さんによると、欽明天皇陵の陵域には吉備《きび》姫王《ひめのみこ》の墓がつくられたと記録があり、カナヅカ古墳の被葬者とします（図45a）。吉備姫王は六四三年に没しており、石室の年代に対応します。鬼ノ俎・雪隠古墳はカナヅカ古墳よりも一時期新しく、斉明天皇（初葬）・建王《たけるのみこ》の陵墓と考えます（図45b・c）。建王は『日本書紀』斉明四年（六五八）に八歳で夭逝したことが知られます。そして、「今《いま》城谷《きのたに》の上」で「殯《もがり》」され、そのときに斉明天皇は合葬を遺言します。吉備姫王は斉明天皇の母、建王は斉明天皇の孫です。また、斉明天皇の子が野口王墓古墳の被葬者である天武天皇、その妻が火葬後に合葬された持統天皇です。ただし、斉明天皇は天智六年（六六七）に小市岡上《おちのおかのうえ》に改葬されます。それは牽牛子塚《けんごしづか》古墳でしょう（図45d）。

以上のように、明日香の古墳銀座は欽明天皇を始祖とする皇統譜を示す古墳群なのです（第3章参照）。

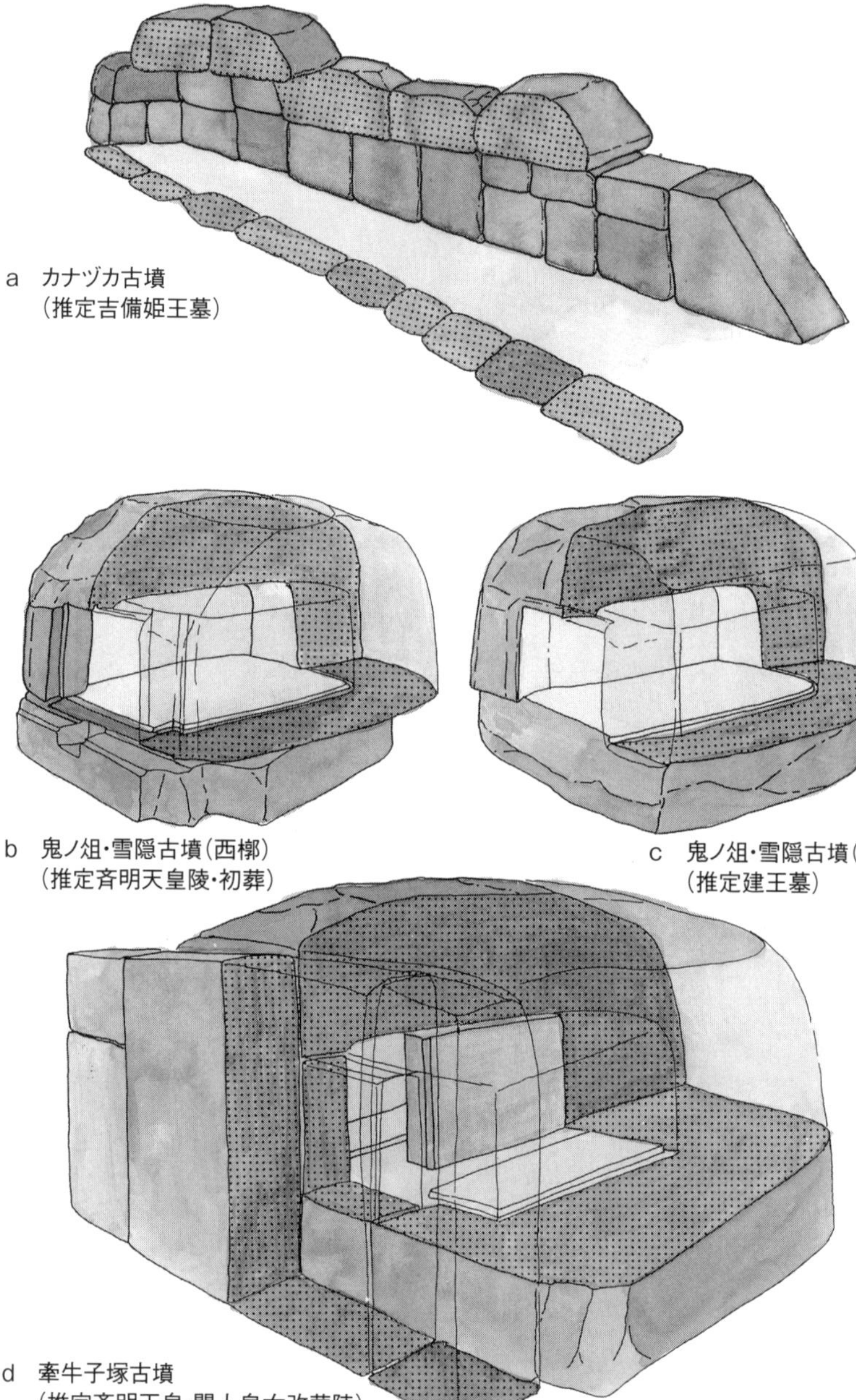

a　カナヅカ古墳
（推定吉備姫王墓）

b　鬼ノ俎・雪隠古墳（西槨）
（推定斉明天皇陵・初葬）

c　鬼ノ俎・雪隠古墳（東槨）
（推定建王墓）

d　牽牛子塚古墳
（推定斉明天皇・間人皇女改葬陵）

図 45　カナヅカ古墳石室、鬼ノ俎・雪隠古墳石槨、牽牛子塚古墳石槨

蘇我本宗家の奥津城

これに対し、五条野（見瀬）丸山古墳の東側にも飛鳥時代の古墳が並びます。近年、橿原市の区画整理事業にともなう発掘調査で多くの古墳が調査されました。まず、丸山古墳の東隣に植山《うえやま》古墳があります。巨大な長方形墳に二つの横穴式石室が並びます。東の石室には家形石棺《いえがたせっかん》が残され、西の石室には閾石《しきみいし》とよばれる特殊な扉石の痕跡がみられました（図15、四八ページ参照）。

1章で西川さんが説明されているように、東の石室は五〇〇年代末に亡くなった竹田皇子《たけだのみこ》、西の石室は六二八年に埋葬された推古天皇の最初の陵墓と考えます。推古天皇は後に改葬されて、近つ飛鳥の磯長谷《しながたに》に陵墓が移ります。

さらに、植山古墳の東南で数基の古墳が調査され、宮ヶ原一・二号墳とよばれています（図46）。復元する石室石材の大半は抜き取られ、その痕跡と転石になった石室石材しかみつかっていません。切石と、背面を削り取って掘り割りした二基の方墳が並んでいたようです。二基の石室は同規模で、切石積みの横穴式石室と推定されます。六〇〇年代中頃が想定されます。そうすると、この墓こそ蘇我蝦夷・入鹿の大陵・小陵だったということも考えられます。

調査を担当した橿原市の竹田政敬さんは五条野（見瀬）丸山古墳が蘇我稲目、植山古墳が推古天皇・竹田皇子、宮ヶ原一・二号墳が蘇我蝦夷・入鹿の墓として、丸山古墳の東西列を蘇我本宗家の奥津城ではないかと推定しています（図47）。

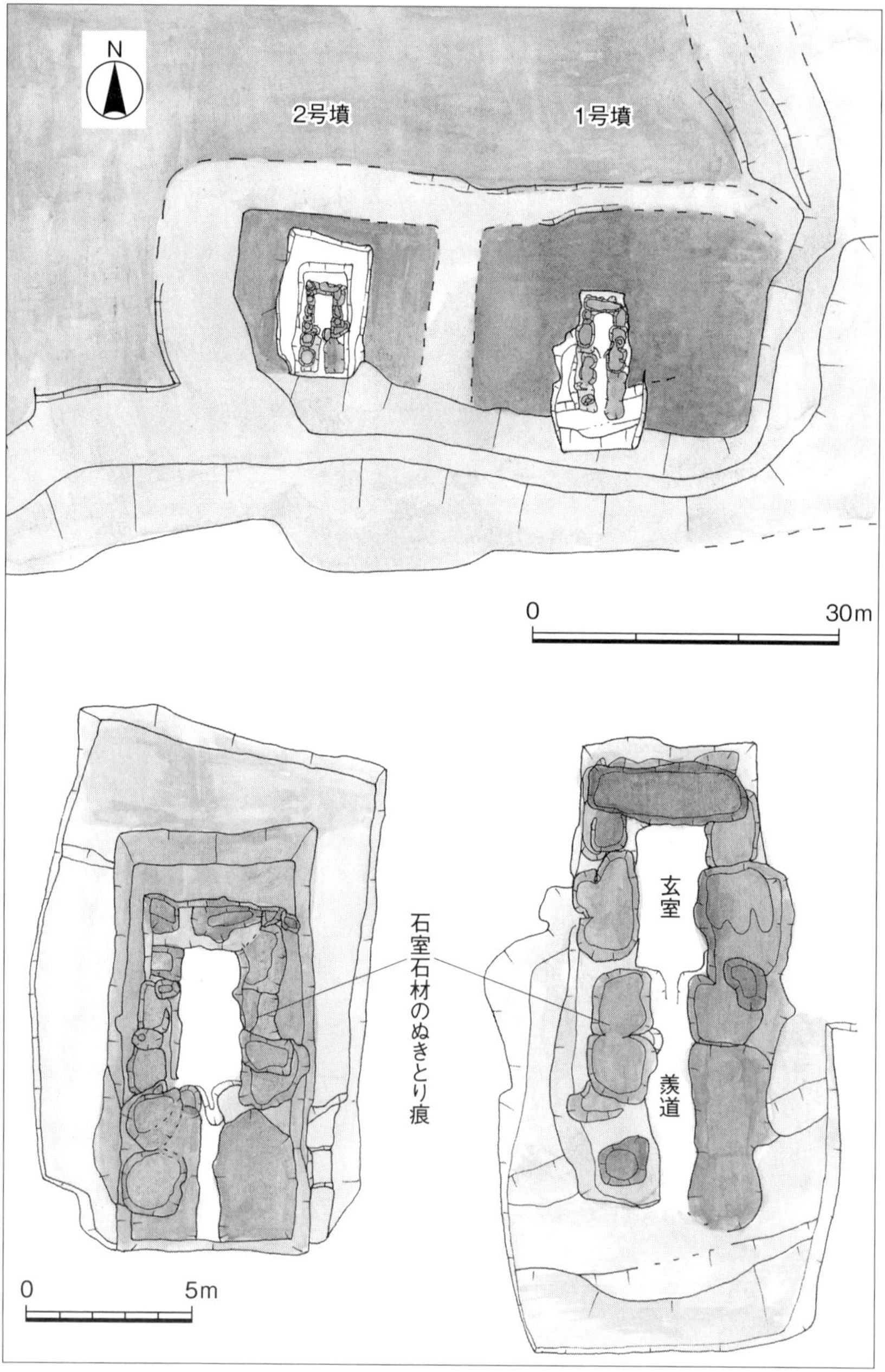

図46　宮ケ原1・2号墳

図 47　五条野古墳群の復元

5　蘇我氏の氏寺とその実像

蘇我系寺院と蘇我氏の拠点

蘇我氏の寺院といえば、まず飛鳥寺があげられます（図52、一三八ページ参照）。五八七（用明二）年に蘇我馬子が発願しました。五八八（崇峻元）年には百済から仏舎利と僧、寺工、鑪盤《ろばん》博士、瓦博士、画工が派遣され、造営が開始されます。五九〇（崇峻三）年には寺の木材を切り出し、五九二（崇峻五）年には金堂と回廊を起工します。五九六（推古四）年に塔が完成、六〇六（推古一四）年に飛鳥大仏が完成。わずか二〇年たらずで、伽藍が完成しました。当時の寺域は南北二九三メートル、東西二一五〜二六〇メートルで、現在の境内の二〇倍にもなります。

飛鳥寺は飛鳥時代の歴史舞台にあらわれる重要な建物でした。飛鳥寺の西の槻木広場《つきのきひろば》でおこなわれた蹴鞠《けまり》の会は、中大兄皇子と中臣鎌足《なかとみのかまたり》の出会いの場として有名です。乙巳の変にあたっては飛鳥寺が城砦となります。飛鳥時代後期の壬申の乱のときには近江軍が駐屯、蘇我氏滅亡後は官寺の扱いだったようです。このように飛鳥寺はまさに飛鳥の象徴となる寺院で、飛鳥寺の発願によって、飛鳥時代の幕が開いたといえます。

遠つ飛鳥地域は蘇我系氏族の寺院が数多くあります。これについては大脇潔《おおわききよし》さんがまとめられています。それによると、飛鳥寺のほかに田中廃寺《たなかはいじ》、和田《わだ》廃寺、豊浦寺《とゆらでら》、奥山《おくやま》廃寺、山田寺が蘇我系寺院です。

田中廃寺は記録になく、創建や沿革はわかりません。地名から田中氏の寺院と考えられます。田中氏は稲目の末裔で、壬申の乱で活躍した氏族です。田中廃寺の造営は出土瓦から六〇〇年代中頃と推定されています。

和田廃寺は六〇〇年代後半の塔だけしか確認されていません。塔以外の大屋根を飾る鴟尾《しび》の出土から、金堂などもあったと推測されます。大脇さんは葛城氏の葛城尼寺と推定します。

豊浦寺は、飛鳥寺尼寺となる最古級寺院です。下層の建物は豊浦宮と推定され、推古天皇がこの地で即位したことが知られます。

奥山廃寺は久米仙人の伝説起源となる奥山久米寺ともいわれます（図48）。四天王寺式の伽藍配置で、六〇〇年代前半に造営がはじまります。最近では「小治田寺」ではないかとする説が有力で、小治田氏の氏寺と考えられます。

山田寺は造営氏族など不明な寺が多いなか、蘇我倉山田石川麻呂の六四一（舒明一三）年の発願によるものであることが明確で、その造営経過も記録や発掘調査によって判明しています。

遠つ飛鳥では三〇ちかくの古代寺院がみつかっています。蘇我系寺院はそのうち六寺院を占めます。その分布は古代官道である山田道沿いであることがわかります。これらの寺院に先行する集落こそ、造営氏族と密接な関係があり、蘇我氏の拠点またはその隣接地に寺院が建立されたと推測できます。つまり蘇我氏は山田道を軸に拠点を構え、寺院を造営したといえます。

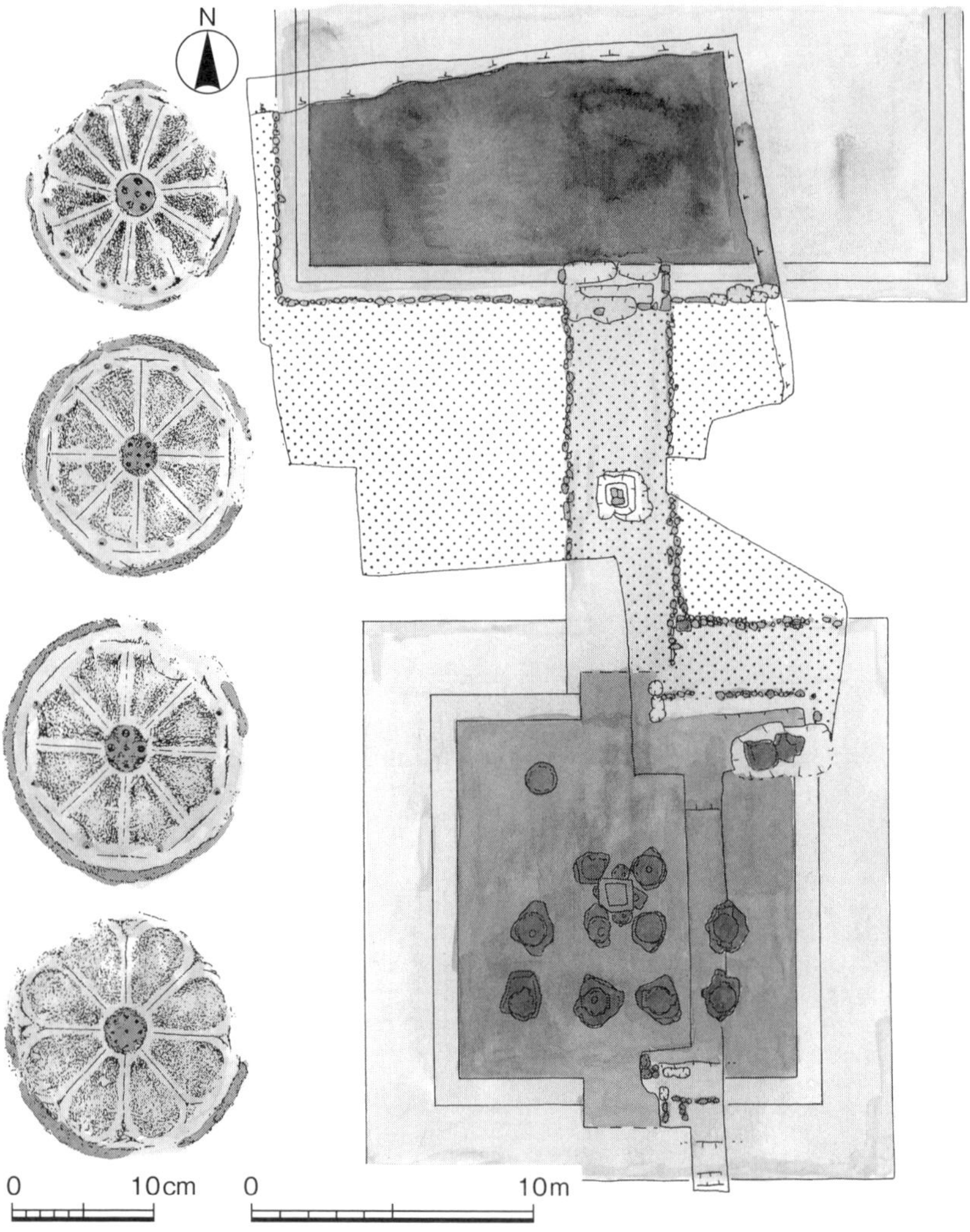

図 48　奥山廃寺の伽藍と瓦

蘇我氏の実像と滅亡の意義

以上、蘇我氏の邸宅・古墳・寺院について、最近の調査成果からわかったことを紹介しました。わたしは飛鳥地域の調査に参加して約二〇年になるのですが、伝承・推定とされていたことがずいぶん具体的になってきたと思います。

蘇我氏にかかわる遺跡は飛鳥宮を中心に配置されているようにみえます。飛鳥宮の北は飛鳥寺が巨大な伽藍と広大な境内をもって建てられます。その西は『日本書紀』にみえる槻木広場です。飛鳥宮の西は甘樫丘が自然の要害のように横たわり、蝦夷・入鹿の邸宅が建ち並びます。南方には馬子の嶋の邸宅があります。

このような位置関係は飛鳥宮の天皇家とそれをとり囲む蘇我氏の力関係のようにも想像できます。その理解には二つの解釈が成り立つと思います。蘇我氏が天皇家を厳重に守っているという考え方と、逆に天皇家をとり囲んで見張っているという考えです。

遠つ飛鳥において最初の建造物は飛鳥寺で、その造営を開始したとき、天皇はまだ飛鳥に宮を遷《うつ》していませんでした。天皇が飛鳥を政治拠点にするのは、推古天皇の即位を待たなければなりません。つまり、蘇我氏は自分の勢力範囲内に天皇をよび込み、都をつくろうと構想したと考えます。そして、その前段階として飛鳥寺を建立したのです。

注目すべきは、なぜ飛鳥寺があの場所だったのかということです。飛鳥宮は、後々まで同じ場所に建て替えつづけられることからもわかるように、宮としてもっとも適した土地と考えられます。そして飛鳥寺は西に甘樫丘、東からも丘陵がのびており、まさに飛鳥盆地の北の入り口を塞ぐように立地します。つまり、飛鳥寺と飛鳥宮は当初からあわせて予定されたと考えます。

しかし、推古天皇は飛鳥寺の北方、豊浦宮・小墾田宮にとどまり、政治を執ります。摂政の上宮王家も斑鳩でした。馬子が推挙した舒明天皇になってはじめて飛鳥寺の南方、蘇我氏の懐に政治の中心が移ります。この段階から、急速に政治の機構も整えられていきます。

そういうなかで、蘇我氏は皇極朝になって要塞のような邸宅を甘樫丘に造営していきました。甘樫丘を山城にすることは、外敵から飛鳥、そして飛鳥宮を防衛するのにはきわめて有効ですが、甘樫丘はまさしく天皇の宮殿を見おろす位置にあり、天皇家を見張ることもできる場所です。

飛鳥や天皇家を守るためではなく、宮殿よりも高所にある邸宅で、宮殿を見おろしていたと理解すべきではないでしょうか。このことは、邸宅の武装化や八佾舞の挙行などの点からも、この時期、蘇我氏が天皇と対等、いや天皇家を超える存在になったと考えられます。

飛鳥時代前半の歴史を振り返れば、蘇我氏が天皇家と婚姻関係をもちながら権力中枢へと入り込み、あるときは武力によって敵対勢力を打破していったこともありますが、その一方で数々の政治政策を天皇家・摂政家とともに成しとげました。とくに、推古朝の馬子を含めた政策は豪族連合による合議から、律令と官僚の体制へ移行する流動的なものです。

蘇我氏はけっして、最初から悪でもなく、最後まで善でもなかったのです。飛鳥史のなかで蘇我氏も代を重ねるうちに、徐々に変わっていったと思います。最終的に、甘樫丘全体が蘇我氏の要塞と化し、蘇我氏が天皇をも超える存在であることを誇示する結果となり、乙巳の変へと繋がっていきました。これを境に、豪族が力で権力を握る時代から天皇を中心とした中央集権国家へと大きく飛躍することになります。

蘇我本宗家滅亡の意義はここにあります。飛鳥時代前半は蘇我氏の時代だったといえるでしょう。

そして、蘇我氏本宗家の滅亡は律令国家体制へ向けて重要な転換点として位置づけられると思います。

参考文献

相原嘉之 二〇〇二「飛鳥の古代庭園―苑池遺構の構造と性格―」『古代庭園の思想―神仙世界への憧憬―』角川書店
相原嘉之 二〇〇七「発掘された蘇我氏の飛鳥―近年の調査からみた蘇我氏の実像―」『東アジアの古代文化』一三三号 大和書房
飛鳥資料館 一九九五『蘇我三代』飛鳥資料館図録第二八冊
明日香村教育委員会 二〇〇五～二〇〇七『明日香村遺跡調査概報』平成一五～一七年度
大脇 潔 一九九七「蘇我氏の氏寺からみたその本拠」『堅田直先生古希記念論文集』堅田直先生古希記念論文集同刊行会
門脇禎二 一九七七『蘇我蝦夷・入鹿』吉川弘文館
門脇禎二 一九七七『新版 飛鳥 その古代史と風土』日本放送出版協会
西光慎治 二〇〇〇「飛鳥地域の地域史研究（1）欽明天皇檜隈坂合陵・陪冢 カナヅカ古墳の覚書」『明日香村文化財調査研究紀要』創刊号 明日香村教育委員会
西光慎治 二〇〇二「飛鳥地域の地域史研究（3）今城谷の合葬墓」『明日香村文化財調査研究紀要』第二号 明日香村教育委員会

竹田政敬　二〇〇一「五条野古墳群の形成とその被葬者についての憶測」『考古学論攷』二四　奈良県立
橿原考古学研究所
遠山美都男　二〇〇六『蘇我氏四代─臣、罪を知らず─』ミネルヴァ書房
奈良文化財研究所　二〇〇八『甘樫丘東麓遺跡─飛鳥藤原第一五一次調査現地見学会資料─』

コラム2

世界遺産暫定登録資産と飛鳥文化

飛鳥地域の遺跡群

二〇〇七年一月、明日香村・桜井市・橿原市にまたがる飛鳥・藤原地域の文化財が「飛鳥・藤原の宮都とその関連資産群」として、ユネスコ世界遺産の暫定リストに登録された。飛鳥文化はその後の日本の政治・経済・文化・芸術・宗教の原点となり、現在のわたしたちの生活とも密接にかかわると評価されたのである（**表7**）。

飛鳥・藤原地域で登録された史跡・名勝は二八におよぶ。代表的なものをあげてゆこう。

伝飛鳥板蓋宮跡・飛鳥稲淵宮殿跡　天皇が政治・儀式をおこなった宮殿遺跡である（**図49**）。とくに、伝飛鳥板《あすかのいた》蓋宮《ぶきのみや》跡はこれまでの発掘調査により、舒明《じょめい》天皇の飛鳥《あすかの》岡本宮《おかもとのみや》、皇極《こうぎょく》天皇の飛鳥板蓋宮、斉明《さいめい》天皇の後飛鳥岡《のちのあすかのおか》本宮《もとのみや》、天武《てんむ》天皇の飛鳥浄御原宮《あすかのきよみはらのみや》が同じ場所に建て替えられていたことが、これまでの発掘調査によって判明している。この地は天皇の正宮として飛鳥時代を通して宮殿が営まれていたのである。

飛鳥京跡苑池《えんち》　宮殿遺跡の西北に隣接して大規模な庭園跡がある。苑池は古墳時代までの遺跡や宮殿にはなかったもので、大陸文化をとり入れたものである。天皇をはじめ、飛鳥の貴人たちが外国からの賓客をもてなし、歌を詠んだり、酒を飲んだりした空間であった。

飛鳥水落《みずおち》遺跡　宮の周囲には各種の役所群が広がる。飛鳥時代は豪族連合の合議的な政治体制から法令を役人が実行する律令制への移行期にあたる。時計も教本も貨幣もないところに、はじめての文字文化・役所勤務がはじまった。官僚の規律や律令の実行には全国的に時間・空間を管理する必要がある。そのための漏刻《ろうこく》（水時計）台がつくられたのである。

飛鳥池工房遺跡　飛鳥文化の開花と人びとの生活向上

西暦	世界遺産	当該地域
1992	日本、125番目の国として世界遺産委員会に批准	
1993	法隆寺地域の仏教建造物群	奈良県
1993	姫路城	兵庫県
1993	屋久島(自然遺産)	鹿児島県
1993	白神山地(自然遺産)	青森県・秋田県
1994	古都京都の文化財	京都府など
1995	白川郷・五箇山の合掌造り集落	長野県・富山県
1996	広島平和記念碑(原爆ドーム)	広島県
1996	厳島神社	広島県
1998	古都奈良の文化財	奈良県
1999	日光の社寺(日光東照宮・二荒山神社など)	栃木県
2000	琉球王国のグスク・関連遺産群	沖縄県
2004	紀伊山地の霊場と参詣道(熊野古道など)	和歌山県・三重県・奈良県
2005	知床(自然遺産)	北海道
2007	石見銀山遺跡とその文化的景観	島根県

西暦	暫定登録資産	当該地域
1993	古都鎌倉の文化財	神奈川県
1993	彦根城	滋賀県
2001	平泉の文化遺産	岩手県
2007	富士山	山梨県・静岡県
2007	富岡製糸場と絹産業遺産群	群馬県
2007	飛鳥・藤原の宮都とその関連資産群	奈良県
2007	長崎の教会群とキリスト教関連遺産	長崎県
2007	小笠原諸島(自然遺産)	東京都
2007	国立西洋美術館本館	東京都
2008	北海道・北東北の縄文遺跡群	北海道・青森県ほか
2008	九州・山口の近代化産業遺産群	福岡県・山口県ほか
2008	宗像・沖ノ島と関連遺産群	福岡県
2008	百舌鳥・古市古墳群	大阪府
2008	佐渡の金・銀山	新潟県

表7　日本の世界遺産と暫定登録資産

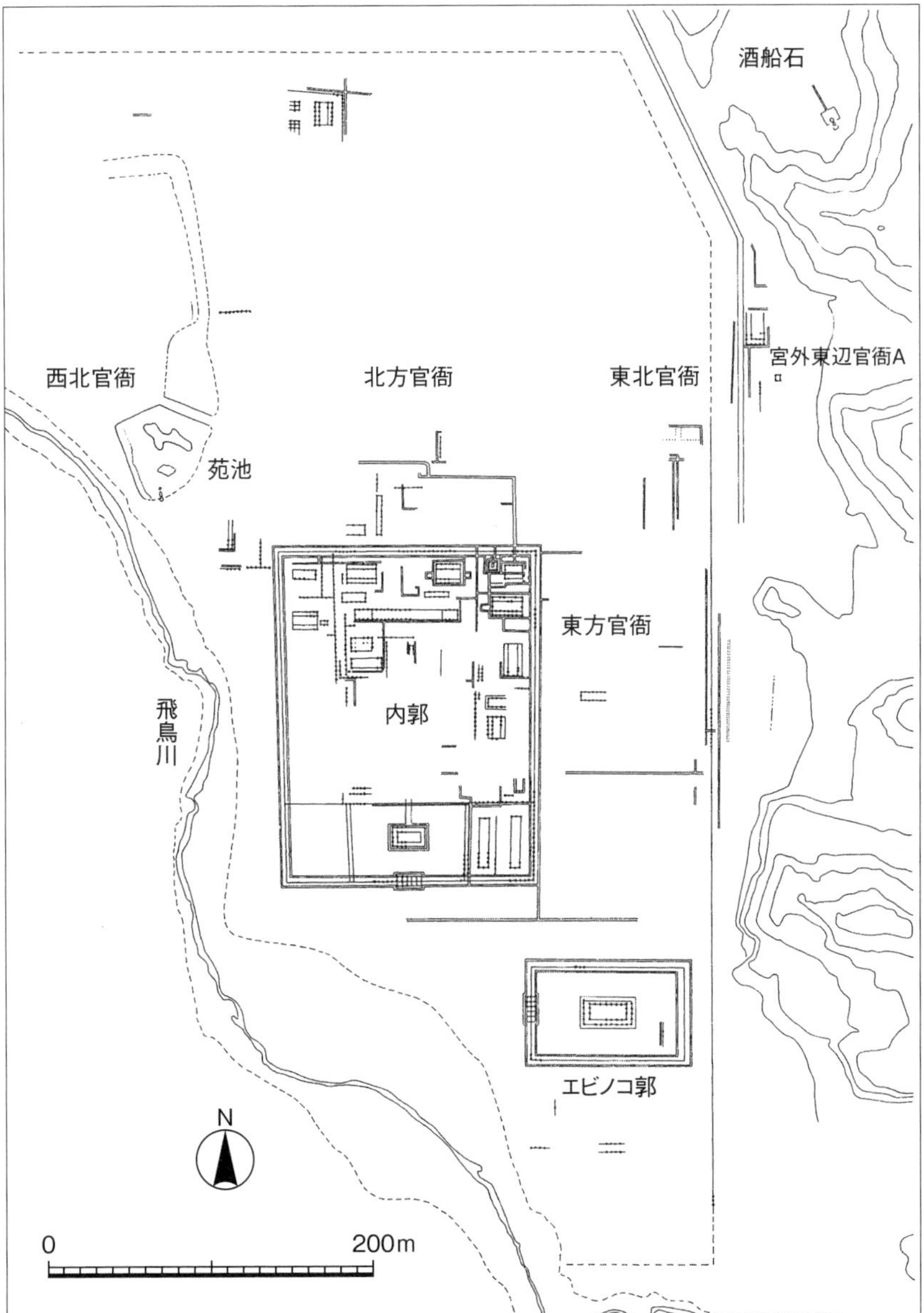

図 49　飛鳥宮

を支える物流にも変化があった。飛鳥寺南東に接して、飛鳥後期に形成された工房遺跡である。金・銀・銅・鉄・漆・ガラス製品のほか、わが国ではじめて鋳造された貨幣である富本銭《ふほんせん》（図50）もみられる。ここに貨幣経済がはじまったのである。

酒船石《さかふねいし》遺跡　飛鳥池工房遺跡の南側には斉明天皇による祭祀施設と思われる酒船石遺跡があり、亀形・船形石槽などが検出された。律令国家の頂点として君臨する天皇が、儀式・祭儀を主宰するという別の側面がみうけられる。

藤原宮《ふじわらのみや》跡と朱雀大路《すざくおおじ》跡　飛鳥地域は天皇の宮殿を中心に、苑池・工房・祭祀場・役所施設などがひろがる。さらに、周辺には豪族の邸宅が分布していた。しかし、飛鳥は空間的にも地理的にも手狭で、奥まった位置にあり、しだいに中国に匹敵する大規模で規格的な都を整備する必要にせまられた。これが大和三山に囲まれたなかに宮殿を中心に役所群を集約し、その周辺に碁盤目状の街区に人びとが居住する藤原京である。飛鳥で芽生えた律令国家が藤原京で完成され、その中枢部分が宮殿と役所が整然とならぶ藤原宮跡である（図51）。

　ここにいたって、官僚機構とともに大宝律令《たいほうりつりょう》が制定・施行された。宮の周囲には、かつてない規模の人工都市、新益京《あらましのみやこ》（藤原京）が広がる。それは大和三山をも含み込む広大な都で、方位に沿って直線的に区画された中国の条坊制が採用されている。京の中軸にあたる道路は藤原京朱雀大路《すざくおおじ》跡である。まさに新益京のシンボルとなる

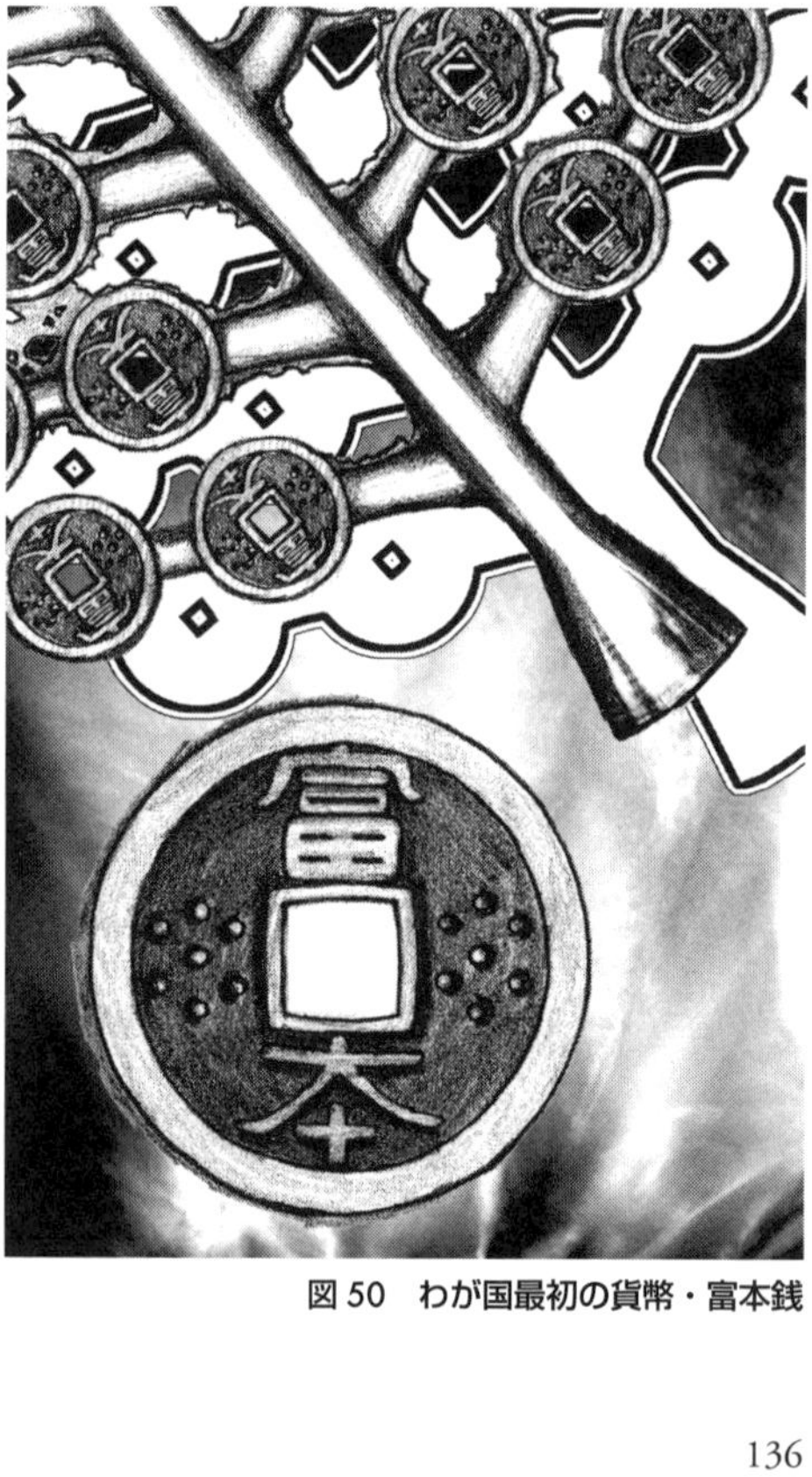

図50　わが国最初の貨幣・富本銭

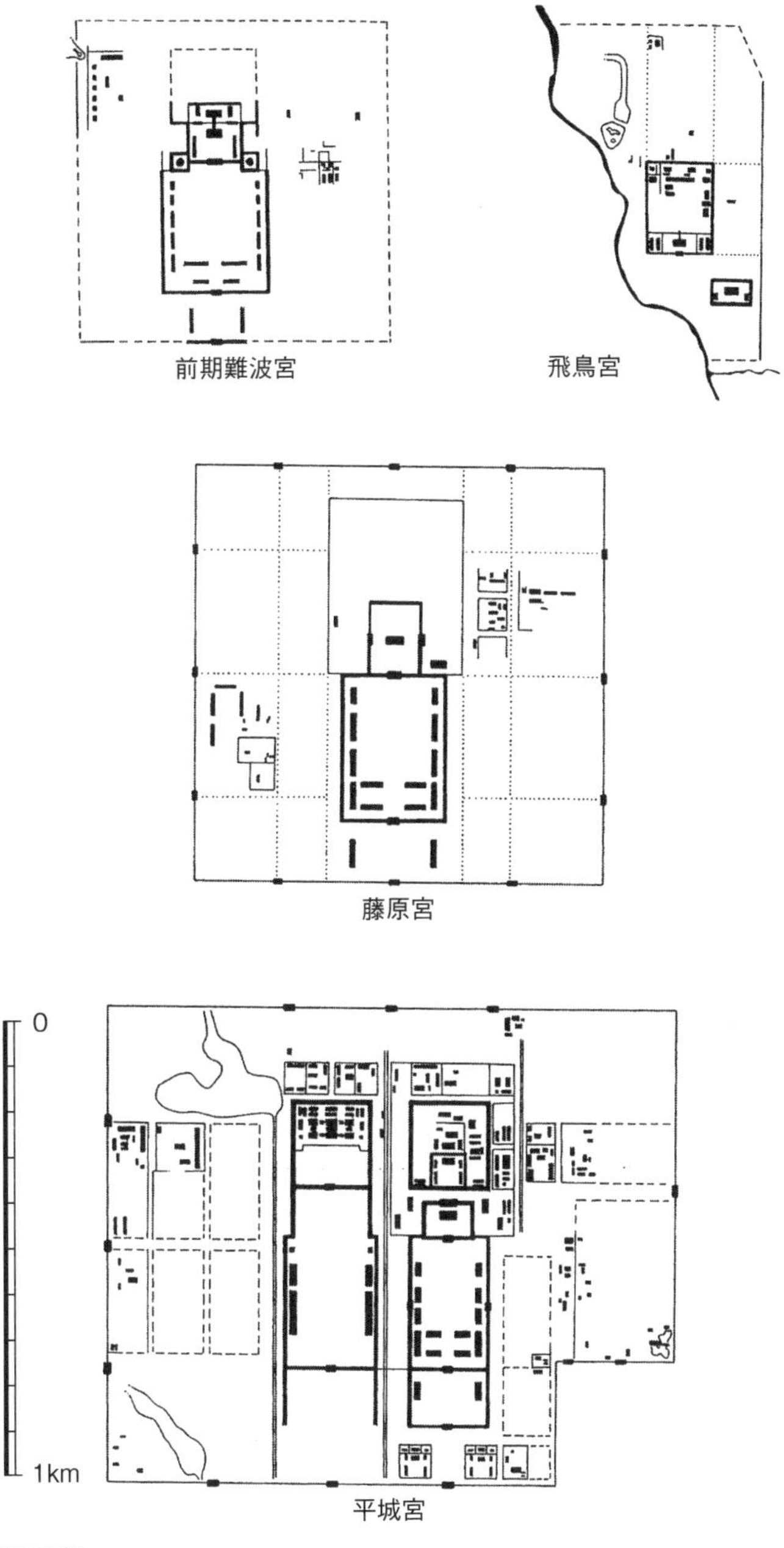

図 51　古代の宮都

大路だ。その後の平城京・平安京への骨格となっている（図51）。先の大宝律令の施行と新益京の完成は「文物の儀、ここに備われり」と『続日本紀』に記されることになった。

飛鳥の寺院　飛鳥文化は中国・半島の文化を急速に吸収・成熟していった。わが国初の本格寺院である飛鳥寺《あすかでら》（図52）跡の伽藍配置・建築技術・瓦紋様などは、渡来人の技術なしには考えられない。発掘調査でもこれらのことは裏づけられている。

飛鳥寺以降、橘寺《たちばなでら》境内・川原寺《かわらでら》跡・岡《おか》寺《でら》跡など、つぎつぎと大寺院が建立され、甍《いらか》を競った。新益京にも本薬師寺《もとやくしじ》跡・大官《だいかん》大寺《だいじ》跡などの官寺が建立されている。

蘇我系寺院とされる山田寺《やまだでら》跡は崩れ落ちた回廊《かいろう》建築の部材や屋根瓦がそのまま発掘された。数少ない歴史建造物のうちでも、後世の修復がない飛鳥時代の建築様式をそ

図52　飛鳥寺

のままのかたちで観察することができる資料である。
また、檜隈寺《ひのくまでら》跡・定林寺《じょうりんじ》跡は半島から渡来してきた渡来系氏族の建てた寺と考えられている。それは寺院の瓦《かわら》積基壇《づみきだん》の構造にもあらわれる。古墳時代後期より、半島の戦乱を逃れて、多くの渡来人がわが国にやって来た。飛鳥はこのような渡来系氏族の故地ともなっている。

石造物群　渡来系技術によってつくられたもののうちには、酒船石《さかふねいし》・亀石《かめいし》・須弥山石《しゅみせんせき》などの石造物群がある。これらは、ながらく奇岩などとされ、その意味はよくわからなかった。しかし、新たな石造物が出土するなど、その研究は新しい段階にきている。

飛鳥の奥津城　飛鳥人の奥津城《おくつき》にも大陸の文化は色濃く残されている。キトラ古墳、高松塚《たかまつづか》古墳の壁画は文化交流の賜《たまもの》である。また、巨石を用いた五条野《ごじょうの》（見瀬《みせ》）丸《まる》山《やま》古墳・石舞台古墳・植山《うえやま》古墳の横穴式石室や家形石棺は古墳文化の到達点を示すもので、圧巻である。

飛鳥時代前半は前方後円墳が終焉し、大型方形墳へと移行する。さらに中頃から後半に至り、牽牛子塚《けんごしづか》古墳やマルコ山古墳のような多角形の小規模古墳が登場する。最終的に八角墳の中尾山《なかおやま》古墳に至り、火葬墳墓へと変わり、古墳造営は終了する。これは律令国家による身分制度が黄泉《よみ》の世界である墳墓にも影響を与えているということをあらわしている。

飛鳥文化と現在の生活

飛鳥文化は、今から約一四〇〇年前に開花した遠い昔の文化である。しかし、現代日本人の生活・文化とも密接にかかわる。たとえば、わたしたちの生活基準である時間の概念は、漏刻の導入により飛鳥時代に起源がある。当時の官人の勤務は日の出から昼までであったが、漏刻の設置によって労働時間などの管理が厳密になった。しかし、下級役人は当時から残業を強いられていたようだ。勤務評定を示す木簡がみつかっている。給料の一部は銭貨（富本銭や和同開珎《わどうかいちん》）で支給したと考えられる。

当時の民衆は米作りを中心とし、その一部を祖税として、地方官衙《かんが》を通じて飛鳥の都におさめた。地方官衙では徴税を管理するため、文書による戸籍を整備した。はじめて庚午年籍《こうごのねんじゃく》という戸籍をつくり、さらに庚寅年籍《こういんのねんじゃく》

指定年・種別		遺跡名	面積(㎡)	備考
1921	国史跡	大官大寺跡	46642	
1921 1966 1988	国史跡 追加 追加	川原寺跡	76983	
1923	国史跡	牽牛子塚古墳	396	出土遺物は重要文化財
1927	国史跡	中尾山古墳	988	
1927 2004	国史跡 追加・名称変更	酒船石遺跡	31464	酒船石・亀形石
1935 1952	 特別史跡	石舞台古墳	12317	
1966	国史跡	飛鳥寺跡	46184	
1966	国史跡	橘寺旧境内	95245	
1966 1993	国史跡 追加	定林寺跡	17163	
1968	国史跡	岩屋山古墳	1125	
1972 1973	 特別史跡	高松塚古墳	913	壁画は国宝指定
1972 1983 1992	国史跡 追加 追加	伝飛鳥板蓋宮跡	9308	
1976 1982	国史跡 追加	飛鳥水落遺跡	1219	
1977	県史跡	豊浦寺跡		
1977	村史跡	飛鳥川の飛び石		
1977	村史跡	南淵請安先生の墓		
1979 1981 2004	国史跡 追加 追加	飛鳥稲淵宮殿跡	12750	
1982	国史跡	マルコ山古墳	3028	
1993	県史跡	紀寺跡		
2000	特別史跡	キトラ古墳	4301	
2001	国史跡	飛鳥池工房遺跡	19981	遺跡上に万葉文化館
2003	国史跡	檜隈寺跡	7611	
2003	国史跡・名勝	飛鳥京跡苑池	27413	
2005	国史跡	岡寺跡	82865	

ほかに宮内庁指定陵墓としては欽明天皇檜隈坂合陵、天武・持統天皇檜隈大内陵、文武天皇檜隈安古岡上陵、吉備姫王檜隈陵、良助親王墓、カナヅカ、キヨヅカ、鬼ノ俎・雪隠がある。

表8　明日香村の指定史跡一覧

では六年ごとに更新することもおこなっている。戸籍には年齢・家族構成・男女の差が記され、現在、役所で管理されている住民票の起源ともなっている。戸籍は「大和国高市郡○里○戸」など、現代にも通じる住所標記だった。

日本・天皇という呼称もこの頃にはじまる。国政を司る大蔵省や宮内省などの省庁名もこの頃登場している。飛鳥時代後期になると飛鳥浄御原令・大宝律令などによる律令国家（法治国家）が確立、全国におよぶ統治機構となった。

このように飛鳥時代にはじまる出来事や機構は、現在の生活・文化に数多く継承されている。飛鳥時代はまさに「日本誕生」の時代でもある。そして、これらの資産や文化を生んだ舞台が飛鳥・藤原地域に保存され、一三〇〇年を経た景観にも色濃く残されているのである（**表8**）。戦後、急速に開発が進んだわが国において、歴史的風土が守られている点でもきわめて特筆すべき資産群といえる。

以上が飛鳥・藤原地域の特性である。日本のなかでこの地こそ飛鳥文化を色濃く伝える唯一の地域であり、世界に誇れる不偏的価値をもっともいえよう。また、飛鳥・藤原地域は、すべての資産が埋蔵文化財（遺跡）で、守るべき世界遺産の大半が地中に埋没したまま、未解明であるという特殊性も見過ごせない。これらをどう保存・活用し、学んでいくかは新たな課題でもある。

（相原嘉之）

参考文献

相原嘉之　二〇〇八「飛鳥・藤原地域における文化遺産の特質」『明日香村文化財調査研究紀要』七　明日香村教育委員会
明日香村・桜井市・橿原市・奈良県　二〇〇六『世界遺産暫定一覧表記載資産候補提案書』
橿原市　二〇〇八『世界遺産暫定一覧表記載資産候補　飛鳥・藤原の宮都とその関連資産群記念講演会資料』

第3章　飛鳥、四つの皇統譜
——梅山古墳、カナヅカ古墳、鬼ノ俎・雪隠古墳、野口王墓古墳——

西光慎治

1　飛鳥時代の王陵

遠つ飛鳥、今城谷王陵群の設定

遠つ飛鳥・近つ飛鳥地域には多くの王陵が点在しています。記紀には天皇の葬地を簡潔に記すのみで、王妃や皇族、豪族の墳墓については死亡の時期を含め、あまり触れられていません。

また、考古学的にも飛鳥時代の王陵や古墳が、どうしてその場所に営まれたのかは解明されていません。遠つ飛鳥の場合、欽明《きんめい》天皇陵に治定されている梅山《うめやま》古墳と天武《てんむ》・持統《じとう》天皇陵に治定されている野口王墓《のぐちおうのはか》古墳は飛鳥地域を代表する後・終末期古墳として知られています。この二つの陵墓の間にはさらに二つの墳墓があり、合計四基の古墳がほぼ東西一列に並ぶ配列となっています。これらの陵墓が並んで造営された背景や、どのような人たちが葬られているのかについてはこれまであまり議論されてきませんでした。
四基の終末期古墳とは西から前方後円墳の梅山古墳、方墳のカナヅカ古墳、長方墳の鬼ノ俎《まないた》・雪隠《せっちん》古墳、八角墳の野口王墓古墳です。これらの古墳は、築造年代や規模、そして墳丘形態や内部構造についても、それぞれ異なっています。

本章では東西に並ぶこれら四基の古墳を今城《いまき》谷《だにの》王陵《おうりょう》群と設定し、造営された背景や被葬者像について迫りたいと思います（**図53・54**）。

今城谷の王陵群のうち、もっとも西側にある梅山古墳は全長一三八メートルの前方後円墳で、別名「石山」「梅山塚」とも呼ばれ、かつては墳丘上に猿石（**図61下、一五九ページ参照**）が並んでいたと伝わっています。猿石は現在、西南にある吉備姫王檜隈墓《きびひめのみこひのくまのはか》におさめられており、見学することができます。

梅山古墳は現在、宮内庁により欽明天皇檜隈《ひのくま》

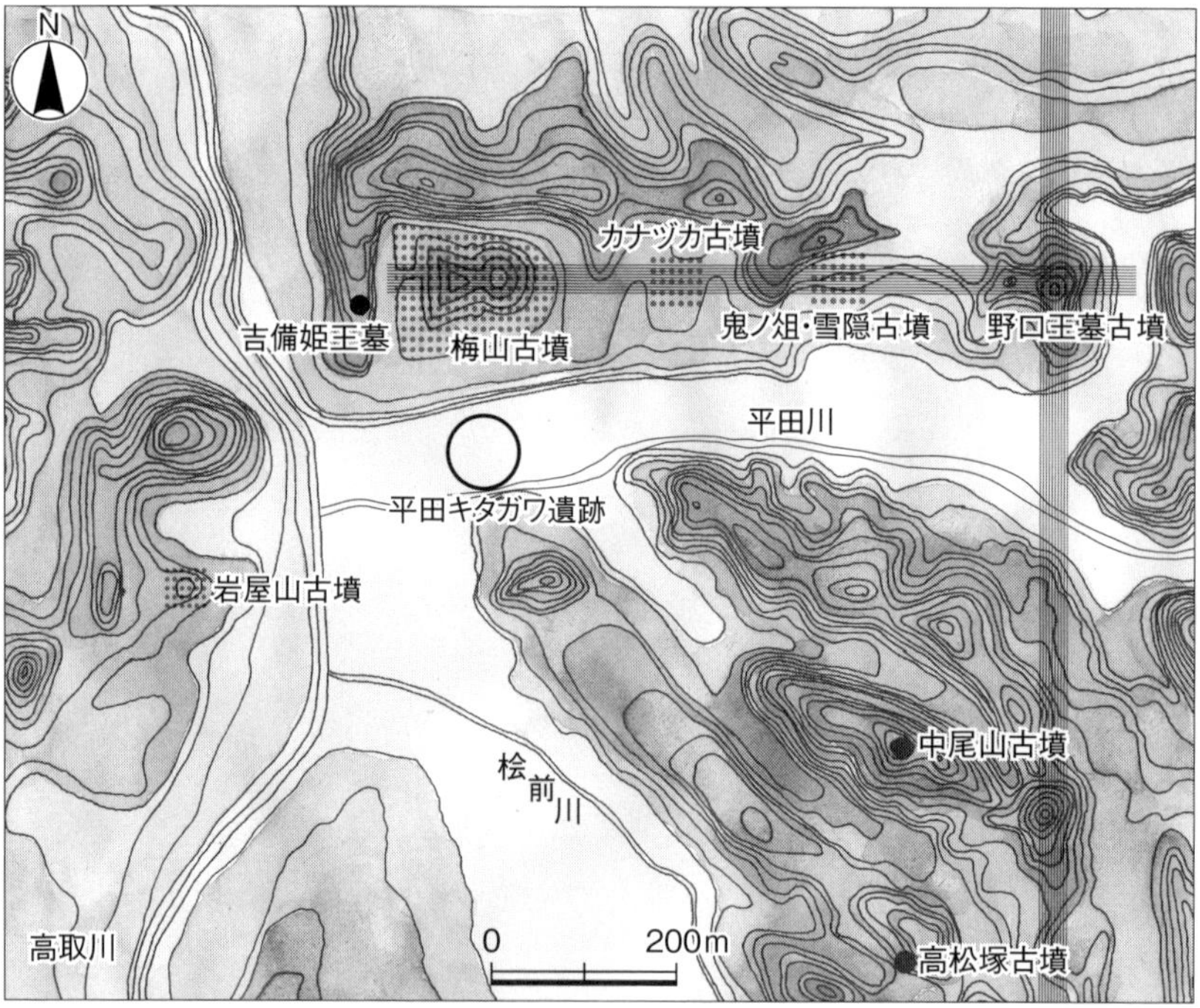

図53　今城谷王陵群（東西軸と南北軸）

坂合《さかい》陵の治定をうけており、埋葬施設や副葬品については不明です。一九九七年におこなわれた墳丘裾の試掘調査によって、埴輪はなく、全面貼り石でおおわれている実態が判明し（**図41**、一一六ページ**参照**）、最終段階の前方後円墳と考えられています。被葬者については欽明天皇のほか、敏達《びたつ》天皇・堅塩媛《きたしひめ》・蘇我稲目《そがのいなめ》などの説があります。

梅山古墳の東側には横穴式石室を埋葬施設にもつカナヅカ古墳があります（**図45a**、一二二ページ**参照**）。明治時代に石室の一部が破壊されましたが、その後修復されて現在は欽明天皇陵陪冢《ばいちょう》に治定されています。墳丘は一辺約三五メートルの二段築成の方墳で、墳丘前面には東西約六〇メートルのテラスを有しています。石室は地元で「飛鳥石」とよばれる石《せき》英閃緑岩《えいせんりょくがん》の切石を用い、壁面は二段積みで奈良県天理市にある峯塚《みねづか》古墳と同じ構造となっています。石室規模は全長約一六メートル。築造年代については六〇〇

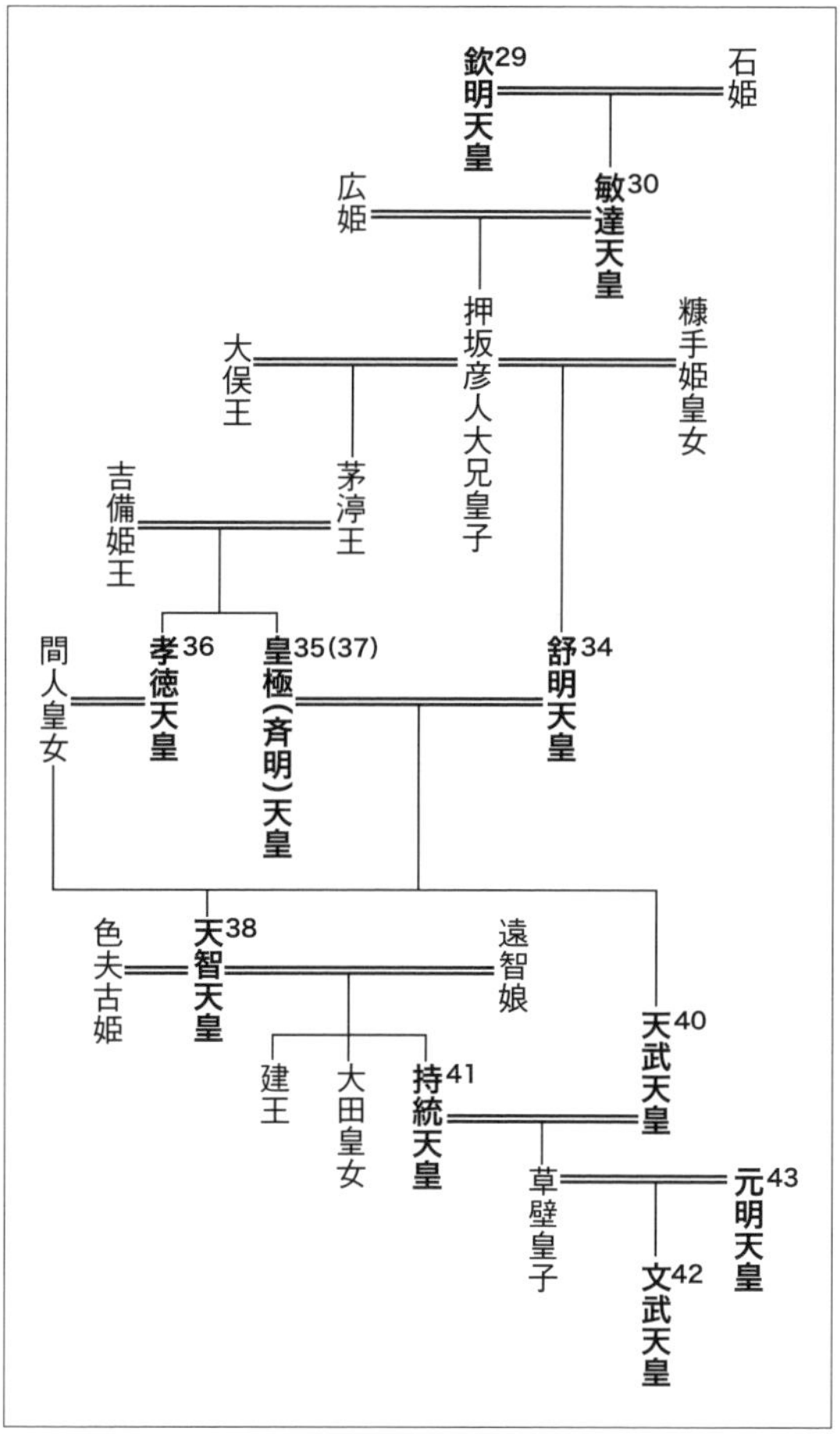

図54　欽明天皇の皇統系図

年代中頃と考えられます。

　平安時代に宮廷儀礼・法令などがまとめられた『延喜式《えんぎしき》』(諸陵寮《しょりょうりょう》)には、欽明天皇檜隈坂合陵の兆域《ちょういき》記事があります。兆域とは山陵を中心とした広義の墓域とされ、欽明天皇陵の場合、四町四方(一辺四三六メートル)で、その中に吉備姫王の檜隈墓が存在することが記されています(**図66、一七二ページ参照**)。梅山古墳を欽明天皇陵とすれば、四町四方内にカナヅカ古墳がおさまり、『延喜式』に記されている吉備姫王の檜隈墓である蓋然性は高いと考えられます。

　カナヅカ古墳の東には鬼ノ俎・雪隠古墳があります。これは明日香の観光名所として古くから知られる奇岩です。本来は俎が墓室の底石、雪隠がドーム状の天井石からなる横口式石槨《よこぐちしきせっかく》です。さらに近年の研究によって、墳丘内に二つの石槨をもつ双室墳であった可能性が指摘されており、石槨の構造などから六〇〇年代中頃の造営と考えられます。被葬者については、吉備姫王や蘇我蝦夷・入鹿などの説があります。

　鬼ノ俎・雪隠古墳の東には天武・持統天皇陵とされる野口王墓古墳があります。墳形は八角墳の五段築成で、周囲には石壇や石列を

図55　野口王墓古墳

めぐらせています。（図55）。

野口王墓古墳は鎌倉時代に開掘されており、内部の様子を記録した『阿不幾乃山陵記《あおきのさんりょうき》』には、墓室は切石を用いたもので内陣と外陣に分かれており、境目には環状把手《かんじょうとって》の付いた金銅製の扉があったと記されています（図56）。内陣には朱が塗られ、金銅製で狭座間《こうざま》をもつ棺台上には漆棺があり、棺内の枕は金銀玉で飾られていました。また、遺体は銀製の鎖や玉類で飾った石帯をはめていたとされています。

さらに、棺の東側に金銅製の骨蔵器があり、内部には火葬骨のほかに琥珀《こはく》製の数珠もおさめられていたといいます。

被葬者については『日本書紀』の合葬記事から天武天皇と持統天皇と考えられており、棺《ひつぎ》には六八八年に埋葬された天武天皇が、骨蔵器には七〇三年に荼毘《だび》にふされた持統天皇がおさめられていたと推測されます。古代において、治定どおりの天皇陵とされる数少ない事例です。

以上、四基の古墳は西から順次、並んで造営

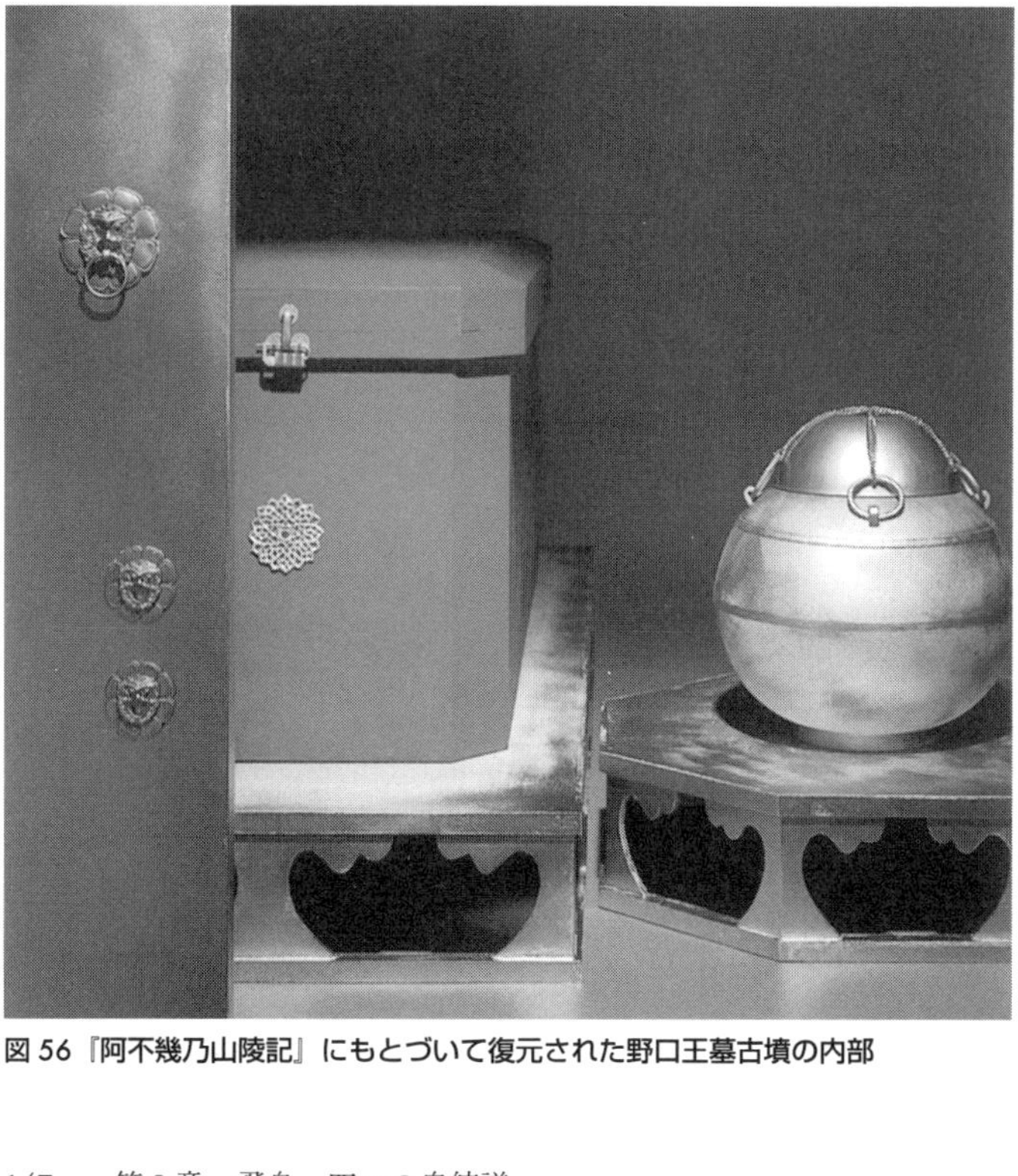

図56『阿不幾乃山陵記』にもとづいて復元された野口王墓古墳の内部

されていったと考えられ、西端の梅山古墳を五〇〇年代後半から末頃のものとすれば、六八八年に完成したとされる東端の野口王墓古墳まで、約一〇〇年間にわたって形成された墓域ということになります。

2 今城谷の合葬墓

鬼ノ俎・雪隠古墳の概要

今城谷王陵群のうち、謎の石造物として有名な鬼ノ俎・雪隠については、俎が石槨の底石で雪隠が天井石と側壁からなる横口式石槨の埋葬施設であること以外、あまり知られていません。また、現在では古墳の墳丘は失われており、天井石と側壁（雪隠）が底石（俎）の南側斜面に転げ落ちた状態となっています（**図57**）。破壊された経緯については不明なものの、一七九一年に刊行された『大和名所図会』に絵図が示されており（**図58**）、この頃には現状に近い状況だったことがわかります。この古墳は街道筋に面しており、江戸時代には伊勢詣《いせもう》での人びとの名所となっていました。この地は「霧が峰」ともよばれ、旅人が通ると鬼が霧を降らせて旅人をまどわせ、捕らえては俎の上で料理し、雪隠で用をたした、という伝説が古くから伝わっており、名前の由来とされています。

埋葬施設は「飛鳥石」を成形した南に開口する横口式石槨です（**図59左中**）。俎（底石）は不整形な長方形で、天井石と組み合う部分は、幅約五〇センチの面取りが施されています。俎（底石）の内法は長さ約二・八メートル、幅約一・五メートルで凸形に盛りあがっています。この規模と形状より、

図 57　鬼ノ俎（下）**と雪隠**（上）

雪隠（天井石・側壁）が俎（底石）の上にのせられていたことがわかります。

底石には南北方向に一条、東西方向に三条のクサビ跡があります。石をくだいて再利用しようとした痕跡ですが、途中で放棄されているのがわかります。先に示した江戸時代末の絵図（**図58**）には東西方向のクサビ跡が示されています。ところが、南北方向のクサビ跡は不規則で、絵図に描かれていません。

天井石と側壁にあたる雪隠は平面が台形で、底石と接する部分は面取りが施されています。くり抜かれた石槨部分は長さ約二・八メートル、幅約一・五メートル、高さ一・三メートルの大きさです。

入口の両端には仕口《しくち》が施されており、扉石で石槨の入口を塞いでいたことがわかります（**図45b、一二二ページ参照**）。

二つの横口式石槨

鬼ノ俎・雪隠古墳の東側で、俎石と同様の形状をした石材が明治時代に発見されています。この新たに発見されたもう一つの俎石については、発見場所が明らかとなっておらず、もともと一つの古墳だったのか、東西に並ぶ別々の古墳だったのかはっきりしません。便宜上、ここでは鬼ノ俎を西槨《にしかく》、新たにみつかったこの石材を東槨《ひがしかく》と仮称して検証していきたいと思います。

石材（東槨）は明治一〇年頃に、俎（西槨）のある丘陵斜面を東のほうから西

図58『大和名所図会』の鬼ノ俎と雪隠

に向かって土地の所有者が開墾していたところ、西槨に隣接した所で長さ約二・七メートル、幅約一・五メートルの組と同じ形状をした石材を掘り当てました。東槨も西槨同様、南北方向に置かれていたようです。所有者は耕作に支障をきたすため、クサビを打ち込んで短冊形に五分割し、自宅の庭へもち帰りました。

明治二〇年代になって西槨もクサビで分割してもち帰ろうとしていたところ、宮内省（現、宮内庁）がこの石材は欽明天皇の陪冢であるので作業を中止するように指示がだされたといいます。その結果、西槨は破壊されず、現状を保つことができました。そして一八九八（明治三一）年、西槨は欽明天皇檜隈坂合陵陪冢に治定され、現在に至っています。西槨の表面に残る南北方向のクサビ跡はこの時のものです。

東槨は分割されて、長らく土地所有者の家にありました。残存する石材の規模は最大長約二・九メートル、幅一・九メートルになります（**図59左下**）。石材上面には幅約一・四メートル、長さ二・五メートルに削り出された床面があり、周囲には天井石と接するように幅約〇・三メートルの面取りが施されています。天井石部分の破片も残されており、西槨同様に底石をおおう刳《く》り抜きがあります。石槨の入口部分は西槨のように扉石をはめ込む仕口はなく、少し大きめの閉塞石《へいそくいし》でおおう構造だったようです（**図45c、一二二ページ参照**）。東槨は現在、奈良県立橿原考古学研究所附属博物館の前庭に展示されています。

東槨の出土場所の検討

東槨の出土場所については現在の宮内庁敷地内（一一〇‐二、同四番地）か、東に隣接する一一〇‐一番地と考えられます。ただし、西槨の大きさからみて一一〇‐二、同四番地内にはおさまりにくく、東槨は現在竹林とミカン畑になっている一一〇‐一番地内であった可能性があります。そこは南北約三六メートル、東西約四〇メートルの範囲で、南に広がるゆるやかな斜面となっています（図59上）。

一八八七（明治二〇）年に作成された『大和國高市郡野口村地引切図』（以下、『切図』）には西槨のある一一〇‐二番地を「御陵陪冢」と記しています。さらに、東に隣接する一一〇‐三番地については、宮内省「御陵地」と記されていることに気づきました。この番地は現在の公図では消滅しています。

一一〇‐三番地は一八九七（明治三〇）年には「官有地」と標記され、一八九八（明治三一）年には「御陵伝説地」となり、一八九八年には檜隈坂合陵陪冢に治定されています。つまり、治定に先立って一一〇‐三番地が官有地になっていたことがわかります。

一一〇‐三番地が官有地になった経緯は不明ですが、当時、古墳（西槨）に関連する土地として認識されていたことが推測されます。すなわち、東槨の出土した場所が現在の一一〇‐一番地で、『切図』にある「御陵地」（一一〇‐三番地）こそ、東槨の出土地点を示す古記録と考えられます。この場所は東槨を掘り出した土地所有者の記憶とも一致しており、西槨治定に先立って官有地としてとり込まれたものと考えられます。

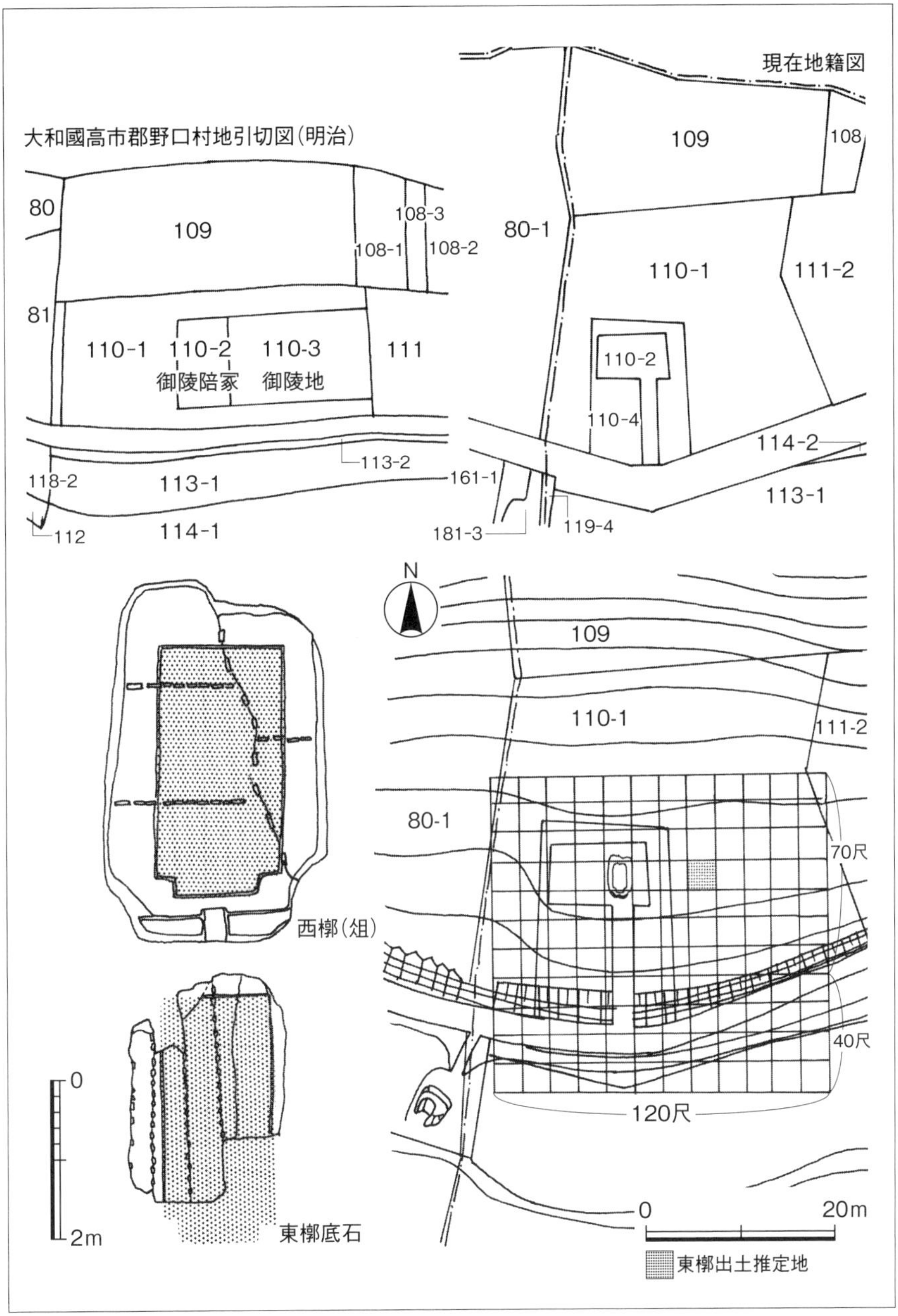

図 59　大和国高市郡野口村地引切図と石槨

墳丘については、現在の西槨や推定される東槨の位置、そして地形などから復元すると、上段は東西一二〇尺程度の墳丘になります。そう考えると、西槨（組）の設置場所は墳丘西端からちょうど五〇尺の位置となり、東槨も反転すると墳丘東端からちょうど五〇尺の位置にくることから、東槨の設置場所は、一一〇-一番地内であった可能性が高くなってきました。

東槨の位置が正しいとすれば、西槨・東槨の心々間の距離は約九メートルとなり、鬼ノ俎・雪隠古墳の復元規模は上段東西一二〇尺（三五・四メートル）、南北七〇尺（二〇・六五メートル）、下段東西一四〇尺（四一・三メートル）、南北三〇尺（八・八五メートル）の二段築成の長方墳だったと推測されます。上段の高さについては石槨高の倍程度と見積もれば約五メートルとなります。現在、街道の南側に西槨の中軸線に直交するように東西一〇〇メートル以上、南北二〇メートル以上の平坦面が存在します。とくに西槨の中軸線の延長部分はやや張り出していることからこの部分は墳丘前面のテラスだったと考えられます。

刳抜式横口式石槨の変遷

鬼ノ俎・雪隠古墳と同様の構造をした刳抜式横口式石槨《くりぬきしきよこぐちしきせっかく》は大和では三基確認されています。これらの刳抜式横口式石槨は二つに大別できます（**図60**）。

I式　河内の石宝殿古墳《いしのほうでん》（大阪府寝屋川市《ねやがわ》）、大和の御坊山三号墳《ごぼうやま》（奈良県斑鳩町《いかるがちょう》）、鬼ノ俎・雪隠古墳は平らな底石とドーム形の天井石を別々につくって組み合わせる型式です。このI式はさらに羨道《せんどう》をもつa類（石宝殿古墳）と羨道をもたないb類（御坊山三号墳、鬼ノ俎・雪隠古墳）に分ける

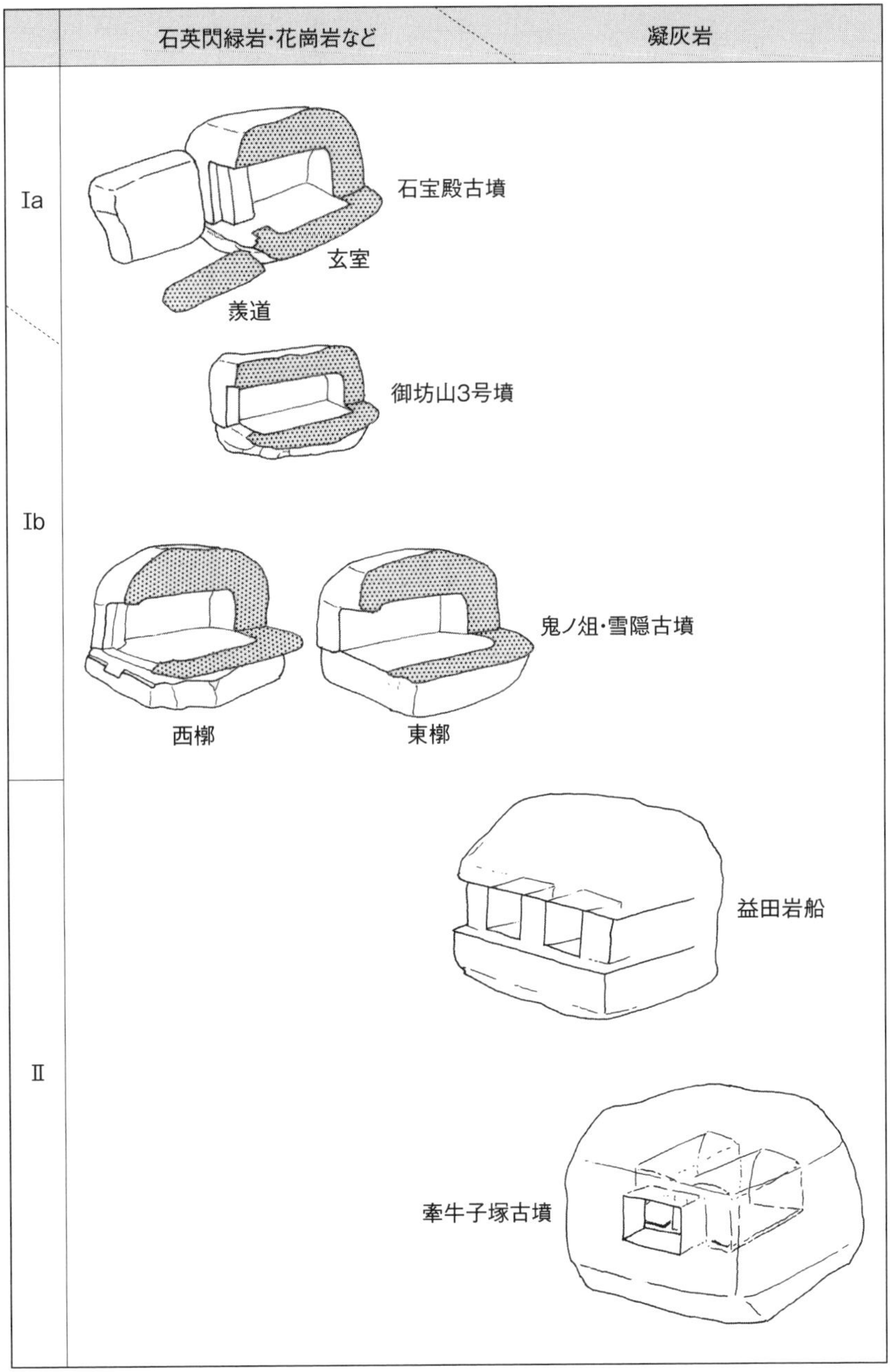

図 60　刳抜式横口式石槨の変遷

ことができます。

Ⅱ式　大和の益田岩船《ますだのいわふね》・牽牛子塚《けんごしづか》古墳は巨石の中央を刳り抜いて棺を横から挿入する構造です。これをⅡ式とします。

石宝殿古墳は横穴式石室に通じる羨道がともなうことから、やや古式と考えられます。刳抜式横口式石槨は、しだいに羨道部分が簡略化される形態へと変遷していきます。もともと底石のなかった横穴式石室から底石をともなう横口式石槨へと発展し、石材をくり抜く組み合わせ式のⅠ式から、一石を刳り抜いたⅡ式へという流れが考えられます。

刳り抜きの石槨墳は遠つ飛鳥では鬼ノ俎・雪隠古墳、益田岩船（未完成）、牽牛子塚古墳のみで、この石槨をつくるにあたっては被葬者の特性が強く働いていると考えられます。しかし、三つの古墳とも使用石材が異なっており、これは時期差を示すと考えられます。遠つ飛鳥地域の古墳は五〇〇年代から六〇〇年代中頃まで、飛鳥石（石英閃緑岩）などの巨石を使用する横穴式石室が発達します。ところが、六〇〇年代後半になると飛鳥石は使われず、古墳時代後期に家形石棺《いえがたせっかん》などの材料にされていた二上山《にじょうさん》の凝灰岩《ぎょうかいがん》を使用した石槨が主流となります。この石はやわらかく加工しやすいのですが、もろさに欠点があります。それは高松塚《たかまつづか》古墳の石室解体の是非でも大きな議論となりました（**コラム4参照**）。

使用石材からみればⅠ式は飛鳥石（石英閃緑岩）・花崗岩《かこうがん》などで、Ⅱ式は凝灰岩（凝灰角礫《かくれき》岩・溶《よう》結《けつ》凝灰岩など）が含まれます。つまり、鬼ノ俎・雪隠古墳が六〇〇年代中頃までで、益田岩船、牽牛子塚古墳は六〇〇年代後半以降のものとわかります。これはⅠ式からⅡ式へ移行する石槨構造とも一致します。また、刳抜式横口式石槨は石宝殿古墳や御坊山三号墳の単槨墳（単葬墓）から、大型で複槨墳（合葬墓）の益田岩船、牽牛子塚古墳へと変遷していくと考えられます。

鬼ノ俎・雪隠古墳の築造年代

Ｉ式で単槨の鬼ノ俎・雪隠古墳の築造年代は、石宝殿古墳が参考になります。先に示したとおり、石宝殿古墳はＩａ類で石槨前面に羨道を有し、横穴式石室につながる構造をしています。石槨周辺は多角形状に列石が配され、石槨と列石の間には石敷きが施されていました。この石敷きから飛鳥Ⅱ型式（**図72、一九八ページ参照**）に相当する須恵器《すえき》が出土しています。この土器は六五〇年前後に推定されるものです。

鬼ノ俎・雪隠古墳は石宝殿古墳に後出する羨道部分がないＩｂ類で、蘇我氏全盛期である六四五年までにはさかのぼらないものの、六八〇年代の藤原宮期まではくだらない時期に築造されたと推測できます。

3　飛鳥のなぞの石造物

飛鳥の石工集団

石英閃緑岩を使用した刳抜式横口式石槨を検討するうえで、遠つ飛鳥における石材使用について考えてみたいと思います。遠つ飛鳥地域では古墳以外にも地元でとれる飛鳥石などを使った石敷・石組溝などが数多く発掘されています。そのほか、榛原石《はいばらいし》（流紋岩質溶結凝灰岩《りゅうもんがんしつようけつぎょうかいがん》）は寺院の基壇《きだん》などにも利用され、飛鳥前期の蘇我系とされる遺跡に多い特徴があります。

また、酒船石《さかふねいし》遺跡では黄土色を呈した凝灰岩質細粒砂岩《ぎょうかいがんしつさいりゅうさがん》が大量に使用されており、石垣や石組溝などがつくられています。これは奈良県天理市の豊田山周辺に産出する石材で『日本書紀』には石上山《いそのかみのやま》から舟で石材を運んだ記事がみられます。

これ以外にも飛鳥を特徴づける石造物群があります。岩屋山《いわややま》古墳や小谷《こたに》古墳など、飛鳥地域のかたくて巨大な石英閃緑岩を鏡面加工する技術は六〇〇年代前半から中頃にかけて顕著にみられるようになります。その後、高松塚古墳、キトラ古墳などのように凝灰岩の切石を使った組合式横口式石槨《くみあわせしきよこぐちしきせっかく》があらわれるまで、石英閃緑岩を刳り抜いた横口式石槨がつくられました。さらに、遠つ飛鳥地域では石英閃緑岩を使用した猿石や石人像、須弥山石《しゅみせんせき》などの石造物がつくられるようになります。飛鳥の石造物は一見、関連性はない形状に思われますが、用途を考えたとき、水にかかわるものとそうでないものとに大別できます（図61）。

A類は水にかかわる石造物で、庭園や苑池遺構などに使用されたと考えます。さらにA類はa～cに細分できます。

aは形状の異なった石造物を連結させる石造物です。単体の可能性のあるものとして酒船石や亀形・小判形石造物、出水《でみず》の酒船石などがあります。

bは形状の同じものを連結させる石造物で、車石《くるまいし》があります。

cは噴水装置付きの石造物で、須弥山石や石人像があります。

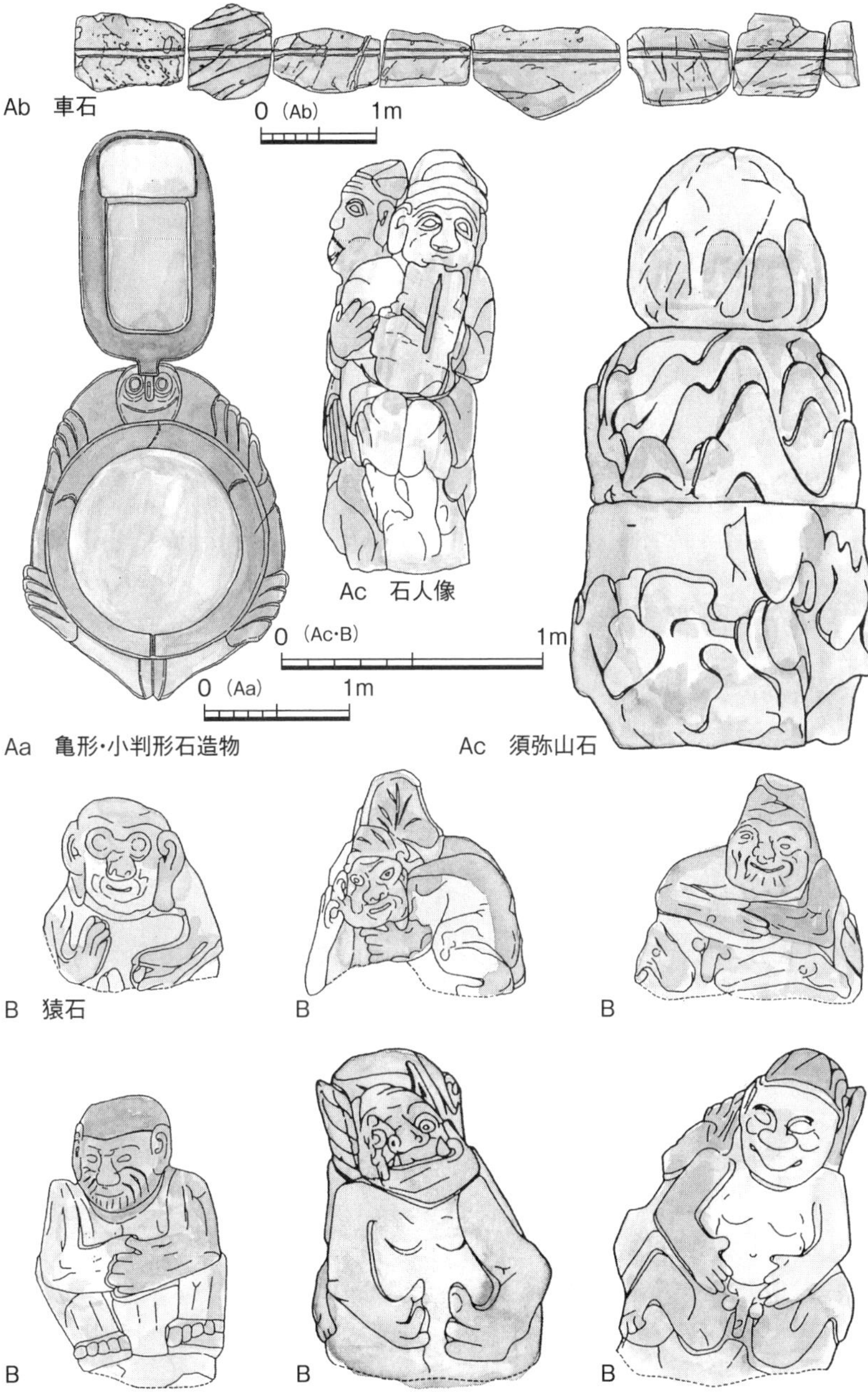

図 61　飛鳥の石造物分類

A類の亀形・小判形石造物、そして石人像や須弥山石は、石の表面にも丁寧な装飾を施しています。この亀形石造物と須弥山石は、水が溜まる部分が大きく刳り抜かれています。また、水を通す孔は二〜四センチ程度で石材を貫いています。これは孔をもつ石造物すべてに共通した技法です。

B類は水を使わない石造物で猿石や亀石、人頭石などがあります。B類の装飾はまちまちですが、共通点を認めることができます。たとえば、目は丸形とレンズ形があり、鼻は団子鼻・鷲鼻がります。手は前で組むものと腰の前におくものがあります。B類の石造物には手本にした構図があったのかもしれません。

遠つ飛鳥の石造物は彫刻や穿孔など互いに共通性が認められることから、これらは同一工房・同一工人集団によって製作されたものと考えられます。

石造物の製作年代

『日本書紀』には石造物に関連した記事が、推古天皇二〇年条、斉明天皇二年条、五年条、六年条の四カ所に記載されています。いずれも須弥山造営にかかわるものです。

須弥山は石神《いしがみ》遺跡で出土した須弥山石と考えられており、『日本書紀』の三回の記事は石神遺跡の斉明朝にあたるA(Ⅰ〜Ⅲ)期の造営ごとに立て直されていたことを示す記事と考えられています。史料で注目すべきは、須弥山以外の記事がなく、四回記されたうち、三回が斉明朝ということです。この時期、石造物に対する関心が高かったことがわかります。

近年、庭園遺構などの発掘調査で確認された石造物も、やはり斉明朝のものであることがわかりつつあります。たとえば、酒船石遺跡（一二次調査）で検出された亀形・小判形石造物は遺構の変遷などから六〇〇年代後半に改修された遺構面に据えられていたことがわかっています。そして、湧水施設もこの段階に改修され、取水口の高さも変化していきます。発掘調査の過程で、六〇〇年代中頃の取水口は低位置にあり、小判形石造物へ水を供給することができないことがわかりました。つまり、亀形・小判形石造物は遺跡造営当初から存在し、周辺施設の改修にともない高い位置に据え直されたものと考えられます。

同様のことは、飛鳥京跡苑池《えんち》遺構で噴水装置付きの石造物No.1にもみられました（**図62**）。石造物はよく叩き締めた土の面に設置され、周囲に厚さ一五センチ程度に盛土をおこなったあと、苑池の底石が敷かれました。その後、六〇〇年代後半に苑池は大規模に改修され、石敷きも大半が張替えられたようです。しかし、石造物はそのままの高さで設置されつづけました。そうすると、石造物は改修以前、つまり六〇〇年代後半以前から現在の場所にあったことがわかります。

さらに、猿石は梅山古墳の南側にある「小字イケダ」から

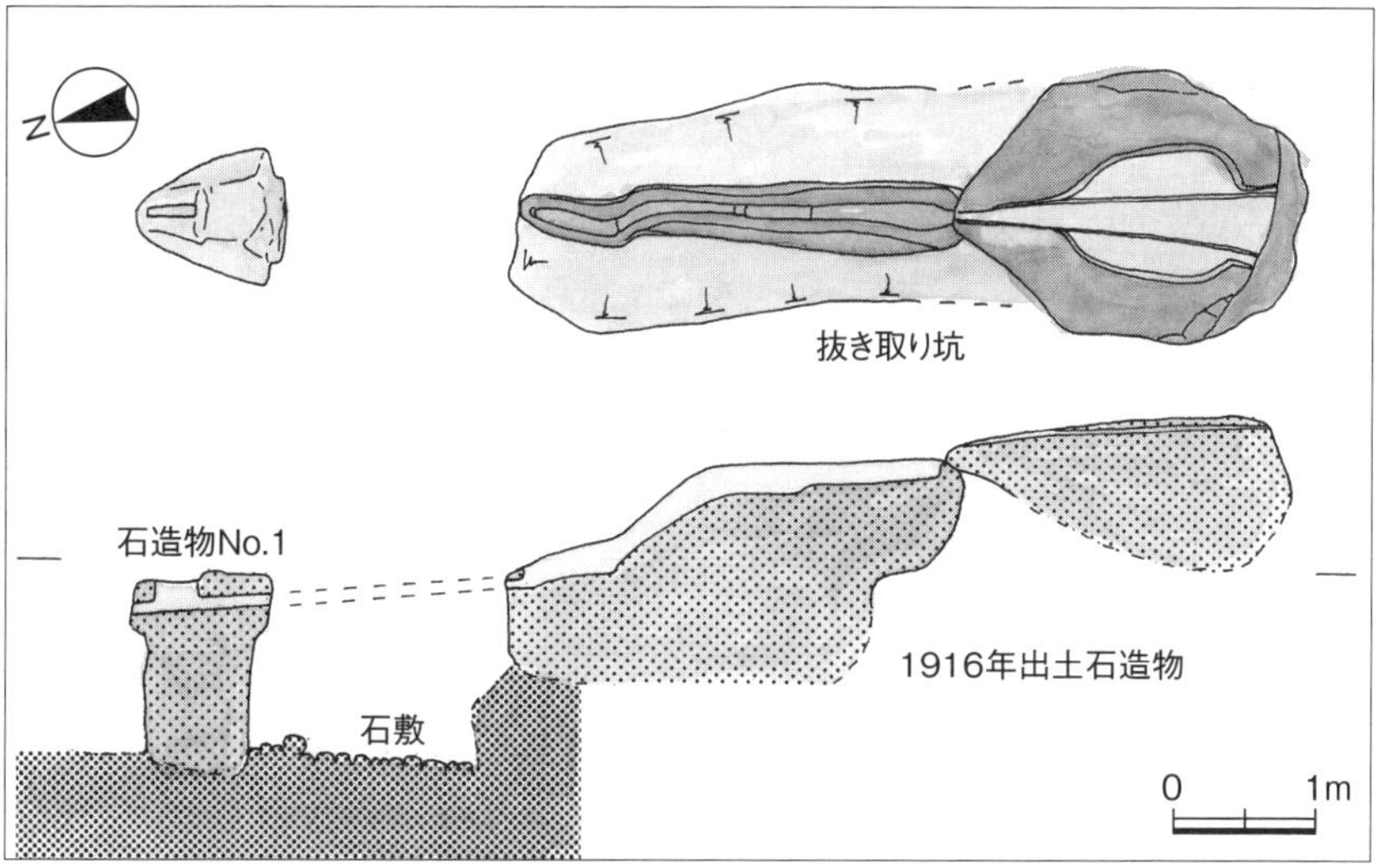

図62　飛鳥宮跡苑池遺構の噴水装置付き石造物

江戸時代に出土した記録があります。出土地の南に隣接する平田キタガワ遺跡からは、石敷きや石組護岸などが検出されており、猿石も本来はこれらの遺構にともなっていた可能性が考えられます。出土した土器も六〇〇年代中頃です。

このようにみてゆくと、飛鳥の石造物がつくられた年代は六〇〇年代中頃と考えることができ、『日本書紀』に記載されている斉明朝の記事とも一致します。

つまり、飛鳥の石造物は六〇〇年代中頃に出現し、六〇〇年代後半にも使用されていましたが、現在、確認されている石造物群の検出状況などから六〇〇年代後半に新たに製作された石造物はなかったものと考えられます。これは古墳の石室・石槨に使用された石材の変遷にも対応しています。飛鳥石（石英閃緑岩）の使用は六〇〇年代中頃までで、斉明朝以降の六〇〇年代後半になると二上山の凝灰岩の使用が目立つようになります。つまり、刳抜式横口式石槨は石造物が出現する時期とも重なっており、斉明朝に発展したと捉えることができます。

4　今城谷王陵群の造営計画

今城谷王陵群にみる東西軸

遠つ飛鳥で陵墓が集中する地域は、飛鳥寺の南西方向に位置する越智《おち》・檜隈地域です。越智・檜隈地域は、現在の明日香村大字越《こし》・真弓《まゆみ》・平田・野口《のぐち》・御園《みその》・檜前《ひのくま》・大根田《おねだ》・阿部山《あべやま》地区をさし、大半は古代において今城（今来・今木）とよばれた範囲に含まれています。前節までに分析したとおり、とりわけ大規模な古墳が整然と並ぶ今城谷の四古墳は飛鳥時代の王陵において、中心的位置づけができます（図63）。

まず、前方後円墳である梅山古墳が五〇〇年代後半から末頃に西端に築かれました。つぎに、切石の横穴式石室をそなえた方墳のカナヅカ古墳が六〇〇年代中頃に、つづいて、刳抜式の石槨墳である鬼ノ俎・雪隠古墳が六〇〇年代中頃につくられました。最後に、東端の野口王墓古墳が六〇〇年代後半～末に造営されたと考えられます。

今城谷王陵群については、地形的に野口王墓古墳の東側には墳墓はみつかっておらず、王陵群の東端と考えられ、最初につくられた梅山古墳の西側は高取川《たかとりがわ》が南北に流れ、川に沿って下ッ道があり、王陵群の西端にあたります。ここで重要なことは、四つの墳墓が西から順番に築造され、最初につくられた梅山古墳の中軸線の延長線上に築かれている点です。つまり、前方後円墳の中軸線が今城谷の造墓計画の基準となっていたことがわかります。したがって、四古墳の被葬者も梅山古墳の被葬者と密接な関係が想定されます。それは、最後に天武天皇・持統天皇へとつながる皇統だということです。

今城谷の造墓計画については、梅山古墳が檜隈の地に最初に築かれ、その後空白期間を経て久々の皇陵となったのが、吉備姫王檜隈墓となります。それ以後、檜隈・真弓・越智といった飛鳥の西南の地に造陵がおこなわれることとなります。つまり、檜隈の地が葬地として選ばれた背景にはやはり、梅山古墳が始祖王陵的な存在としてあり、そこへ吉備姫王墓が造営されたことで、それ以後の今城谷陵墓群の形成に大きく影響を与えたものと考えられます。そこには、吉備姫王墓を造営した主宰者の強い思いが反映されているものと推測されます。

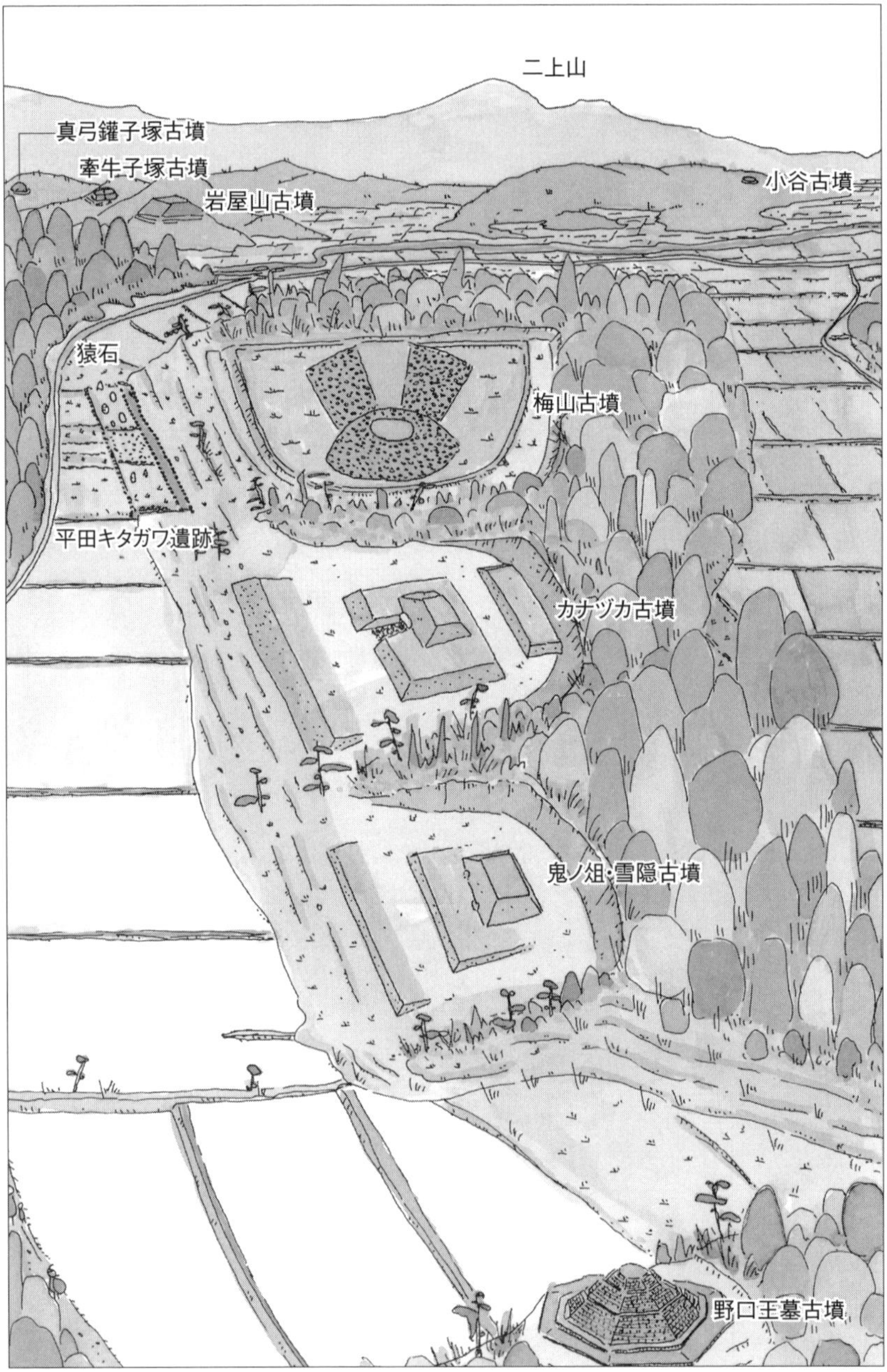

図 63　今城谷王陵群復元図

「聖なるライン」南北軸

さて、野口王墓古墳の造墓計画には別の要素もそなわりました。それは古墳の中心を通る南北軸の存在です。この南北軸は古くから藤原京朱雀大路《すざくおおじ》の延長線上に重なる「聖なるライン・聖なるゾーン」として注目されてきました。野口王墓古墳以外にも、高松塚・中尾山古墳などがこの聖なるゾーン内に立地するとされています。これは正方位に区画された都城の地理的感覚を飛鳥の人びとが域外にも備えていたことがうかがえます（**図81、二一七ページ参照**）。

野口王墓古墳は1節で示したとおり、鎌倉時代の古記録から内部構造や棺・骨蔵器が判明しており、治定どおり天武・持統天皇の陵墓であるということは多くの研究者が支持しています。野口王墓古墳は藤原京を計画した天武天皇と、そこで即位した持統天皇の陵墓で、朱雀大路の延長線上に陵墓を計画していたとすれば、東西軸を意識していることも無視できません。つまり、野口王墓古墳は東西軸に並ぶ三古墳を基準として、南北軸との交点に造墓されていたのです（**図53、一四四ページ参照**）。これは今城谷陵墓群の造墓計画と被葬者像を考えるうえで重要な意味をもつことになります。

史料にみる今城地域の造墓

『日本書紀』などによると、今城地域に造営された陵墓の被葬者は天皇五人（陵四カ所）、皇太子一人、皇子女五人（墓五カ所）です（**表9**）。

まず、五七一年に没した欽明天皇の陵墓が檜隈の地に最初に築かれました。つぎに、六四三年に欽明天皇の孫にあたる吉備姫王が没し、檀弓岡《まゆみのおか》で同じ月のうちに葬送と造墓があったことが記されてい

	人名	没年	史料による葬地	治定墓	推定墓	墳形
天皇	欽明天皇	五七一	檜隈坂合陵	平田梅山古墳	平田梅山古墳	前方後円
	皇極・斉明天皇	六六一	小市岡上陵	車木ケンノウ古墳	鬼ノ俎・雪隠古墳（初葬） 牽牛子塚古墳（改葬）	長方形 八角
	天武天皇	六八六	檜隈大内陵	野口王墓古墳	野口王墓古墳	八角
	持統天皇	七〇二	檜隈大内陵	野口王墓古墳	野口王墓古墳	八角
	文武天皇	七〇七	檜隈安古岡上陵	栗原塚穴古墳	中尾山古墳	八角
王	建王	六五八	今城谷上	車木ケンノウ古墳	鬼ノ俎・雪隠古墳	長方形
皇女	吉備姫王	六四三	檀弓岡	欽明天皇陵陪冢	カナヅカ古墳	方形
	間人皇女	六六五	小市岡上陵	車木ケンノウ古墳	牽牛子塚古墳	八角
	大田皇女	六六七以前	小市岡上陵の前	車木ケンノウ古墳	不明	不明
皇子	草壁皇子	六八九	檀山陵	岡宮天皇真弓岡陵	束明神古墳	八角
	川嶋皇子	六九一	越智野	なし	マルコ山古墳	多角

表9　今城谷を葬地とする皇統

ます。それ以後、檜隈・真弓・越智の地に陵墓がつぎつぎに築かれていきました。

なかでも、欽明天皇の曾孫である斉明天皇は、六六一年に福岡県の朝倉宮《あさくらのみや》で崩御した後、六六七年になって間人皇女《はしひとのひめみこ》とともに小市岡上陵《おちのおかのえのみささぎ》に合葬されたという記述が『日本書紀』出てきます。間人皇女は斉明天皇と舒明《じょめい》天皇の間に生まれた皇女で、孝徳天皇の皇后です。

さらに、間人皇女の弟にあたる天武天皇、斉明天皇の孫である持統天皇の合葬墓が六八六年から檜隈大内の地で築造を開始し、七〇三年に合葬が完了します。これが野口王墓古墳です。

以上の記事はそれぞれ葬地が檜隈坂合・檀弓岡・今城谷上・檜隈大内と表記が異なっていたため関

連づけて考えられませんでした。しかし、今城谷の四基の古墳が天武天皇、持統天皇へとつながる皇統の葬地だとすれば、実は同じ地域を指し示していたことがわかります。『延喜式』諸陵寮には天皇陵である欽明天皇陵と天武・持統天皇陵の兆域が記載されています。兆域とは陵園の範囲で、礼拝施設、景観、墓守の生活域などを含む中国の思想をもとにした広義の墓域です。なかでも、欽明天皇陵の四町四方の兆域内に吉備姫王の檜隈墓が存在することが記され（**図66、一七二ページ参照**）、『日本書紀』に記されている檀弓岡とされた地域も、今城谷陵墓群周辺の小字名に「真弓田」などが残ることから、かなり広範囲をさしていたことがわかります。そして、欽明天皇陵を梅山古墳とすれば、東に接するカナヅカ古墳以外、兆域内に吉備姫王墓を求めることはできません（**図64**）。

今城地域に葬られた天皇のうち、欽明天皇、天武天皇、持統天皇以外では文武天皇の檜隈安古岡上陵《ひのくまのあこのおかのえのみささぎ》があります。現在、陵墓は栗原塚穴《くりわらつかあな》古墳に治定されていますが、小規模な後期古墳と考えられており、規模や年代が合致しません。

図64　カナヅカ古墳から梅山古墳を望む

真の文武天皇陵は、野口王墓古墳の南方にある中尾山古墳《なかおやま》とされています。この古墳は三段築成の八角墳で、墳丘外側は中心から約一五メートルまで、二重の石敷きがあり、天井石を四柱石で支える内法九〇センチメートル四方の小さな石槨構造が確認されています（**図65**）。ここに、史料にある文武天皇の骨蔵器がおさめられたものと考えられ、多くの研究者がこの説を支持しています。

最後に残った斉明天皇の陵墓ですが、現在、高市郡《たかいち》高取町今木にある車木《くるまぎ》ケンノウ古墳に治定されています。陵墓は直径四五メートル、高さ一〇メートルの円墳で、尾根上に連なる後期群集墳の一つと考えられ、斉明天皇陵とするには規模も時期も合致しません。したがって、斉明天皇のみ葬地が確定していない天皇といえるのです。

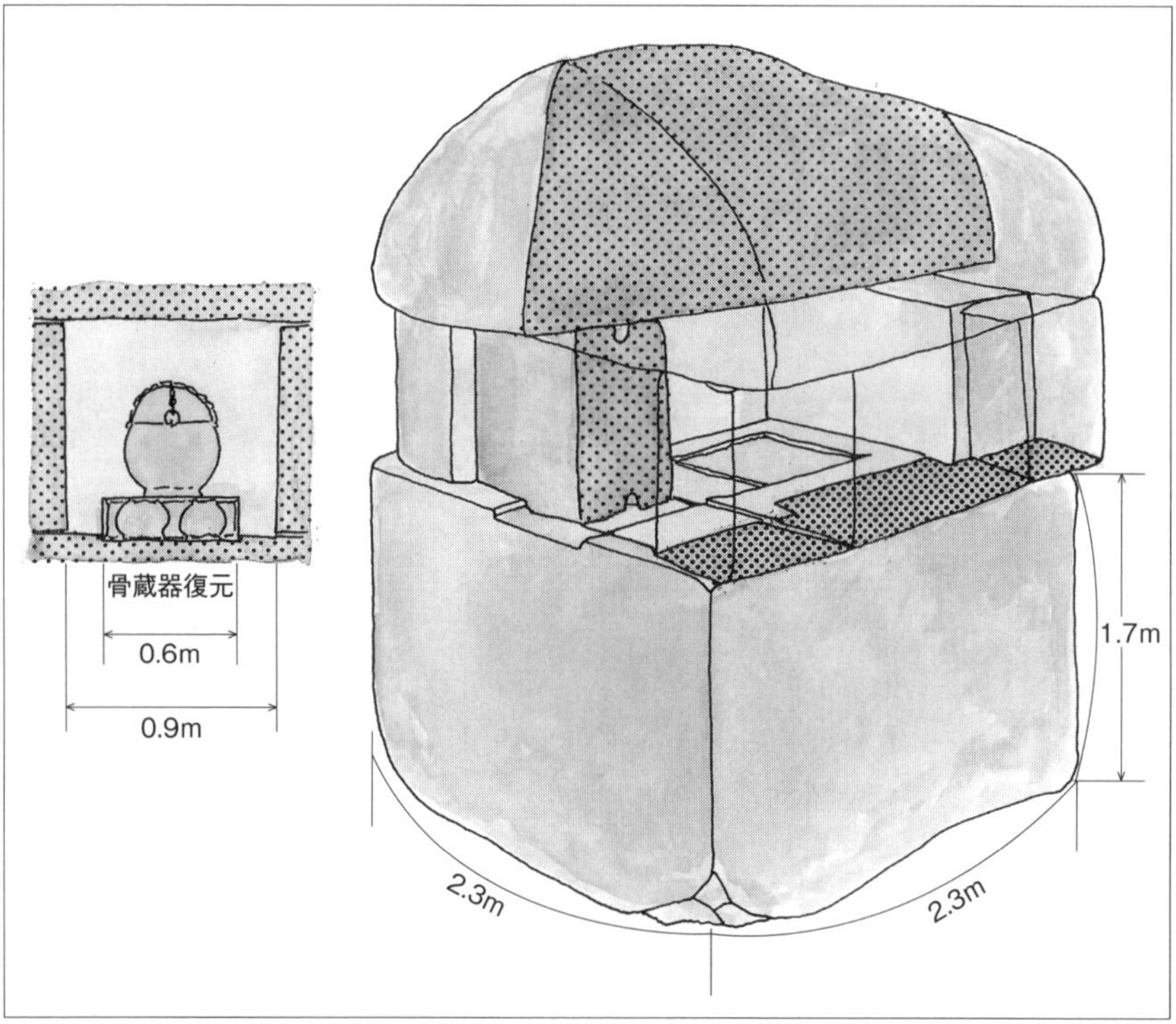

図 65　中尾山古墳

これまで、真の斉明天皇陵については牽牛子塚古墳、あるいは岩屋山古墳といった説に分かれていました。六七九年に斉明天皇の息子、天武天皇が越智の斉明天皇陵を墓参する記事や六九九年に文武天皇が斉明天皇の越智山陵を修復したという記事などがあるからです。この地名を高取川西岸にある現在の明日香村大字越にもとめ、六〇〇年代の大規模古墳を探せば、この二つの古墳が候補となります。なかでも2節で石槨構造を示した牽牛子塚古墳は八角墳とされており、埋葬施設の二つの墓室からは夾紵棺《きょうちょかん》が出土していることなど『日本書紀』にある斉明天皇と間人皇女の合葬記事を彷彿とさせます（**図45d、一二二ページ参照**）。

しかし、前節に示したように、酒船石遺跡や石神遺跡など、斉明朝の遺跡には二上山の凝灰岩は使われず、飛鳥石などが多用されていました。牽牛子塚古墳では、斉明朝以後に寺院基壇などで多用される二上山の凝灰岩が石槨や内扉石などに使用されています。このことから造墓は斉明朝以降と推測できます。さらに、斉明天皇と間人皇女の没年に開きがあることなどにも疑問が残ります。このことについては、後でお話ししましょう。

皇族の葬地

今城地域に葬られた飛鳥時代の皇族のうち、手がかりがつかめるものもいくつか知られています。たとえば、天武と持統天皇の長子で将来の即位を嘱望されていた草壁皇子《くさかべのみこ》は六八九年に若くして亡くなっています。『続日本紀《しょくにほんぎ》』の称徳《しょうとく》二六（天平神護元）年の条には称徳天皇が下ツ道から檀山《まゆみやま》の陵を通って紀州に向かう記事や『万葉集』にも、

外《よそ》に見し　真弓の岡も　君ませば　常《とこ》つ御門と侍宿《とのい》するかも（巻二－一七四）

朝日照る　佐田の丘辺に　群れ居つつ　我が泣く涙　やむときもなし（巻二－一七七）

など檀弓岡で殯《もがり》をしているときに舎人《とねり》たちによって詠まれた挽歌《ばんか》が残されています。この墓は高取町森に所在する束明神《つかみょうじん》古墳が有力視されています。この古墳は八角墳で埋葬施設は四五〇個以上の精巧な凝灰岩切石を家形に組み上げた横口式石槨です。石槨内からは漆塗木棺や金銅製棺金具、成人男性の歯牙などがみつかっています。

川嶋皇子《かわしまのみこ》は『万葉集』などから越智野《おちの》に葬られたとされており、その墓は明日香村大字真弓に所在するマルコ山古墳ではないかという説が出されています。マルコ山古墳は多角形墳で埋葬施設は二上山の凝灰岩を使用した組合式横口式石槨です。石槨内からは漆塗木棺や棺金具、成人男性の人骨などが出土しています。

建王《たけるのみこ》の墓については現在、宮内庁によって治定されている車木ケンノウ古墳（奈良県高市郡高取町）や法具良塚《ほぐらづか》古墳（奈良県吉野《よしの》郡大淀《おおよど》町）が候補とされています。しかし、両古墳についての詳細は不明で、考古学的に建王の墓かどうかの検証ができません。建王は斉明天皇の皇子である中大兄皇子の第一子として期待されましたが、六五八（斉明四）年に八歳の若さで夭折します。『日本書紀』には今城谷の上に殯の宮を建てたという記事がみられます。斉明天皇が詠んだ歌に、

山越えて　海渡るとも　おもしろき　今城の中《うち》は　忘らゆましじ

とあることや、斉明天皇が建王との合葬を強く望んでいたことなどから建王の墓は今城の地に造営されたものと考えられます。

斉明天皇の葬地

さて、斉明天皇は六六一年に九州で崩御してから埋葬記事まで、五年七ヵ月の空白期間があります。『日本書紀』には、六六一（斉明七）年七月に朝倉宮で崩御した天皇の亡骸《なきがら》は一〇月には難波にもどったとあります。そして、一一月には飛鳥の川原《かわはら》で殯がおこなわれたことが記されています。

しかし、埋葬の記載はなく、六六七（天智六）年二月二七日に大田皇女《おおたのひめみこ》を葬った記事のなかで、それ以前に斉明天皇と間人皇女が合葬されていたことが記されています。間人皇女は六六五年二月二五日に亡くなっており、斉明天皇の崩御年と間人皇女の没年との間には三年七ヵ月の時期差があります。この間、殯がおこなわれつづけていたのかという問題が残りますが、天武天皇でも、その殯は二年二ヵ月であったことを考えあわせると三年七ヵ月も殯がおこなわれつづけたとは考えられません。ところで、殯のあった飛鳥の川原の地は現在の川原寺下層遺構と考えられており、寺の造営時期との間で矛盾が生じます。川原寺の創建年代ははっきりしていませんが、天智天皇によって実母である斉明天皇の菩提《ぼだい》を弔うために造営された寺院です。

『日本書紀』には六七三（天武二）年に写経がおこなわれたことを伝える記事があり、それ以前におおよその伽藍が完成していたことがわかります。天智天皇は六六七年に近江《おうみ》へ遷都をおこない、遷都後に崇福寺《すうふくじ》を造営します。平安時代後期に成立した『扶桑略記《ふそうりゃっき》』では六六八年に崇福寺が建立されたとあります。

崇福寺は地形に制約され、変則的ですが一塔二金堂の川原寺式の伽藍配置（図28、八三ページ参照）を意識しており、飛鳥川原寺の創建も近江遷都後とは考えられません。この場合、斉明天皇は埋葬まで、飛鳥の川原（宮）で殯《もがり》がおこなわれていたとすれば、それは近江遷都の前年までと考えられます。

白村江《はくそんこう》の戦いに敗れる六六三年以前に川原寺の建立は開始されていたものと考えます。ですから、それ以前に川原宮は解体され、発掘で明らかにされた寺域の大規模な整地もはじまっていたのではないでしょうか。近江遷都までに、ある程度の伽藍が完成していたとすれば、六六二（天智元）年には川原寺の建立は開始され、殯はそれ以前に終わり、斉明天皇は埋葬されていたものと考えます。

つまり、『日本書紀』天智六年（六六七）の条にある斉明天皇と間人皇女の合葬記事については最初から同時に合葬されたのではなく、厳密には斉明天皇が改葬され、そして間人皇女と合葬されたものと解釈すればどうでしょう。大きな外征である白村江の戦いを天皇は喪に服しながらおこなったとは考えにくく、間人皇女と合葬されるまでの間、別の陵墓に埋葬されていたのではないでしょうか。

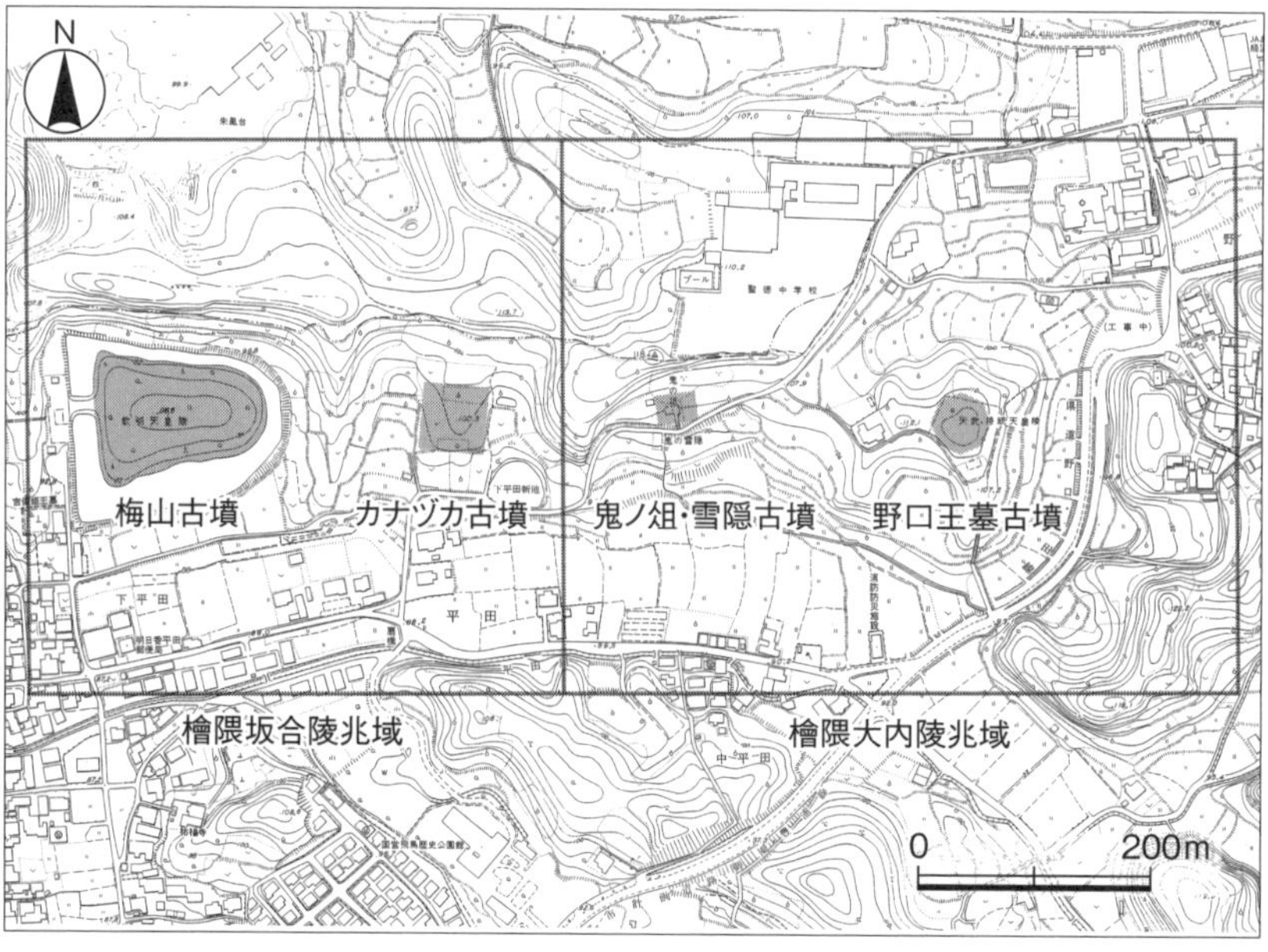

図 66　檜隈坂合陵兆域と檜隈大内陵兆域

そこで注目されるのが今城谷陵墓群内にある鬼ノ俎・雪隠古墳の存在です。鬼ノ俎・雪隠古墳は二つの石槨を有した合葬墓で、築造年代は六〇〇年代中頃と考えられます。さらに石槨材は飛鳥石（石英閃緑岩）であることや吉備姫王の墓とされるカナヅカ古墳の東隣にあり、野口王墓古墳（天武・持統天皇陵）の兆域内（東西五町・南北四町）にあること（**図66**）などを総合すると、今城谷陵墓群の被葬者は互いに血縁的な繋がりがあったと考えることができ、飛鳥の皇統譜と密接なかかわりがあったものと考えられます。

5　飛鳥、四つの皇統譜

今城谷の被葬者たち

以上、今城谷に葬られた皇統譜を年代的に振り返ると、欽明天皇、吉備姫王、建王、斉明天皇、天武天皇、持統天皇の順となります。今城谷王陵群は梅山古墳（欽明天皇）をはじめ、カナヅカ古墳（吉備姫王）、鬼ノ俎・雪隠古墳（□＋□）、野口王墓古墳（天武天皇＋持統天皇）と六名が埋葬されており、今城谷王陵群と飛鳥の皇統譜がそれぞれ対応すると考えると、鬼ノ俎・雪隠古墳の被葬者は建王と斉明天皇（初葬）であった可能性が高くなってきました。

カナヅカ古墳（吉備姫王）と鬼ノ俎・雪隠古墳（建王＋斉明天皇〈初葬〉）については造墓の主宰が皇極・斉明天皇と考えられ、その後野口王墓古墳（天武天皇＋持統天皇）が東西軸を基準にして南北軸との交点に造営されたことで斉明天皇を中心とした母系（吉備姫王は斉明天皇の実母、建王と持統天皇は同母姉弟で斉明の孫、天武天皇は斉明の息子）の墓域が形成されることとなります。今城谷王陵群はまさに飛鳥の皇統譜をあらわしていたことが明らかとなってきました（**図67**）。

これに対する王陵群として今城谷陵墓群の北側に連なる五条野（見瀬）丸山古墳（蘇我稲目＋堅塩姫など）や植山古墳（推古天皇＋竹田皇子）、宮ヶ原一・二号墳（蘇我蝦夷＋蘇我入鹿）のグループは近年解明が急速に進み、今城谷王陵群に対抗する蘇我系の墓域と推測されています。近つ飛鳥では、山田高塚古墳（推古天皇陵）や春日向山古墳（用明天皇陵）、太子西山古墳（敏達天皇陵）や上城古墳（聖徳太子墓）をあげることができます。

以上、現在知られる古墳の分布は無秩序な配列にみえます。しかし、発掘成果を考古学的に地道に検討し、被葬者像を史学的研究で重ね合わせることによって、多くの謎を解明することができるものと信じています。

図67　梅山古墳から野口王墓古墳を望む

参考文献

亀田　博　一九八八「もう一つの鬼の俎」『青陵』第六六号　奈良県立橿原考古学研究所
西光慎治　二〇〇〇「飛鳥地域の地域史研究（1）欽明天皇檜隈坂合陵・陪冢　カナヅカ古墳の覚書」『明日香村文化財調査研究紀要』創刊号　明日香村教育委員会
西光慎治　二〇〇二「飛鳥地域の地域史研究（3）今城谷の合葬墓」『明日香村文化財調査研究紀要』第二号　明日香村教育委員会
竹田政敬　二〇〇一「五条野古墳群の形成とその被葬者についての憶測」『考古学論攷』二四　奈良県立橿原考古学研究所

コラム3
飛鳥時代の史学と考古学

新発見相次ぐ発掘成果

記紀に記された五〇〇年代以前の天皇は実在性や事跡の真偽など、不確定要素が強いとされる。ところが、欽《きん》明《めい》天皇以降は登場人物の実在性や事跡について、ある程度詳細となり、『日本書紀』に記された飛鳥時代の記事に至っては史実にもとづく記載が大半を占めるとされる。

考古学でも、弥生・古墳時代の土器編年は暦年代に対比して不確定要素が大きいが、飛鳥時代になるとかなりこまかい年代観で議論されている。また、天皇の宮や陵墓についても限定的な議論が展開されている。古墳時代後期から飛鳥時代は大型古墳が大和《やまと》と南河内《みなみかわち》に限定されるようになり、本書の焦点となる近つ飛鳥・遠つ飛鳥が歴史舞台の中心となることがわかる。

ところが、こまかくみると、史料の記載を遺跡や考古資料に結びつけると齟齬《そご》をきたす場合があり、決着をみない論争も多い。古代においては新たな史料の発見が絶望的な史学研究に対し、考古学では新発見資料による知見が数多く、話題に事欠かない。今回提示された近つ飛鳥の平石谷《ひらいしだに》の大古墳群もそれまで等閑視されていた遺跡であったし、遠つ飛鳥の島庄《しまのしょう》遺跡の大型建物や甘樫丘《あまかしのおか》の東麓で発見された焼土の堆積層も史学研究者をうならせる大発見といってもよいだろう。こうなると、予見的・展望的な研究も期待される。本節では史学的立場を中心に飛鳥時代の考古学を展望したい。

さまよえる欽明天皇陵

考古学・古代史学の大きな論争の一つに欽明天皇の陵墓の位置づけがある。欽明天皇の陵墓は宮内庁が定める明日香村の梅山《うめやま》古墳ではなく、五条野《ごじょうの》（見瀬《みせ》）丸山《まるやま》古墳ではないかという考えが森浩一《もりこういち》氏によって、一九六〇年代頃に提示された。奈良県内最大級の前方後円墳であり、後期古墳に限っては突出した大きさを誇ることが明らかにされたからである。

その後、一九九二年に明治時代以前から存在が知られていた内部主体について、測量図などが公開され、日本最大の横穴式石室が再確認されたのである。墓室の石棺は欽明天皇崩御年頃のものとされ、丸山古墳の欽明天皇陵説は俄然優勢となった。『日本書紀』推古二〇年条（六一二）には「堅塩媛《きたしひめ》を檜隈大陵《ひのくまのおおみささぎ》に改め葬った」という記事もある。

ところが、推古二八年条（六二〇）に「さざれ石を檜隈陵の敷石に敷いた。域外に土を積み上げて山をつくった」という記事の解釈をめぐって、葺石《ふきいし》が確認できる現欽明天皇陵の梅山古墳こそ欽明の陵墓でよいとする考えが、平林章仁《ひらばやしあきひと》氏など、史学研究者によって反論された。たしかに、五条野（見瀬）丸山古墳には葺石がなく、現欽明天皇陵（梅山《うめやま》古墳）には符合する。また、『今昔物《こんじゃくもの》語《がたり》』では「これ、元明《げんめい》天皇の檜隈の陵なり。石の鬼形どもを廻□池辺陵の墓に立て、すこし妙である」とみえる猿石《さるいし》が現欽明天皇陵に近接する吉備姫王《きびひめのみこ》の墓に現存することも傍証とされる。『今昔物語』は一一〇〇年代の成立で、すでに欽明天皇と元明天皇の混乱を記すものの興味深い。さらに、檜隈と見瀬の地名についての検討、大陵と陵の検討など、議論は多岐にわたる。

これに対し、考古学の立場から検討を加えた増田一裕《ますだかずひろ》氏は、五条野（見瀬）丸山古墳を欽明天皇の陵墓とし、現欽明陵は当初の堅塩媛墓だとする新説を展開した。ただし、檜隈陵を蘇我稲目《そがのいなめ》や蘇我系の堅塩媛の墓とするには、陵という表現は不適切であることが和田萃《わだあつむ》氏などによって指摘され、ややもすれば史学と考古学の対決のようにも見てとれる。

そこに、考古学から石部正志《いしべまさし》氏・高橋照彦《たかはしてるひこ》氏が五条野（見瀬）丸山古墳を欽明天皇の陵墓とし、現欽明天皇陵の梅山古墳は当初の敏達《びたつ》天皇の陵墓であるという説を提示、私も史料を中心に検討して、この考えに賛同している。

敏達天皇は母である石姫《いしひめ》皇女の墓に合葬されている。『日本書紀』崇峻天皇四年条（五九一）に「敏達天皇を磯長《しなが》陵に葬った。これはその母の皇后の葬られた陵である」と記されている。『古事記』敏達天皇条は「御陵は河内国の科長である」とのみある。陵墓をつくらなかった天皇は例外的で、合葬前に梅山古墳を造営して埋葬されていたと考えれば、古墳の年代からも合理的な解釈ができる。

さらに、亡くなった直後の陵墓記事がないことも注目に値する。蘇我氏・物部氏の崇仏戦争後、七年たって欽明天皇の皇后で敏達自身の母である石姫の墓に合葬されているのである。

敏達天皇の後に即位した用明《ようめい》天皇・推古《すいこ》天皇も後になって遠つ飛鳥から近つ飛鳥の磯長に改葬されている。五八七年に崇仏戦争で勝利した蘇我氏は遠つ飛鳥を政治・文化の中心としていった。にもかかわらず、遠つ飛鳥の地に造営された陵墓は少なく、陵墓は近つ飛鳥が多い。

欽明天皇皇后の石姫とその子敏達天皇は当初、欽明天皇の陵墓である五条野（見瀬）丸山古墳に葬られる予定であった。ところが、崇仏戦争以降の政治状況から近つ飛鳥に陵墓が確定したと私は推理している。

記紀では敏達天皇の陵墓が近つ飛鳥に移された事情や母との合葬の事情は語られていない。ただし、梅山古墳が当初の敏達天皇陵であった名残りから、その整備が六二〇（推古二八）年に妻だった女帝推古によっておこなわれ、空墓にもかかわらず「さざれ石を檜隈陵の敷石に敷いた」という表現が残ったと読み解くのである。

推古天皇の陵墓は記紀に記載がある。『古事記』は「御陵は大野丘の上にありしを、のちに科長の大陵にうつしまつりき」とある。当初は遠つ飛鳥にあった陵墓を近つ飛鳥の大陵に改葬したというのである。不思議なことに長文にわたる『日本書紀』の推古天皇条には陵墓改葬の記述はない。しかし、天皇は生前に群臣を集めて「私のために御陵をたてて、厚く葬ってはならぬ。ただ、竹田皇子《たけだのみこ》の陵に葬ればよろしい」と葬地を遺言したことが記されている。推古天皇の希望が実現しなかった状況を『日本書紀』は考慮したものかもしれないし、改葬の時期がかなりくだるのかもしれない。

増田氏は五条野（見瀬）丸山古墳の造営時期について、欽明天皇死没直後ではなく、関東地方で完全に前方後円墳造営が終了する推古朝になって、とりおこなわれたと考える。この時期にこそ前方後円墳の終焉を宣言する意思を示すため築造され、檜隈陵の記事はそれに対応するとの見解が示されている。

増田氏の見解は、前方後円墳の終焉が推古朝より少しさかのぼるものの、今日のように一律に公告・周知しにくい時代背景を考慮して、大和周辺で前方後円墳造営中止以後も、しばらくの間は関東で前方後円墳の造営がつづいていたというものである。そうだとしても、再び大和で蘇我氏全盛期に再度、巨大な前方後円墳が築造されることには賛同しかねる。先に記したように推古天皇は百姓をあわれんで、みずからの御陵を質素にするよう遺言している。

五条野（見瀬）丸山古墳は天皇陵や皇族墓ではなく、蘇我氏の墳墓だとする見解も根強い。これは平田《ひらた》梅山《うめやま》古墳をあくまで欽明の陵墓とすると、それよりも規模が大きい丸山古墳を皇族の墓とするより、蘇我氏の墓とするほうが自然だとする考えによる。近年、丸山古墳周辺の五条野地域の墳墓がいくつか明らかにされ、この地域が蘇我系の奥津城であるという考えが注目されている。

五条野（見瀬）丸山古墳を蘇我稲目墓とする考えは奈良文化財研究所の小澤《おざわ》毅《つよし》氏・宮内庁書陵部の福尾《ふくお》正彦《まさひこ》氏が提示している。福尾氏は一九九二年に再発見された五条野（見瀬）丸山古墳の横穴式石室と家形石棺を調査担当した人物である。欽明天皇の陵墓は平田梅山古墳だとし、欽明よりも稲目が巨大な古墳を築造したことで、前方後円墳築造の意義が失われたと理由づけされるが、稲目の死去が物部氏との崇仏戦争の勝利以前で、まだまだ蘇我氏の専横といえる状況ではなく、説得力に欠ける気がする。

いずれにせよ、五〇〇年代末に皇統の前方後円墳造営は終了した。五九二年に没した崇峻《すしゅん》天皇は方形墳である奈良県赤坂天王山《あかさかてんのうざん》古墳に、六〇〇年頃に没した押坂彦《おしさかのひこ》人皇子《ひとのみこ》墓は円墳の奈良県牧野《ばくや》古墳にそれぞれ葬られたと考えられている。両古墳とも内部構造が知られており、石室は同規格で、家形石棺の形態も酷似する（図68）。

五八七年に没し、六年後に改葬されて近つ飛鳥に埋葬された用明天皇の最初の陵墓、磐余《いわれ》陵の実態は不明だが、この墓も方形墳だろう。飛鳥寺と方形墳の出現こそ、まさに蘇我氏専横時代の幕開けなのである。

ちなみに、蘇我氏と方形墳の関係で疑問視されているのが、奈良県天理市のハミ塚古墳である。巨大な横穴式石室に家形石棺がおさめられたこの墓は、五〇〇年代後半から末の在地最有力者の墓と考えられている。そして、この地は石上《いそのかみ》神宮に近く、物部《もののべ》氏の本拠でもある。したがって、蘇我に対抗した物部氏の最有力者も方形墳を採用していたことになる。

この現象に対し、造墓主体は蘇我一族で物部氏滅亡後にその鎮魂を願ってりっぱな方形墳を造墓したというのである。この場合、造墓主体は蘇我馬子《うまこ》で、被葬者は物部守屋《もりや》である。興味深い解釈だと考える。

大化薄葬令と古墳の縮小

さて、史学研究では蘇我本宗家滅亡について乙巳《いっし》の変とし、孝徳《こうとく》天皇即位後に難波《なにわ》に都が定められ改新詔《かいしんのみことのり》が発せられることについて、大化改新《たいかのかいしん》とよび分けている。『日本書紀』は蘇我入鹿《いるか》・蝦夷《えみし》暗殺の詳細ないきさつを

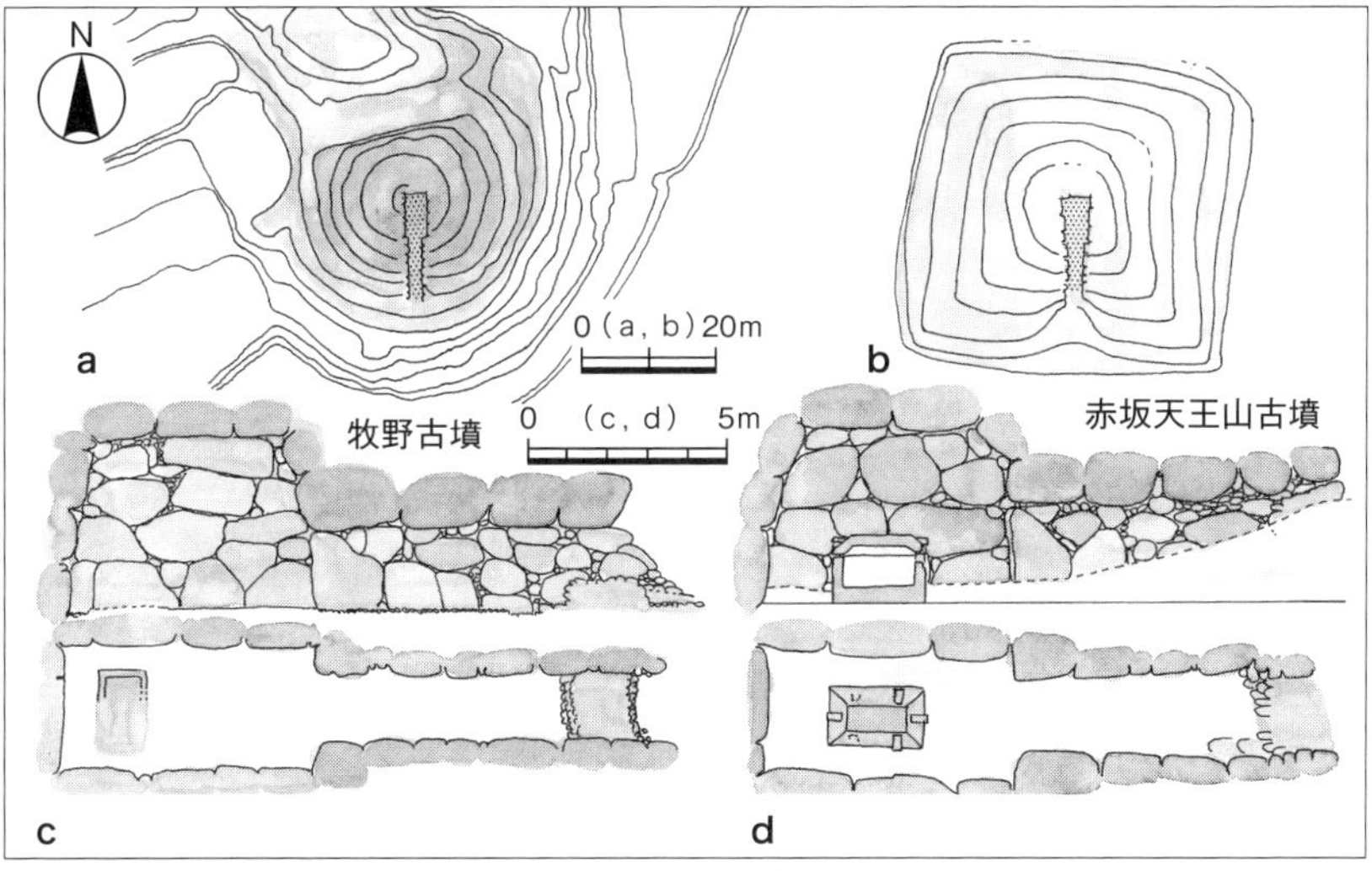

図68　600年前後の墓室形態

記しているものの、この事件の信憑性を疑う考えも根強い。たとえば、蹴鞠《けまり》の会で中臣鎌足《なかとみのかまたり》が中大兄皇子《なかのおおえのみこ》の靴を拾って、親交を深めていくいきさつや、切り込み隊の佐伯連《さえきのむらじ》小麻呂《こまろ》が水をかけて飯をたべるものの恐怖のあまり、のどを通らず戻してしまうさまなど、おおよそ、記述は物語のように鮮明すぎる感がある。また、馬子・入鹿・蝦夷といった命名自体、のちの脚色が濃いと考えられがちだ。

さらに、改新の詔についてもその明文に「国司」「郡司」など、六〇〇年代中頃に成立したとは考えがたい記載もあり、疑問視されている。小学校の歴史教科書にも登場する大化改新ではあるが、戦後になって詔の検討にはじまり、一九六〇年代には改新の詔を疑う説、最近では大化改新自体を虚構とする説が展開されている。

大化改新の中核は公地公民の制であり、天皇中心の強大な国家つくりが目玉である。しかし、六六三年に唐・新羅連合軍との外征に大動員をかけて、白村江《はくそんこう》で惨敗した混乱から天皇の求心力は急速に弱まり、私有民を認めている。実質的に公地公民制が確立するのは、白村江惨敗の翌年に定められた冠位二十六階の制による。臣民を天皇のもとに序列化するときでもある。その後、天武天皇が壬申《じんしん》の乱に勝利して、私有民（民部）を廃絶する。以上を概観すれば、大化改新による改新の号令がなくとも、段階的に公地公民は達成されていったとされるのである。

大化年号についても疑問視されている。中国にならってはじめて元号を定め、改新の意気込みが感じられる。しかし、『上宮聖徳法王帝説《じょうぐうしょうとくほうおうていせつ》』では大化年号は登場せず、山田寺造営の記事に「戊申《ぼしん》」（大化四年）・「乙酉《いつゆう》」（大化五年）などの干支を使った年号が示されている。また、前期難波宮北方谷遺構からも「戊申年」銘木簡が発見されている（**図71、一九七ページ参照**）。このように、大化改新は天智天皇以降の改革を投影して造作されたという見解が示されたり、年号も斉明天皇時代にさかのぼってつけられたのではという意見がある。

改新の詔と同時に大化薄葬令《たいかのはくそうれい》が発布された。この真偽・実効性についても史学・考古学の両方面からさまざまな検討が試みられている。薄葬令とは墳墓造営に財力・労力を注ぐことを軽減することを成文化したものである。その規定は天皇、皇族以下、身分によって墳墓の規模に格付けがなされ、概して省力化されている（**表10**）。

飛鳥時代の大和・河内は大型前方後円墳の築造がなくなり、陵墓も前方後円墳から方墳へ、さらに八角墳へと移行しながら、急激に規模を縮小するようになる。しかし、薄葬令についても、その号令以前から薄葬化は進み、古墳時代は終焉へと向かいつつある。たしかに、六〇〇年代中頃には内部構造に横口式石槨が普及し、薄葬令自体が大型の墓室である横穴式石室から小型の横口式石槨へ変更する。その移行が薄葬令による公的な規制が影響したものかについては否定的な意見が多い。

また、薄葬令に記された日数や人員で古墳造営は実際にできないという指摘がある。大化改新で中大兄皇子らと対立が指摘される阿倍《あべ》氏の墳墓とされる安倍文殊院西《あべもんじゅいんにし》古墳などは薄葬令の規定を大きく上回った規模の石室構造をもつ古墳である。薄葬令には「王以下、小智以上の墓は小さい石を用いよ」「もし詔にそむいて禁令を犯せ

官　職	天皇・皇子	上臣（かみつおみ）	下臣（しもつおみ）	大仁・小仁	大礼～小智	無官・人民
夫役（人）	1000	500	250	100	50	なし
日数（日）	7	5	3	1	1	なし
墳丘（縦横）	九尋	七尋	五尋	不封	不封	埋葬地に収めるのみ
墳丘（高さ）	五尋	三尋	二尋半	使平	使平	
石室長	九尺（2.7m）	九尺（2.7m）	九尺（2.7m）	九尺（2.7m）	九尺（2.7m）	
石室幅	五尺（1.5m）	五尺（1.5m）	五尺（1.5m）	四尺（1.2m）	四尺（1.2m）	
石室高	五尺（1.5m）	五尺（1.5m）	五尺（1.5m）	四尺（1.2m）	四尺（1.2m）	
棺の運搬	轜車	担ぐ	担ぐ	担ぐ	担ぐ	担ぐ
帷帳	白布（白絹か?）	白布（白絹か?）	白布（白絹か?）	白布（白絹か?）	白布（白絹か?）	麁布（麻布か?）

そのほかの禁止事項:殯（もがり）・殉死（じゅんし）・生贄（いけにえ）・華美な副葬品・断髪や体を傷つける誄（しのびごと）

表10　大化薄葬令（646年）**による造墓規定**

ば、必ずその一族を処罰する」などとある。したがって、薄葬令の実効性のみならず、公布をも否定する事例とされている。

皇統を読み解く新たな陵墓研究

記紀による飛鳥時代の記述は編纂時期に近く、かなりの具体性がある。とくに、皇統・生没年はほぼ信頼できると考えられる。ところが、蘇我氏滅亡前後の記事には蝦夷・入鹿の専横が強調的で、滅亡を予兆する災害記事や謡歌《わざうた》を列挙する。これは記紀完成時に権力をにぎっていた藤原氏が腕力を使って天皇の前で蘇我氏を討ちとった事件を正当化するものでもある。歴史の必然性を操作しているようだ。

その結果、都合の悪い記事や記述すべき重要な出来事が削除されている可能性もある。たとえば、乙巳の変は蘇我蝦夷・入鹿親子のみならず、皇極天皇にとって想定外の出来事として描かれている。しかし、甘樫丘に構えられた蘇我氏邸宅の詳細には「とりでの柵を囲い、門のわきに武器庫を設けた」「家ごとに用水桶を配置し、カギをつけた棒を数十置いて防火対策とした」「力のあるものに武器をもたせ常に家を守らせた」など、すでに抗争がはじまっていたことを示すような記述がつづく。

このように考えると、陵墓を詳細に記した天皇・皇族がいる一方、簡略されたり、記述すらない皇族がいる差も、のちの操作かもしれない。注意が必要だろう。したがって、陵墓の比定は記紀による限られた情報ですべてをうまく解決することは不可能だ。遠つ飛鳥から近つ飛鳥への改葬の意義、飛鳥に陵墓を築かなかった崇峻天皇、天智天皇などの政治的意義なども未解決の課題である。その意味において、皇統を縦糸にし、二つの飛鳥に分散する陵墓群の位置的意味、形態的意味などを史学・考古学双方の立場で読み解く試みは新しい研究法として期待される。

参考文献

石部正志　一九八九「推古と王陵の谷」『古代を考える　河内飛鳥』吉川弘文館

小澤　毅　二〇〇二「五条野丸山古墳は誰の墓か」『明日香風』八二　飛鳥保存財団
門脇禎二　一九九二『大化改新　史論』上・下　思文閣出版
高橋照彦　二〇〇五「欽明陵と檜隈陵」『待兼山考古学論集』大阪大学考古学研究室
塚口義信　一九九四「大化新政府と横口式石槨」『古代学研究』一三二　古代学研究会
中村修也　二〇〇六『偽りの大化改新』講談社
平林章仁　一九九五『蘇我氏の実像と葛城氏』白水社
福尾正彦　二〇〇二「なぜ前方後円墳は終焉したのか」『古代史がわかる』朝日新聞社
増田一裕　一九九二「見瀬丸山古墳の被葬者」『古代学研究』一二四・五　古代学研究会
森　浩一　一九六五『古墳の発掘』中央公論社
山中鹿次　二〇〇〇「前方後円墳造営中止の文化的、政治的背景」『日本書紀研究』二三　塙書房
和田　萃　二〇〇五「飛鳥の陵墓」『古代を考える　終末期古墳と古代国家』吉川弘文館

（山中鹿次）

蘇我氏の邸宅・墳墓について（追検証）

西川寿勝・相原嘉之

1　欽明天皇の陵墓について

西川　先ほど、司会のNHK大阪文化センターの首藤《しゅどう》さんから、わたしと相原さんは、奈良大学それから奈良文化財研究所時代の先輩・後輩の関係とご紹介いただきました。わたしたちの関係について、もう少しお話ししたいと思います。

わたしと相原さんは、約二〇年前に同じサッカーチームでボールを蹴っていた仲です。奈良国立文化財研究所ではサッカークラブが活発で、毎日のように藤原宮のグランドで走っていたのです。

いっしょに走っていた方のなかに、飛鳥池《あすかいけ》遺跡やキトラ古墳の石室発掘を担当された花谷浩《はなたにひろし》さんや、キトラ古墳にデジタルカメラを差し込んで十二支像の発見と解析をされた井上直夫《いのうえただお》さん、とり上げた壁画を飛鳥資料館で展示された学芸室の杉山洋《すぎやまひろし》さんがいらっしゃいました。今回、相原さんとともに高松塚古墳の調査チームの代表をつとめられた松村恵司《まつむらけいじ》さんも文化庁に異動されていましたが、よく奈良にこられていっしょにボールを蹴っていました。

相原さんとは久しぶりに会って、飛鳥の話をするわけですが、先輩・後輩関係というより、いっしょに明日香を発掘調査していたサッカーのメンバーという印象です。そういうわけで、こまかい打ち合わせなしに、気さくに対談しようということになりました。

それでは、対談をはじめます。相原さん、よろしくおねがいします。

まず、わたしが相原さんに質問を投げかけ、それにお答えいただきながら、前半は蘇我氏三代の邸宅とお墓について深めていく形をとりたいと思います。

後半は、現在話題になっている高松塚《たかまつづか》古墳とキトラ古墳についてです。高松塚古墳は石室を解体して壁画を保存修理するということになり、キトラ古墳は壁画を剥ぎとり保存するに至ったわけですが、新たな成果などをたどってみましょう。そして最後に、会場にお集まりの方々からのご質問やご意見をうかがいながら、今回の成果をまとめていくことができればと思っています。

では、蘇我三代の墓と邸宅について、わたしと相原さんの話の内容を少し整理してみましょう。

わたしは石室・石棺の時期的な成果を重視して、石舞台古墳は稲目《いなめ》の時代、稲目の墓と考えます。馬子《うまこ》は岩屋《いわや》山《やま》古墳の時代です。そして、蝦夷《えみし》・入鹿《いるか》の墓は時期的に水泥《みどろ》古墳ではないと思います。宮ケ原《みやがはら》古墳も双墓《ならびのはか》でないし、時期も確定しません。ひろくみれば、河内のアカハゲ古墳、ツカマリ古墳も候補にできると思います。確証はありませんが、この場合、稲目の墓は風水思想にのっとって改葬され、石舞台古墳からシショツカ古墳におさめられたとすれば、副葬品の時期も合致し、河内の巨大な墳墓の被葬者が解決できるのではという期待がもてるのです。

邸宅については、遠つ飛鳥地域を構造的にとらえる相原さんの意見は卓見だと思います。邸宅の中心的建物にこだわることはないでしょう。

一方、墓については相原さんの考えでは、稲目の墓が五条野《ごじょうの》（見瀬《みせ》）丸山《まるやま》古墳、馬子の墓は石舞台古墳、蝦夷・入鹿の墓は宮ケ原古墳がそれぞれ現段階での候補でした。馬子の邸宅とされる島庄《しまのしょう》遺跡、蝦夷・入鹿が最後に築いた甘樫丘《あまかしのおか》の邸宅については甘樫丘東麓《あまかしのおかとうろく》遺跡で発掘成果が蓄積されているという説明がありました。しかし、邸宅発見とするには、さまざまな課題があったということだと思います。

あらわれた五条野（見瀬）丸山古墳の内部

西川　まず、欽明天皇の陵墓についてです。明日香村教育委員会として公認・非公認の見解があるということでした。おもしろいですね。現在の欽明天皇陵の北側にある大型古墳、五条野（見瀬）丸山古墳は石室の詳細が解明されつつあります。稲目の墓だという説をお聞きしました。たしか、宮内庁書陵部の福尾《ふくお》正彦《まさひこ》さんも同じ説でした。これについて、もう少し解説をお願いします。

相原　丸山古墳は現在宮内庁が陵墓参考地として管理しています。それは後円部の中央だけで、現在、その部分は森になっています。そのほかの前方後円形の大部分は史跡です。以前は畑などに開墾されていました。現在は緑地になっています。前方後円墳として、奈良県ではもっとも大きいもので、全国でも第六位の大きさです。

　一九九一年にたまたま、後円部の緑地部分に空洞が露出したようです。それは後円部の墓室につながる羨道《せんどう》部分の天井石の隙間でした。丸山古墳の横穴式石室は全国最大のもので、全長二八メートル以上です。墓室にいたる羨道は二〇メートル以上あります。後円部の直径は一五〇メートルあり、墓室は後円部の中心直下にあるのではなく、かなり南にかたよってつくられていました。

　そして、たまたま地表につながる空洞部分から地元の子どもが出入りしたようで、その話を聞いた大人が石室の内部にはいり、写真を撮ったのです。石室と家形石棺が写っていました。天皇陵級の墓の石室がはじめて明らかになったのです（**図40、一一三ページ参照**）。

　その後、宮内庁が石室を測量して、石室構造の詳細が明らかにされました。巨大な自然石を組み上げた玄室は全長が八・三メートル、幅が四・一メートルです。天井石は二石の巨石で、奥壁は幅・高さともに四メートル以上の一石の巨石でした。

　そこに家形石棺が二つおさめられていました。奥に六〇〇年代前半の新しい型式のもの、手前に奥の石棺より一時期古い型式の五〇〇年代後半の家形石棺がありました。大きな墓室をもつ横穴式石室ですと、埋葬が一度きりではなく、何回か追葬されることがあります。ただし、通常は奥から棺《ひつぎ》を入れていきますから、手前の石棺ほど、新しい時期のものです。ところが、今回の場合はなぜか逆でした。奥が新しくて手前が古いのです。これについては多くの研究者がさまざまな解釈をしています。

五条野（見瀬）丸山古墳に葬られたのは誰か

西川　家形石棺の型式変化は大ざっぱにみれば、棺蓋の形で明瞭にされています（図69）。最初は縄かけ突起が上向きに発達する形で、天井の平坦部も幅が狭く家の屋根のようですね。ところが、時代がくだるにつれ、扁平な蓋石へと変化します。縄かけ突起は装飾化して下方に垂れ、側面にはみ出す形となります。短面側に突起をもつ棺もふえます。なによりも天井平坦面をひろくつくり出す傾向になります。この変化に照らし合わせれば、五条野（見瀬）丸山古墳の奥の棺は家形石棺の最終形態で、手前の棺はそれより一型式古いもの、と考えられるのです。時期では西暦六〇〇年をはさんで、その直前が手前の棺、六〇〇年代初頭が奥の棺と考えます。

それで、相原さんの五七〇年代に没した蘇我稲目の墓という説に立てば、手前が稲目の棺ということです。わたしはそれを五七一年に没した欽明天皇の棺と考え、奥は六一二（推古二〇）年に追葬された堅塩媛《きたしひめ》の棺と考えるわけです。これは石棺の詳細が公開される以前から森《もり》浩一《こういち》さんや増田《ますだ》一裕《かずひろ》さんによって示されている説で、多くの研究者に補強されています。堅塩媛は欽明の妃で稲目の娘です。追葬は兄の馬子によって盛大におこなわれたことが『日本書紀』に記されています。堅塩媛は改葬という形でもう一度葬送されなおすわけです。

そのとき、「軽《かる》の衢《ちまた》」で天皇から皇族・蘇我一族などの「誄《しのびごと》」が奏上されました。つまり、人民の前で盛大な葬式をあげたということでしょうか。そして、一万五千もの供え物などが献上されたという記事もあります。この「軽の衢」は五条野（見瀬）丸山古墳のすぐ北側です。下ツ道と山田道が交差する辻と考えられています。

想像をたくましくすれば、奥にあった欽明大王の棺を手前に移動させて、奥に蘇我一族の堅塩媛の棺を据えなおした、つまり妹の棺を据えなおしたという馬子の企画したイベントがおこなわれたということです。

相原さんの考えでは丸山古墳が蘇我稲目の墓ということですが、それは奈良県でもっとも大きな前方後円墳、

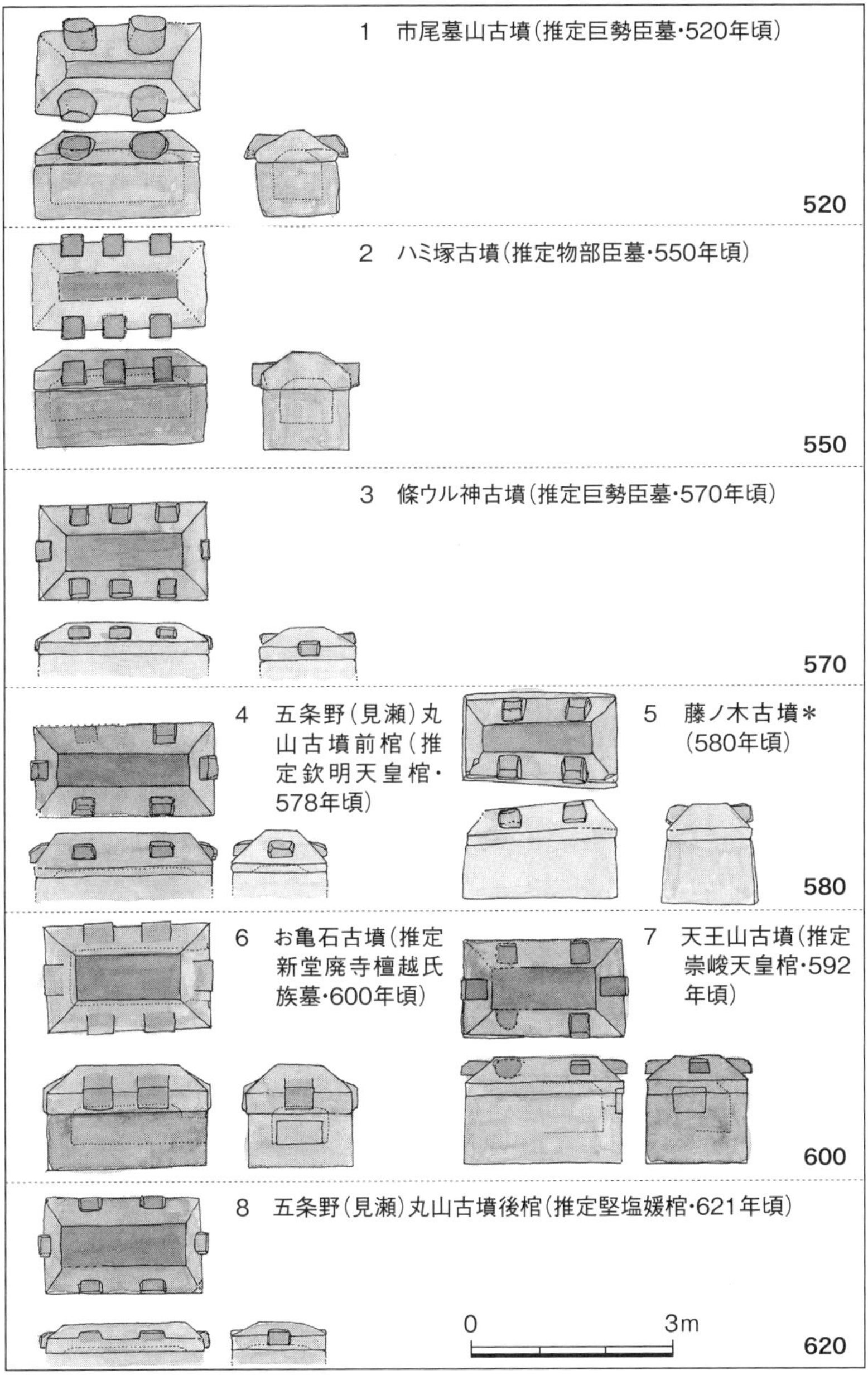

*馬子に587年に殺害された穴穂部皇子・宅部皇子棺説あり。

図 69　家形石棺の変遷

石室も全国最大規模ということですよね。豪族墓としては違和感があります。

　また、邸宅の変遷から、蝦夷の時代になって天皇を見おろすほどに蘇我の勢力が伸張したということでした。しかし、稲目の時代からかなり大きな力だったということにもなってしまいます。

相原　稲目についてはあまりよくわからないのですが、馬子から蝦夷・入鹿の代になって、かなり横暴になってきたということです。たしかに、丸山古墳は全長三一〇メートルの巨大古墳です。ところが、前方部は非常に平たく、後期古墳の前方部が高くなって発達していく変遷からすると例外的なものです。丸山古墳と名づけられたとおり、昔は前方部の存在が意識されていなかったのですね。円墳だと思われていました。そうしますと、円墳の形状だけからみると県内の古墳としては、かならずしも突出するものではありません。

西川　前方部はあとで追加されたということでしょうか。

相原　いいえ。計画変更というか、平面形までは意図されたとしても、結果的に前方後円墳として完成されなかったのではないかと思うわけです。

河内大塚山古墳と五条野（見瀬）丸山古墳

西川　新しい意見ですね。そうだとしても、計画では現欽明天皇陵と相当な差をつけた古墳が近所に営まれたということですよね。福尾さんもこの点に苦慮されて、その後、前方後円墳は意味をなさなくなり、終焉するという理由づけにされています。この場での議論だけでは解決しませんが、大きな謎ですね（コラム3参照）。

　この際、わたしの考えを突き進めて申しますと、欽明天皇は崩御した翌月、河内《かわち》の古市《ふるいち》で「殯《もがり》」がおこなわれたと『日本書紀』にあります。天皇がいた大和の磯《し》城嶋金刺宮《きしまのかなさしのみや》では「殯」がおこなわれなかったようです。その後に大和に陵墓が営まれるわけです。河内で「殯」された理由について史料の先生方も解釈が定まっていません。しかし、考古学から解釈すれば、当初は河内に陵墓が計画されたのではないかと考えることができます。

　古市から少し西側になるのですが、同時期に営まれた全国第四位の規模をもつ大前方後円墳がやはり陵墓参考地となっていますが、誰の墓かは定まっていません。

相原　河内大塚山《おおつかやま》古墳ですね（図70）。

西川　この古墳が当初の欽明天皇陵で、天皇の棺は五条野（見瀬）丸山古墳に改葬されたと考えた場合、両古墳は大きさや築造時期のみならず非常に共通点が多いわけです。先に相原さんが注目された前方部が低く例外的だという形状も共通します。円筒埴輪が樹立しないことも共通します。外形から見る限り、前方部先端がとがる形状も共通します。そして、主体部が真南に開口しないという特徴も共通すると思います。つまり、設計や企画の主体者が同じ集団だったのではないかとみるわけです。両古墳は全国屈指の規模をもつことから大墓級で最後の前方後円墳といえるのですが被葬者が定まらず、謎とされています。後期古墳だけでみると、全国一位と二位です。それが二つとも欽明天皇の墓と考えれば、一挙に問題は解決するのではないでしょうか。相原さんと違って、わたしは欽明天皇の王権は非常に強力だったと考えるのです。

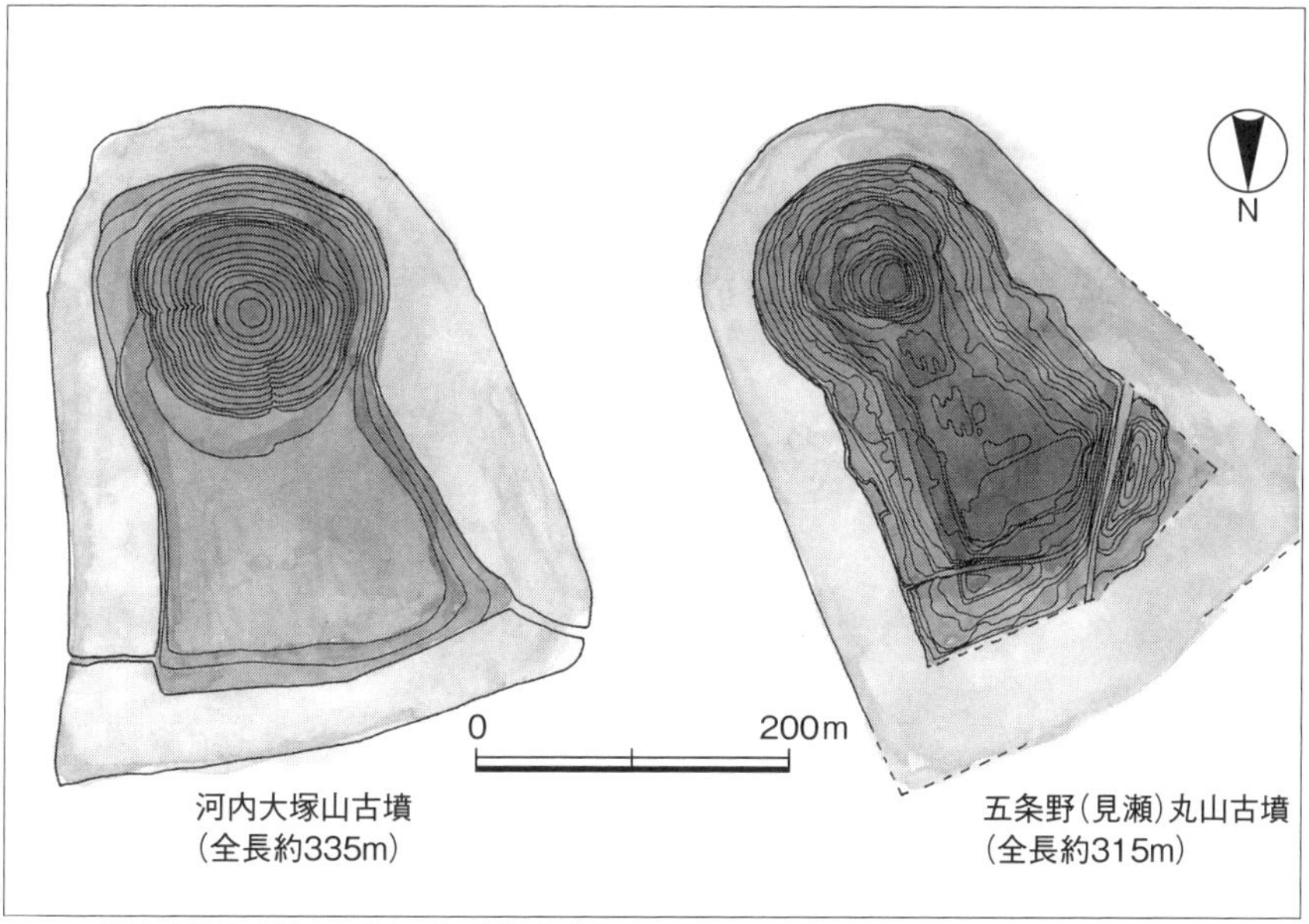

図70　河内大塚山古墳・五条野（見瀬）丸山古墳

2　蘇我の邸宅が語るもの

力を蓄える蘇我氏

西川　それではつづけて、蘇我の邸宅の問題に移ります。その前に蘇我氏は急激に勢力を伸張させて、あっけなく失脚する豪族の典型なのですが、相原さんの飛鳥時代観から、蘇我氏はどのような豪族とみるべきですか。天皇を超えようとした悪者でしょうか。

相原　蘇我氏は物部《もののべ》氏・葛城《かつらぎ》氏などの大豪族とくらべ、出自がよくわからない新興の豪族とされています。これは意見が一致するところだと思います。蘇我氏がいかに力をつけたかといえば、天皇家との婚姻関係だったと思います。つまり、政権勢力の身内になっていくという手段です。そのなかで、敵対関係にある一派をどんどん滅ぼしていくこともします。聖徳太子の上宮王家《じょうぐうおうけ》もそうでした。これが悪者だといわれるゆえんですが、古代においては特異なことではなく、よくあることです。

それから、仏教との関係もくわしく追究されています。物部氏を滅ぼす過程で仏教帰依の姿勢が強調されますが、よく調べるとけっして仏教をあがめることに執着していたわけではありません。むしろ、仏教という新しいものを導入するという革新的な姿勢をたいせつにしたようです。それにかこつけて物部氏を倒したという考え方ができると思います。

西川　そうですね。物部氏にしても、みずからの一族の存亡をかけて仏教を排斥する理由はありませんね。これは豪族間の対立ですよね。

相原　蘇我氏はこのようにして、徐々に力を蓄えたと思っています。ただし、蘇我悪人説、ことに蘇我三代を悪人ととらえる風潮は古くからあります。しかし、三〇年以上前に門脇禎二《かどわきていじ》さんが『蘇我蝦夷・入鹿』のご著書のなかで、蘇我氏は悪人ではなくて、中央政権や飛鳥文化にとってよいこともたくさんしていることを鮮明にされ、見方もかわりつつあります。けっして善人ではなかったけれど、最初から悪人でもなかったと思っています。

しかし、最後まで悪人ではなかったかといいますと、やはり最後は悪人になり下がっていたのかもしれません。

かなり横暴になっていくので、蘇我氏という一族も内部から分裂・変化していったと思います。その行き着くところ、本宗家だけが突出する甘樫丘の邸宅に至るのではないかと思います。

西川　その後、先に相原さんから発掘成果の説明を受けた飛鳥板蓋宮《あすかのいたぶきのみや》、ここを舞台におこった乙巳《いっし》の変、いわゆる大化改新《たいかのかいしん》がなかったとしたら、蘇我氏の専横はどこまでつづいたのでしょう。たとえば、天皇を超えたのか、天皇もその程度の力をもっていたのでしょうか。

相原　おそらく蘇我は、天皇家を超えていたでしょうね。わたしは飛鳥の遺跡群をいろいろな角度から見ていますが、六四四年に完成した甘樫丘の大規模な邸宅と天皇の宮との眺望関係は、密かに天皇を超えることをたくらむ段階ではなかったと思います。誰の眼にも明らかで、飛鳥の一般民衆から諸外国の使節まで蘇我氏の力を感じ、えらいことになったと思ったに違いないでしょう。「上《うえ》の宮門《みかど》」「谷《はさま》の宮門」などとよばせたりしていますし。

ですから、もし乙巳の変がなくて蘇我氏が滅んでいなければ、豪族の時代、すなわち天皇家をとり込んで、力で政権を動かす時代がもう少しつづいていただろうと思います。律令国家への道が少しおそくなってしまうということです。

西川　そうなれば、古墳時代の終わりも違ってきたかもしれませんね。

少し補足しますと、推古天皇の時代に馬子は蘇我の先祖は葛城が起源だからその土地をほしいと懇願します。ところが、推古天皇はそれを認めていません。しかし、皇極《こうぎょく》天皇の時代になって、蝦夷は葛城の高宮に先祖の祖廟をつくって、中国式に先祖を顕彰する「八佾《やつら》の舞」を奉納したという記事がありましたね。つまり、葛城を手に入れたことを知らしめるイベントをしているのですね。その直後に蝦夷・入鹿の墓つくりがはじまったという記事が『日本書紀』に記されており、これも関連する事象だと思っています。墓つくりには批判もあがるのですが、天皇はそれを抑えきれていません。

乙巳の変で蝦夷の殺害を目の当たりにする皇極天皇ですが、本当は蘇我の圧力をいちばん感じ、暗殺計画も知っていたのかもしれません。わたしはそんな皇極天皇

（斉明天皇）と蘇我一族の墓が檜隈《ひのくま》の一角に近接して営まれたという考えには賛成しかねるわけです。

それから相原さん、蘇我一族の出自をわかりにくくしている理由の一つとして、蝦夷・入鹿の邸宅が焼けて文書や珍宝が焼失したという記事がありましたね。その邸宅が含まれる可能性がある甘樫丘東麓遺跡の建物群ですが、最近の調査でその前段階や後の段階の土地利用もわかりつつあると聞いています。

甘樫丘東麓遺跡について

相原　甘樫丘東麓遺跡は国営飛鳥歴史公園の整備事業で調査がはじまりました。これまでに石組み溝や建物群がみつかって話題になっています。最初の七五－二次調査で焼けた壁土や炭化材、焼けた土器類がみつかりました。六〇〇年代中頃のものです。二〇〇五年と二〇〇六年に調査された一四一次と一四六次調査では倉庫などの建物群がみつかっています。遺構はⅢ時期に分けられ、六〇〇年代前半（Ⅰ期）・六〇〇年代中頃～後半（Ⅱ期）・六〇〇年代末頃（Ⅲ期）に分けられます。したがって、記録にある邸宅の時代の前と後にも土地利用されていることがわかってきました。焼け土や炭がみつかったⅡ期の遺構も、こまかく見れば建物の重なりなどから時間幅がありそうです。この調査では鋳造関連の遺物もみられ、炭などが火災にともなうものかどうかも議論になりそうです。

西川　それから、当初の七五－二次調査焼土層から発見された土器の年代観も議論になっていますね（図71の②）。

相原　飛鳥Ⅰ段階のもっとも新しいもので、六〇〇年代中頃でよいと思います。Ⅱ段階は水落《みずおち》遺跡の土器が基準の一つです。中大兄皇子《なかのおおえのみこ》の水時計の時期（六六〇年前後）です。Ⅲ段階は大官大寺《だいかんだいじ》下層の土器が基準です（図72）。

ちょうど、わたしたち二人が奈良国立文化財研究所にいた一九九〇年頃、山田寺《やまだでら》南門の調査で出土した土器が整理されていました。山田寺の造成土の下からみつかった土器で、もとあった蘇我石川麻呂《そがのいしかわまろ》の邸宅にともなう廃棄品だということでした。邸宅を壊して寺を造成するの

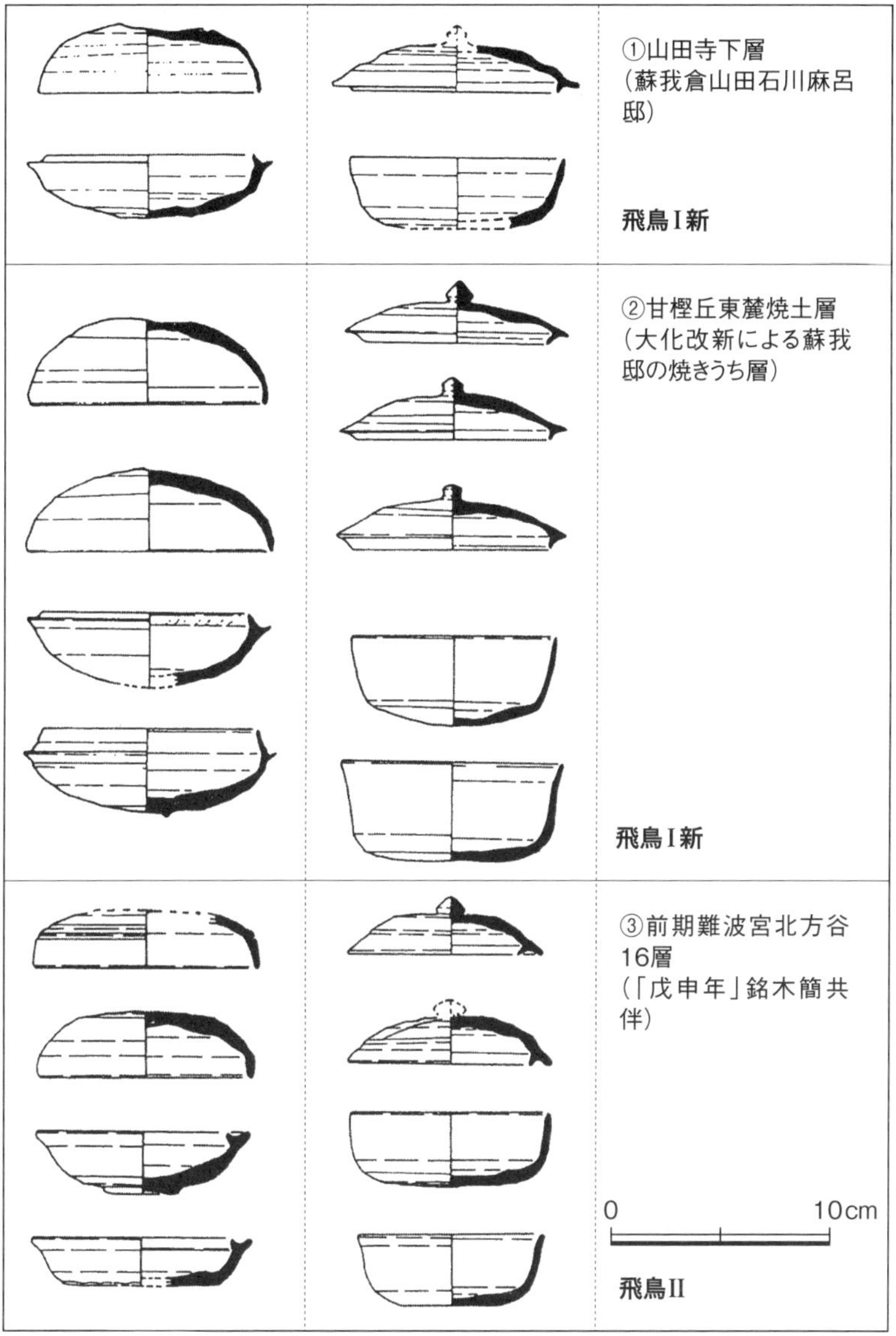

①山田寺造営は641年に開始したとする記事よりその直前頃。
②焼土が蘇我邸焼きうちに伴うものなら645年頃。
③戊申年を648年とすれば、この頃すでに飛鳥I型式は使われなくなっている。

図71　甘樫丘東麓遺跡・山田寺下層遺構・難波宮北方遺構出土土器

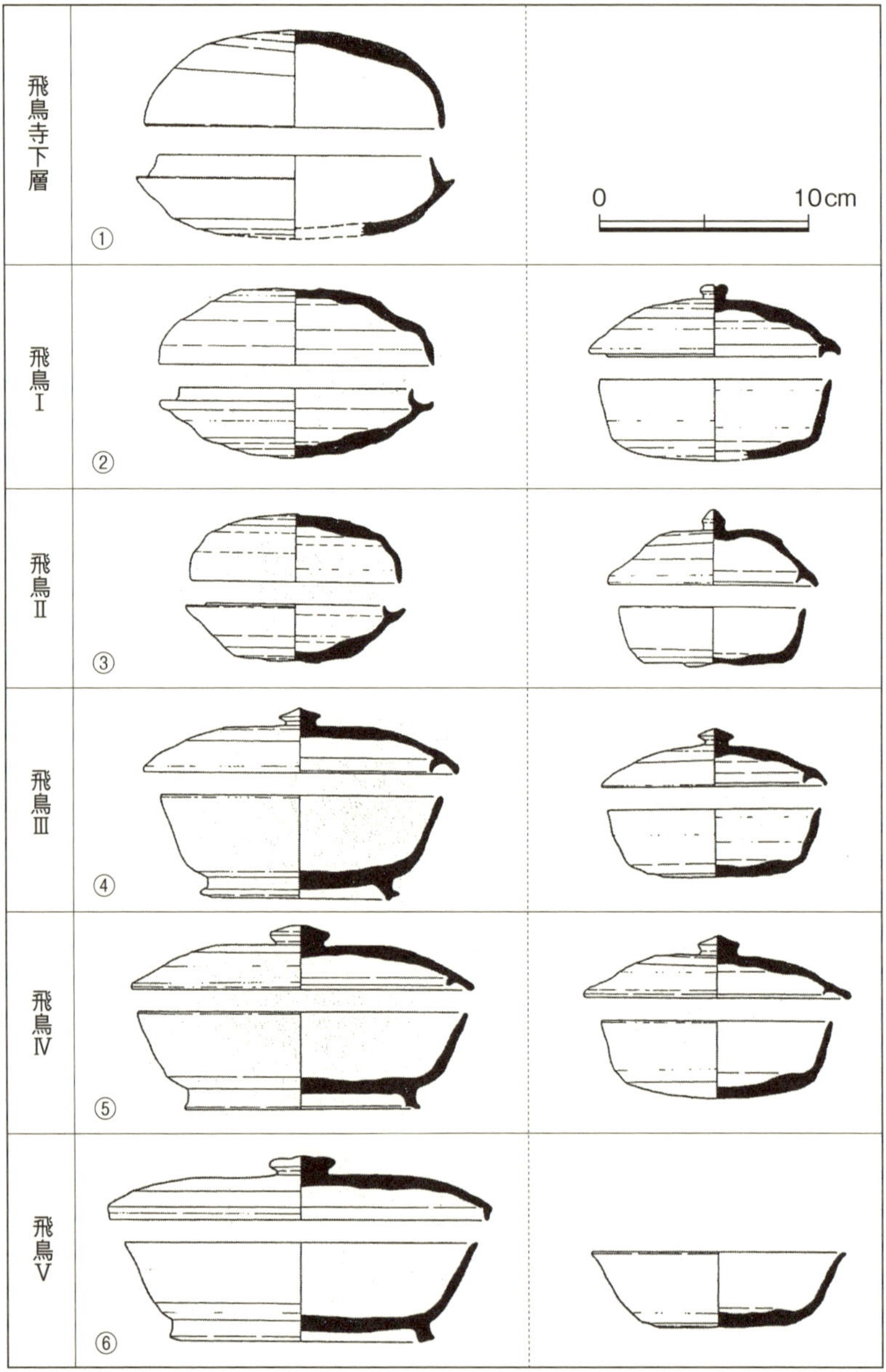

①588年直前頃　②590～640年代頃　③640～660年代頃　④660年代後半～670年代頃
⑤680～690年代頃　⑥690～700年代

図72　飛鳥時代の土器編年

が六四一年という記録があるので、みつかった土器群もその頃のものとされます。甘樫丘からみつかった土器群はこれに共通する形が多く、やや新しいものも含まれるという結果でした（図71の①）。

西川　ちなみに、山田寺の蘇我石川麻呂は「乙巳の変」で皇極天皇に上表文を読む役割でしたね。その最中に、中大兄らが入鹿に飛びかかった。

　ところが、大化改新の詔《みことのり》が発せられた難波宮《なにわのみや》の内裏北西側で「戊申年」銘木簡（六四八年）とともに飛鳥Ⅱ段階に限られた土器群が発見され、大阪では大化改新《たいかのかいしん》の六四五年は飛鳥Ⅱ段階ではないか、とされています（図71の③）。三年足らずで、Ⅰ段階とⅡ段階の土器がすべておき替わることは不自然です。つまり、Ⅱ段階の出現は六四〇年の前半にさかのぼるという考えが示されています。Ⅱ段階をまったく含まない土器群が甘樫丘東麓の焼土層のものなのです。乙巳の変の真実を知るうえでも議論をよびそうです。

　この資料は重要な意味がほかにもあり、「大化四（六四八）年」銘ではなく「戊申年」銘だったということです。つまり、極端にいえば、大化改新は本当にあったのかとも疑われるものです（コラム3参照）。いずれにせよ、甘樫丘の調査はごく一部だというお話でした。蘇我氏の邸宅のさらなる実態解明が期待されるところですね。

3　遠つ飛鳥の庭園遺構と渡来人

庭園の池と貯水池

西川　島庄《しまのしょう》遺跡の方形池も本当に庭園、あるいは苑《えん》池《ち》遺構なのか疑念がありますね。

相原　方形池は一辺約四二メートルです。深いところで二メートルくらいだったと思います。護岸を垂直に石垣状に立ち上げ、平らな池底には川原石が張りつめられています。池内のすべてを調査していませんが、中島があったのか、なかったのかです。ありそうな部分を探すように発掘しているのですが、みつかっていません（図73）。

　一辺四二メートルの池ともなりますと、これが庭園にともなうものではないと考える意見も聞かれます。わたしも個人的にも庭園ではないと思っています。

ところで、飛鳥ではこれまでに方形の池状の遺構があちこちにみつかっています。わたしは三グループに分けて検討する案を示しています（表11）。

一つめは石神遺跡でみつかった一辺七メートル程度の浅い池です（A類）。この池も垂直の石垣で護岸され、底面が平らで小礫が敷かれています。付近に須弥山石《しゅみせんせき》などの石造物があったことも知られ、斉明天皇時代の迎賓館《げいひんかん》的施設と考えられているものです。小さな池であまり使用期間は長くなかったようです。

二つめは池の護岸の石が垂直に立ち上がらず、断面形が斜めになるものです。島庄遺跡からさらに飛鳥川をさかのぼった坂田寺《さかたでら》の寺域からみつかっている池です。概して、深い池です（C類）。

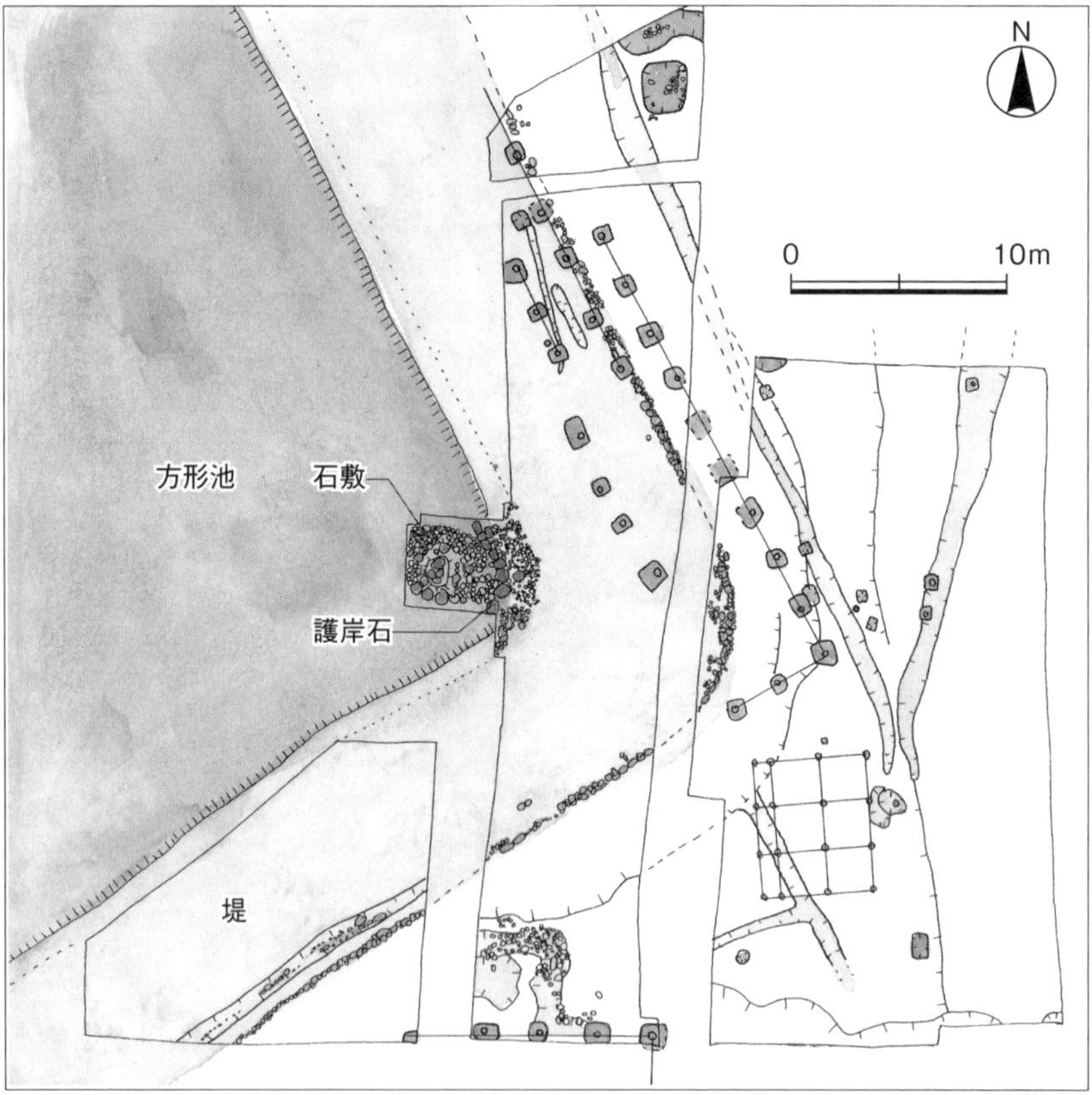

図73　島庄遺跡方形池周辺の調査

三つめは島庄遺跡にみられるような大型の池です（B類）。この部類の池は飛鳥寺の東方、飛鳥池遺跡からもみつかっています。この遺跡は富本銭《ふほんせん》の鋳造や金・銀・鉄・木工などの工房群がみつかった遺跡で、その北端にある沈殿池です。一辺一〇メートルほどの真四角の池で護岸と底面に大きな川原石が敷かれています。この池は工房の排水が集められる池で貯水池の機能も考えられます。

このように整理すると、一つめの池が儀式にかかわる池、二つめの池が寺などにともなう蓮池、三つめは水を溜めるための実用的な機能が強い池です。島庄遺跡の方形池は三つめの池と考えます。

西川　貯水とすれば、農業用でしょうか。下流域の灌漑とか。

相原　そうですね。あるいは水を使う施設への給水かもしれません。

西川　馬子の「嶋大臣《しまのおおおみ》」という名前からも、池に中島がみつかってほしいですね。近年、はっきり庭園の池とわかる発掘例がありましたね。飛鳥宮の北西、飛鳥川東

平面形	類型	特徴	緒例	備考
方形池	A類	護岸は垂直壁・小規模 （一辺6m未満・水深1m未満）	石神遺跡A 石神遺跡B	饗応施設
	B類	護岸は垂直壁・大規模 （一辺6m以上・水深1m以上）	島庄遺跡A 飛鳥池遺跡	貯水・沈殿
	C類	護岸は傾斜壁・大規模 （一辺6m以上・水深1m以上）	雷丘東方遺跡 坂田寺	蓮池・放生池など
曲池	A類	懸樋で水を上から落とす施設 小規模	古宮遺跡 島庄遺跡B 上之宮遺跡 宮滝遺跡B 出水酒船石	流水を主とする施設
	B類	曲線を多用した護岸をもち、 水深が浅く、中島をもつ 大規模	飛鳥宮北西 宮滝遺跡A	苑池

表11　飛鳥時代の池

岸で橿原考古学研究所が発掘した遺構です（**図74**）。池の輪郭を解明するにとどまる程度ですが、方形池ではありません。深いところと浅いところのある大規模なもので、中央に中島状の高まりもありました。池のなかに落ち込んだ植物遺体や花粉・種子などの分析から、岸部の植生も復元されました。モモ・ナシ・ウメ・カキなどの果樹やヒシやハスの実などがみつかっています。

相原　これは庭園の池でしょうね。つくり始めは厳密にわかりませんが、おそらく斉明天皇の施設でしょう。天武《てんむ》天皇の時代まで間違いなく使われていたようです。『日本書紀』には六八五（天武一四）年に「白錦後苑《しらにしきのみその》」、六九一（持統五）年に「御苑《みその》」の記事がみられます。

発掘されたのは、飛鳥の宮殿の北西に隣接する庭園で、南北に二つの池がありました。

北の池は深さが二メートル以上とかなり深く、さらに水路が北側につづくので、貯水池・導水的な機能があったものかもしれません。木簡が一〇〇点以上出土していまして、役所の施設名などがあり、宮殿にかかわる施設だとわかります。

南の池は、浅く石を底に敷き詰めて小礫を盛り上げた中島があります。庭園の機能、たとえば、外国の賓客が来たときにもてなしたり、ほとりで酒を飲んだり、詩を詠んだりという使われ方が想像できます。

そうすると、飛鳥時代でいわゆる庭園の池と明快にできるものは方形池ではなく、曲池で水深が浅く、中島などをもつ小さなものということです。先に示した斉明天皇の庭園以外には吉野の宮滝遺跡でもみつかっています。このような苑池は奈良時代になって発展し、宮殿や貴族邸宅の庭園の池として受け継がれていくようです。しかし、先に紹介した嶋宮では『万葉集』に詠まれたような庭園のイメージの池があったということです。島庄で発見されている池は方形なので、今後、曲池の発見が期待されます。

飛鳥時代に方形池が多いことについては、半島の影響だと思います。半島でもたくさんの方形池がみられるのですが、苑池というより、山城や宮殿にともなう貯水施設、寺院の蓮池・放生池《ほうじょういけ》として発展しています。こういうものが飛鳥にも伝わったのでしょう（**図75**）。

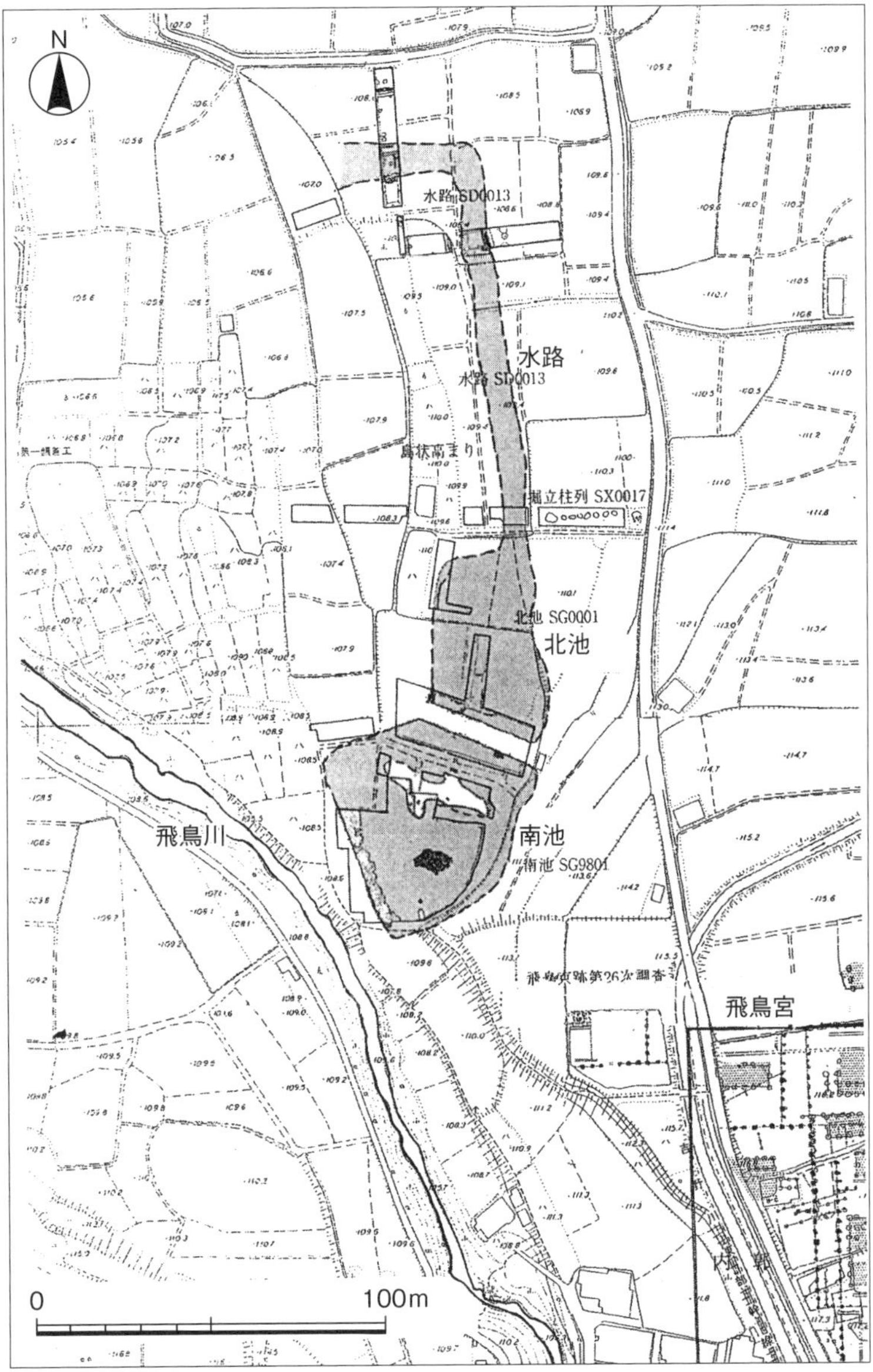

図 74　飛鳥宮の庭園遺構

西川　宮滝遺跡でみつかった池状遺構は、斉明から持統天皇の吉野離宮の中心施設と考えられているものですね。ここの宮滝遺跡の池や飛鳥宮西方の南の池（飛鳥京跡苑池）とくらべてみても、島庄遺跡の方形池はかなりつくりが違ったものですね。堤が幅一〇メートルほどもあり、堤の外側も石垣でおおわれるものでした。水溜めからは雨乞いなどに使う土製の馬の形代《かたしろ》もみつかっています。この方形池のすぐ近所に石舞台古墳があるわけですが、やはり庭園の景観に巨大な墳墓は違和感がありますね。

蘇我氏と渡来系の人びと

西川　すぐ近くといいましたが、本当に目と鼻の先です。少しくわし

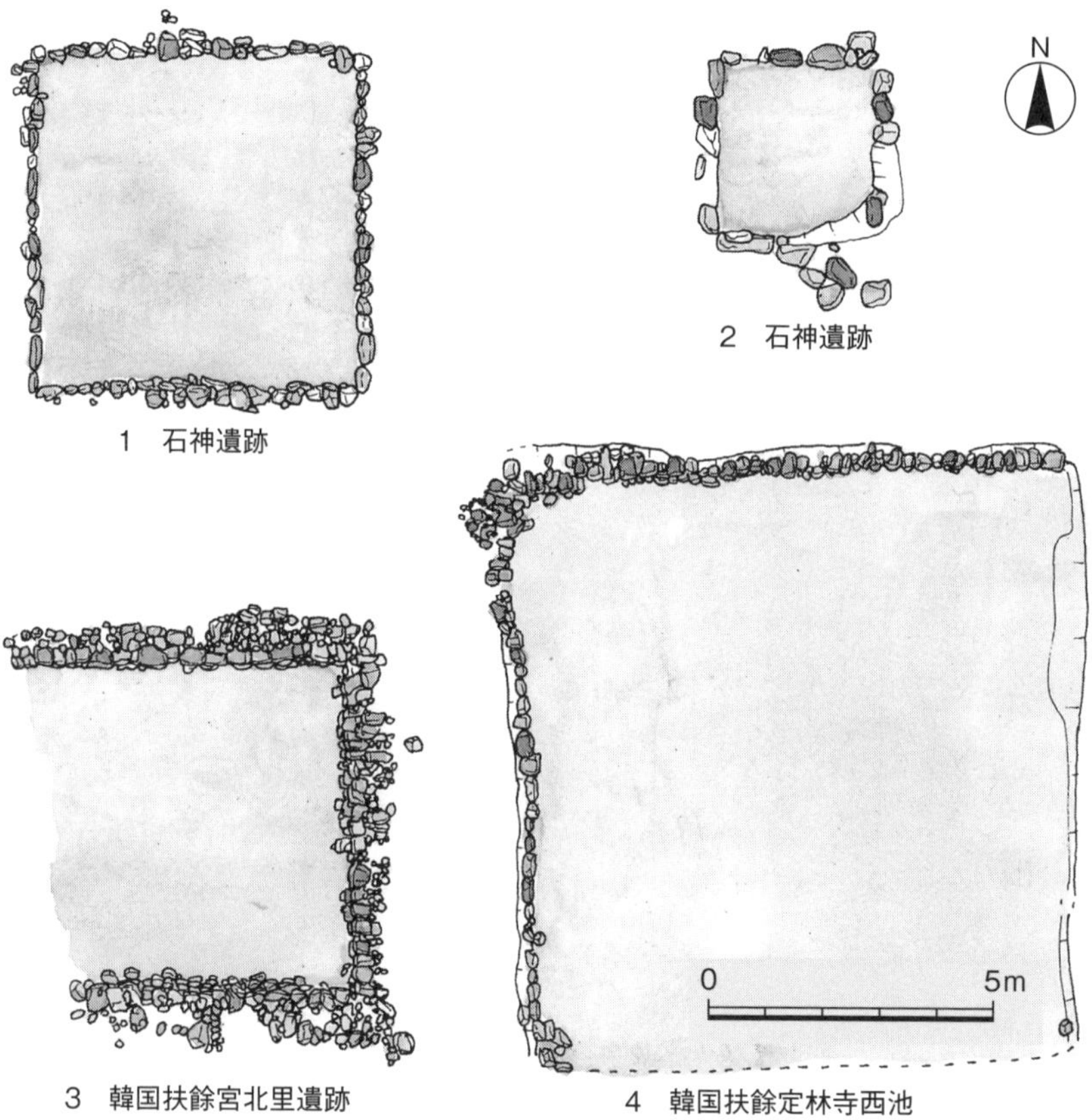

1　石神遺跡
2　石神遺跡
3　韓国扶餘宮北里遺跡
4　韓国扶餘定林寺西池

図75　石神遺跡の方形池（上）**と韓国の方形池**（下）

く説明すれば、現在、明日香村に「桃原」の地名は残っておらず、石舞台古墳を「桃原墓」とすることによって、当時のこの地域の地名だったと推定されるにすぎません。「桃原」は『日本書紀』雄略期に、多くの渡来人を移住させたという記事にさかのぼってみられます。けっこう広い範囲が想定できます。その一方、馬子の邸宅にあった池の嶋をもって、馬子は嶋大臣と呼ばれました。現在に伝わるこの地域の地名は、明日香村島庄小字池田などです。後世、島に庄園ができたからでしょう。この地名がいつまでさかのぼるのかわかりませんが、嶋が地名の由来だったようです。すると、狭い地域に「嶋」と「桃原」の地名が並存していたのか、「桃原」の地名が後世に嶋（島庄）になったのか、もともと「桃原」は別の土地を指す地名だったのかです。

多くの渡来人が移住した記事を信じれば、狭い地域に「嶋」と「桃原」が並存していたと考えることはふさわしくありません。

よく考えると、もともと造営段階の墓を呼ぶ場合、地名を冠した呼び名はおかしいですよね。「馬子を桃原墓に葬る」ではなく、「馬子の墓を桃原に造り、のちに桃原墓と呼ばれる」が実態だと思います。つまり、『日本書紀』編集段階の呼び名が地名として残っていた「桃原」の墓だったという可能性が高くなります。しかし、『日本書紀』は遠つ飛鳥の地名として「桃原」という言葉をまったく使っていません。そうすれば、飛鳥時代の早い段階で「桃原」は「嶋」になり、やがて「島庄」になったのでしょうか。

ところが実は、平安時代の『令集解《りょうのしゅうげ》』は馬子の墓を近つ飛鳥の「河内国石川郡」と伝え、「桃原」も石川郡の地名とします。平安時代、石舞台古墳は「桃原墓」ではなかったのです。したがって、私は「桃原」が後世に嶋（島庄）になったとも考えません。もともと別々の土地を示したと考えるのです。

関連して、相原さんの講演に石舞台古墳の造営によって破壊された小古墳があるという紹介がありました。細川谷《ほそかわだに》古墳群ですね。周辺に二〇〇～三〇〇基ほどあっただろうということでした。この古墳群について解説をお願いします。どういう人たちの墓なのでしょうか。

相原　細川谷古墳群は二〇〇～三〇〇基ほどありますが、ほとんど発掘調査はされていません。残念ながら全貌はわかりません。しかし、一部の古墳の発掘では、副葬品にミニチュアカマドが出土しています。これは土製の炊飯具の形代《かたしろ》で渡来系氏族の墓によくおさめられているものです（**図76**）。

最近発掘されました真弓鑵《まゆみのかん》子《す》塚《づか》古墳でもこのミニチュア土器の破片が発見されており、渡来系氏族である東漢《やまとのあや》氏の墓という考えが示されています。

細川谷古墳群の墓室形態では天井がドーム状とよばれる、もち送りのきつい石組みがいくつかみられます。小規模古墳に導入されたこの形態の墓も渡来人にかかわりが深いと考えられています。高句麗《こうくり》や百済《くだら》の墓にドーム状の天井をもつ墓室形態が多くみられ、その影響と考えられるからです。真弓鑵《まゆみのかん》子《す》塚《づか》もドーム形です（**図29、八八ページ参照**）。

したがって、渡来系集団の墓か、そのような渡来人を管理していた人びとの墓と考えるわけです。管理していた人びととは蘇我氏ではないかと考えるわけです。

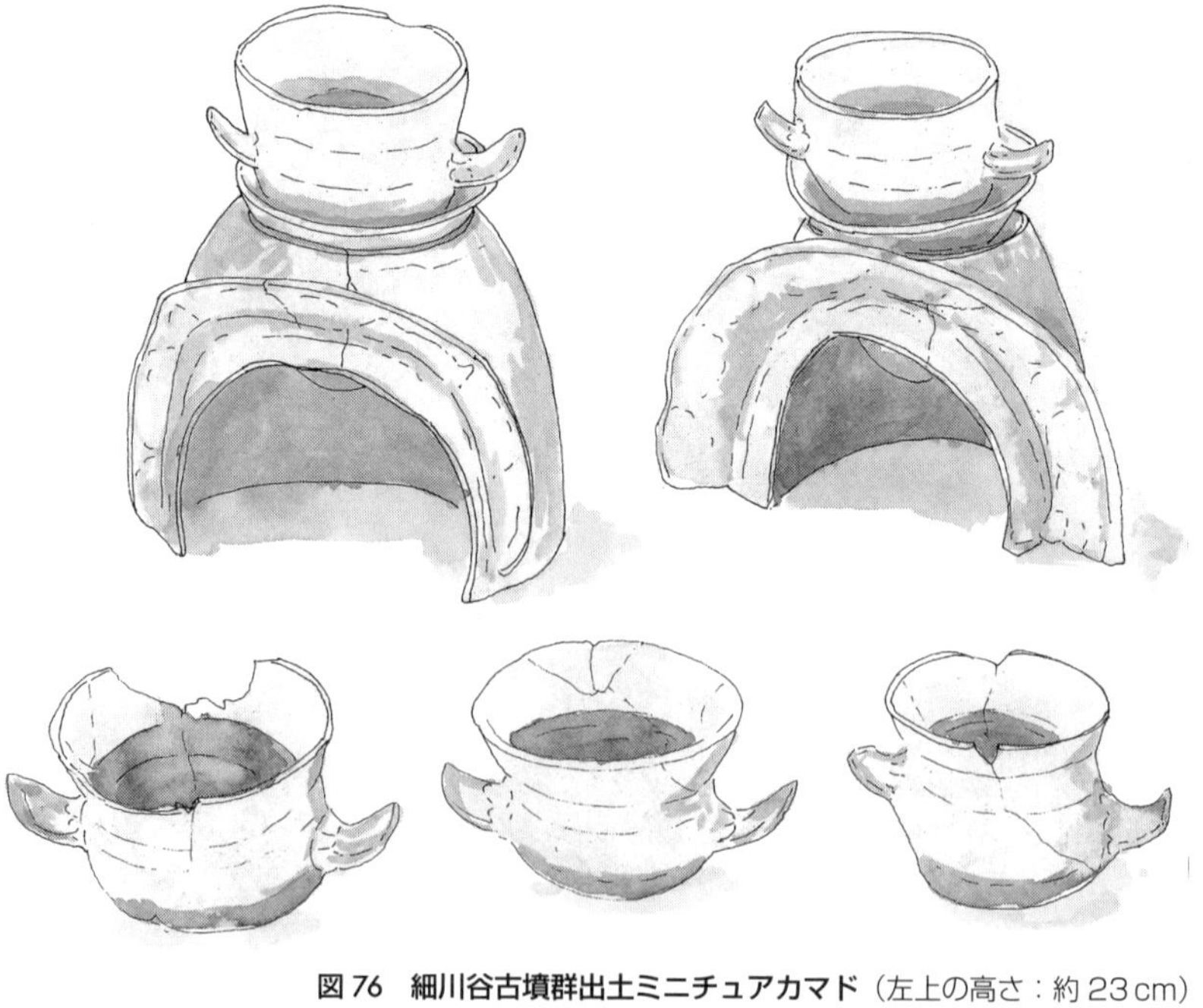

図76　細川谷古墳群出土ミニチュアカマド（左上の高さ：約23cm）

西川　要するに、飛鳥に昔からいた人びとの墓ということでしょうか。飛鳥が開発される前の段階から墓があるのではなく、飛鳥の発展とともに墓域が営まれたものでしょうか。

相原　五〇〇年代後半から六〇〇年代前半までの墓域なので、飛鳥時代以前から造墓がはじまっていたようです。

しかし、飛鳥時代以前の飛鳥はよくわからないのです。よく、なぜ飛鳥に都ができたのか、と問われることがあります。その答はいろいろな角度から検討されていますが、なかでも蘇我氏がこの地を都にしようとしたことが注目されます。

蘇我氏はなぜこの地を選んだのか。その背景には東漢氏など、渡来系の人びとが数多くこの地にいたからだと推測されるのです。それを支配下においた蘇我氏がこの地を本拠地にしたという図式だと思います。

興味深いこととして、都が先にできて飛鳥時代がはじまるのではなく、飛鳥寺《あすかでら》が先にできて、すべてがはじまるのです。飛鳥寺をつくりはじめたときに、天皇は飛鳥にはいないわけです。推古天皇は飛鳥にいなかった。象徴的に飛鳥寺がつくられ、天皇がよび寄せられるという図式です。そして、都が整備されていったということです。

西川　なるほど。渡来系の人びとの本拠地という意見でした。檜隈《ひのくま》地域に東漢氏がいたという記録もあります。渡来を示す「今来」という言い方もされています。遠つ飛鳥の場合、まさに、渡来人によって飛鳥時代が切り開かれて、蘇我氏が牽引していった飛鳥前期の実情がうかがえます。

同様に、近つ飛鳥や飛鳥戸郡も、渡来系氏族が割拠し、飛鳥時代に切り開かれていった地域だと考えるわけです。そこには蘇我氏の傍流も多くいたと考えられます。

4　高松塚古墳・キトラ古墳について

さまざまな埋葬施設

西川　まだまだ、蘇我氏についての疑問は尽きないのですが、次の課題に移りたいと思います。近年、非常に注目されている高松塚古墳やキトラ古墳にかかわる問題です。その前に、講演で少し話しそびれたことについて、ご質問を受けましたので補足します。終末期古墳の墓室についてです。

横口式石槨《よこぐちしきせっかく》という言葉がでました。石槨の意味をお話ししたいと思います。これは中国の墓の埋葬施設のよび方と、日本での学史的なよび名の折衷《せっちゅう》になっているわけです。

埋葬施設のもっとも基本的な形は墓穴を掘って、遺体をおさめ、土をかける方法です。その上を塚として盛り上げたり、墓標のような標識を建てる場合もあります（図77a）。

やがて、直接遺体を穴におさめるのではなく、棺《ひつぎ》に遺体を入れて、墓穴に納める方法へ変化します。遺体を入れる箱があれば、運搬も合理的ですし、直接土がかかりません（図77b）。

さらに、棺に飾りつけがされたり、葬送儀礼によっては高級な棺も登場します。すると、これらを直接墓穴に入れるのではなく、墓穴に四角い井戸枠のようなおおいをつくって、その中に吊り下げた棺を落としこみ、蓋をして土をかけるような墓が登場します（図77c）。中国では戦国時代（紀元前三〇〇年代）、日本では弥生時代末頃（二〇〇年代）です。

このおおいについて、木でつくられたものを木槨《もっかく》、石なら石槨《せっかく》とよぶのです。棺もそれぞれ木棺と石棺です。

ところが、中国ではやがて非常に大型の木槨墓が登場するようになり、墓穴の上から吊り下げて棺を落としこんだあとに蓋をのせるのではなく、長いスロープで墓道《ぼどう》をつけて、入り口や扉（門）を備えた槨が登場します。このような大型の槨は生前につくられ、内部も建物のように寝室（梓宮《しきゅう》）と応接室（便房《べんぼう》）、あるいは便所まで備えたものが登場します。このような墓は墓室とよばれます（図77d）。

つまり、上から棺を落としこんで蓋をして埋葬施設を完成させるのが「槨」で、あらかじめ埋葬施設を完成させ、横方向の入り口から棺を運び入れ、入り口をふさぐものを「室」と理解すればよいと思います。

中国を統一した秦《しん》の始《し》皇帝は壮大な槨を生前につくって、死後に埋葬されました（紀元前二〇〇年代）。これは横に扉が複数あったようで、「槨」から「室」に至る過渡期的なものでしょう。それ以降、前漢時代の王侯貴族の墓に墓室構造が完成されていくようです。

ところが、日本では弥生時代を通して主流は墓穴に直接棺を入れるものでした。弥生時代終末の一部の権力者の墓に木槨が登場します。岡山県楯築《たてつき》墳丘墓、奈良県ホケノ山墳丘墓などです。そして、古墳時代になると石で「槨」を築く竪穴式石室が基本形となります。これは中国の区別に照らせば、「室」ではなく、「槨」なのですが、日本の研究者は古くに竪穴式石室《たてあなしきせきしつ》と命名して一般化させました（図78ａｂ）。

古墳時代中期になって、半島から墓室を構築する思想が伝わりました。それが横穴式石室《よこあなしき》です（図78ｃ）。埋葬施設を完成させた後、横から出入りして複数の棺を入れることもあります。

そして、古墳時代の終末段階になって、横穴式石室を簡略化し、棺のおおいとしたものが登場します。これらは基本的に一つの棺のみのおおいです。つまり、入り口の開閉は一度きりです。しかし、横方向に入り口があり、石室を完成させた後、棺を運び込む方法としては横穴式石室に共通します。これらを日本では「槨」の意味を備えるとし、横口式石槨という造語で区別しました。

中国では壮大な墓室を建設する方向が近代まで途切れることなくつづきました。日本では古墳時代以降は権力者に火葬が普及し、「槨」「室」ともに継承されていません。

少し意義づけしますと、古墳時代の土葬から奈良時代の火葬への過渡的段階で変化があったと読みとれると思います。古墳は本来、被葬者から喪主へ、つまり先代から次代へ相続や権利の継承を表現する場所だととらえられてきました。ところが、五〇〇年代になって、おそらく継体《けいたい》天皇の時代頃から古墳での継承儀式より「殯宮《もがりのみや》」で「誄《しのびごと》」をあげながら継承儀式を挙行するようになります。しかも、継承儀礼が円滑にゆかず、長期化することもあったようです。天皇の場合は皇位が継承されたことを、喪主が臣下にはっきり確認させる必要があり、非常に大事なものです。

本来、壮大な古墳を造営して儀礼を企画すること自体

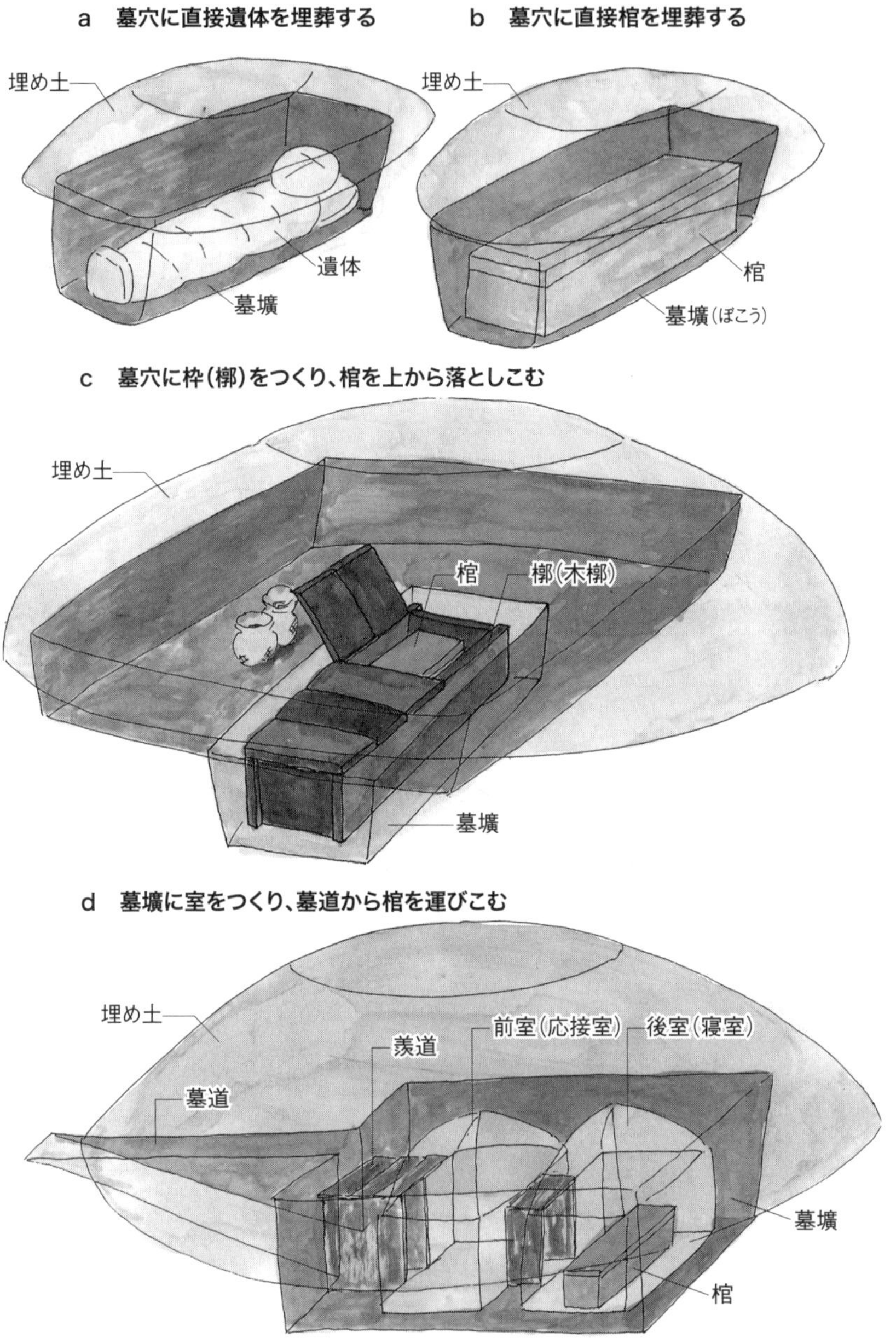

図 77　中国における槨と室の概念

a　前期古墳の埋葬施設(竪穴式石室)

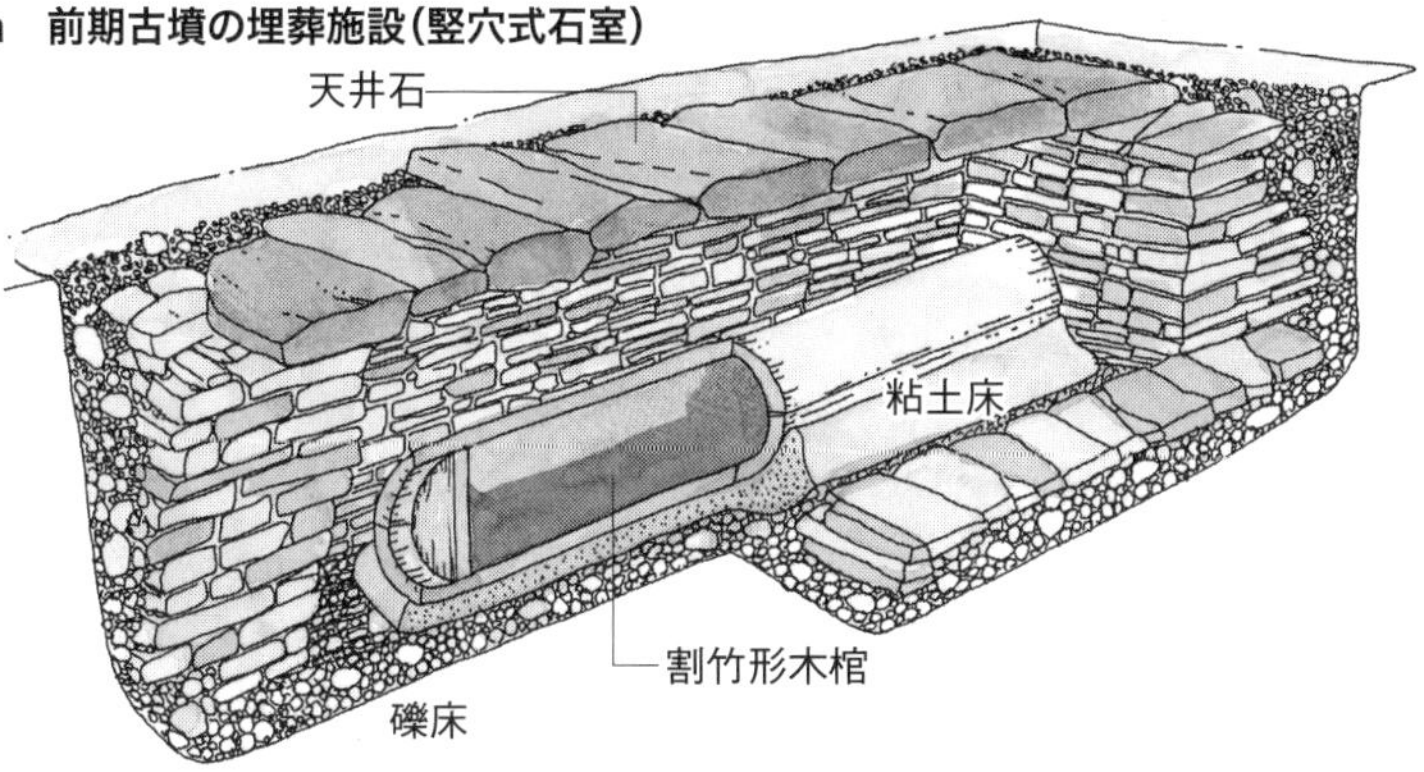

b　中期古墳の埋葬施設(竪穴式石室)

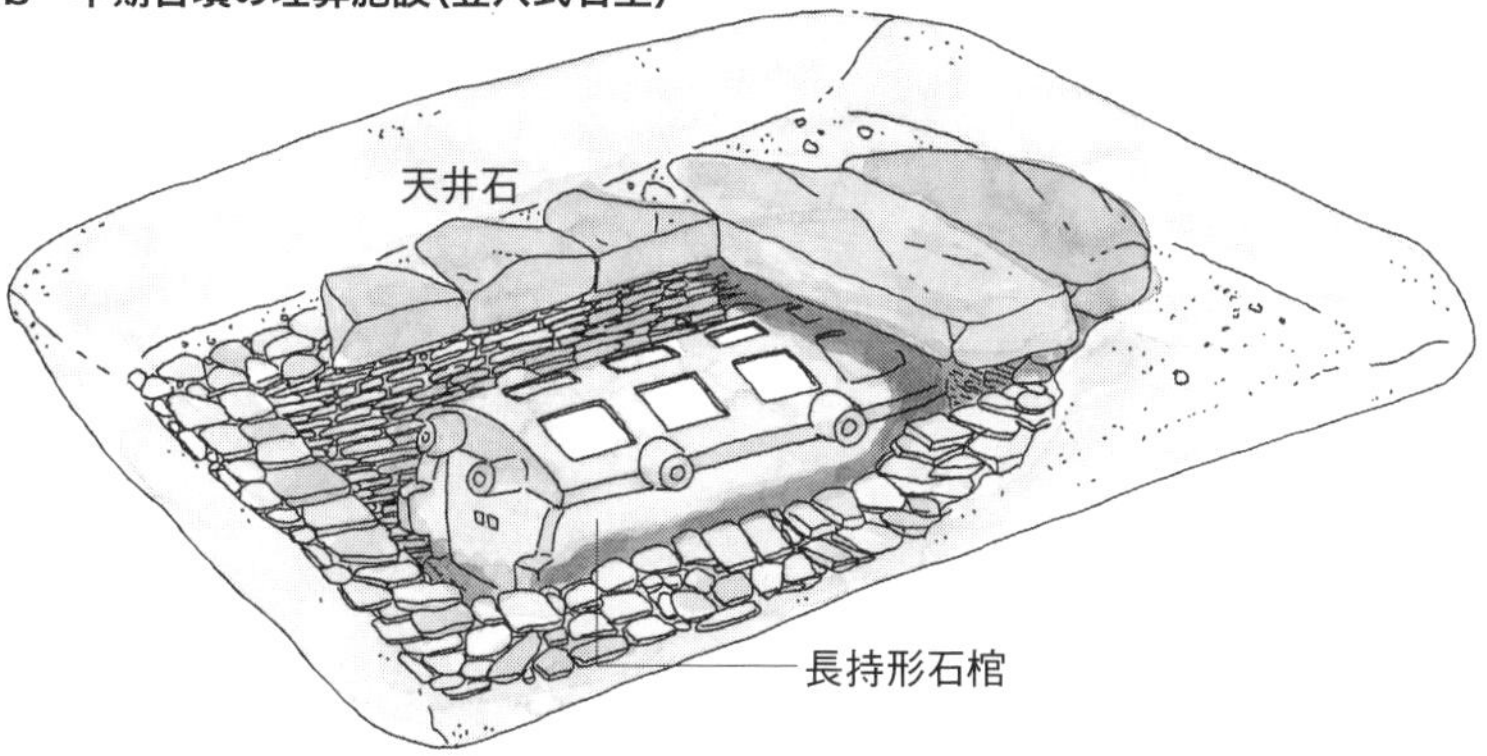

c　後期古墳の埋葬施設(横穴式石室)

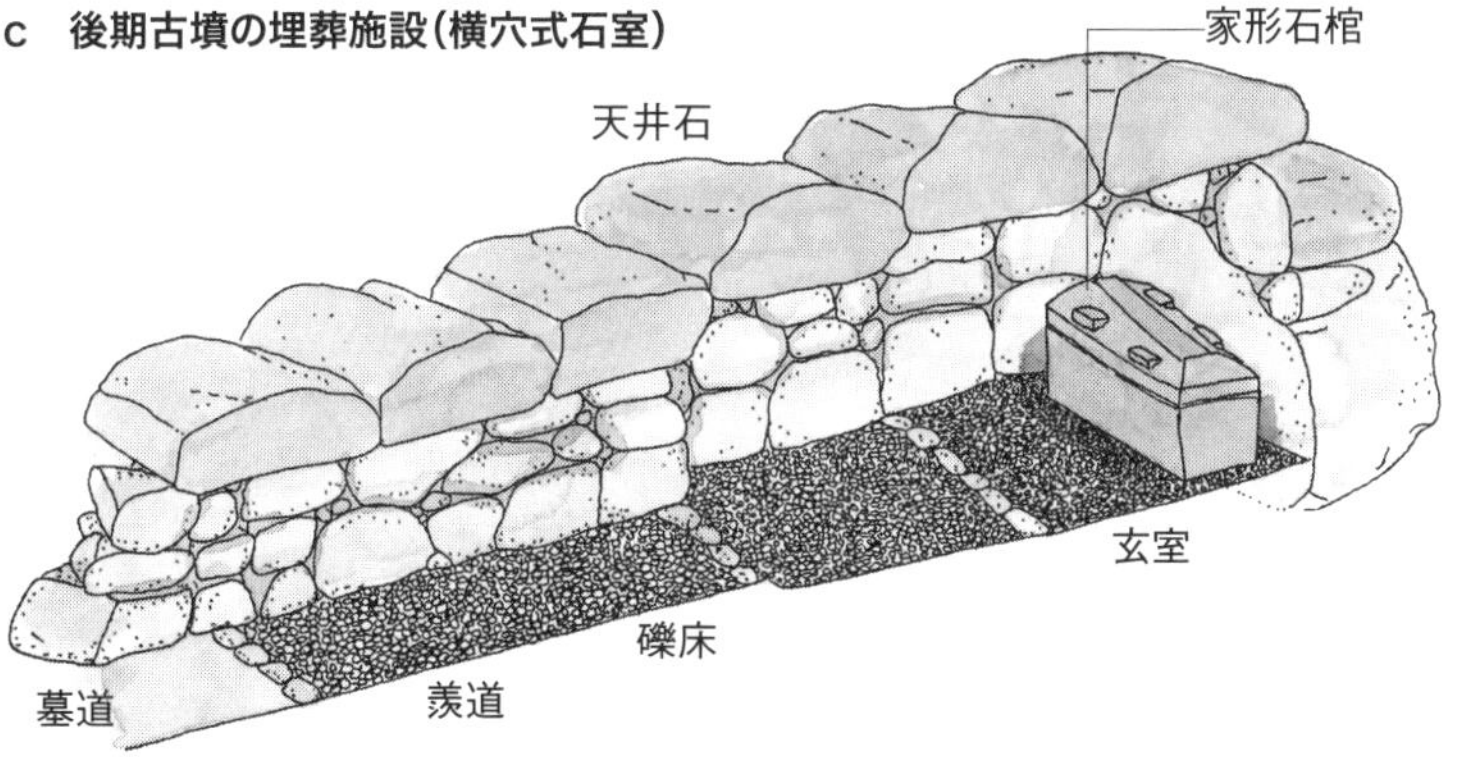

図 78　古墳埋葬施設の変遷

がその継承を確認させる明快な方法だったのですが、「殯《もがり》」の場に移ってさらに複雑化したのです。石野博信《いしのひろのぶ》さんはこの時点で古墳の定義が崩れることを強調します。

以上、横口式石槨は明快に墓室構造の変化のなかで定義づけられませんが、古墳の終末段階にある、ただ一つの棺をおおう石の埋葬施設と理解できます。そして、そのなかでも、最終段階の横口式石槨に高松塚古墳とキトラ古墳があるわけです。それ以降に古墳はつくられなくなるのです。

高松塚古墳墓室の解体

西川　今回、高松塚古墳の墓室が調査・解体されました。相原さんはその担当者の一人だったということです。どういう組織形態で調査が進められ、どうかかわったのか少し解説願えますか。

相原　高松塚古墳の石室解体については近年、新聞・テレビなどで大変話題になっています。壁画が傷んでしまって重篤《じゅうとく》となり、現状のままでは修理・保存できないということです。それで、壁画を墓室の石材ごととり出して、修理しようということになりました。正確には、二〇〇四年の六月に「国宝高松塚古墳壁画恒久保存対策検討会」で決定された解体による壁画の保存修理です。

これは文化庁によって打ち出されたものです。解体修理の委託を受けて実動したのは、奈良文化財研究所と東京文化財研究所です。それぞれの専門分野に分かれてチームが編成されました。まったく違った多岐にわたる技術と専門家の知恵が必要だったからです。

まず、墓室の石材ごと壁画をとり出すために、墳丘を掘削する必要が出てきました。そこで発掘調査班が計画されました。

そして墓室石材が明らかにされた段階で、石材をもち上げて修理施設まで運搬する解体班、その間にも壁画の養生や壁画が傷んでいくメカニズムの研究も必要ですから、カビや微生物に対処する生物班ができたのです。

あるいは、壁画が乾いて崩落したり、劣化がこれ以上進まないようにする養生班や、環境を守るための環境班もできました。いろいろなチームが協力して、墓室の解体は終わったのですが、壁画をどうしていくかという作業はこれからもつづきます。

　そうしたさまざまなチームのなかで、わたしは発掘班に入り、考古学的に墳丘の実態を解明していく作業をしました。

　形としては、奈良文化財研究所が文化庁の委託をうけて発掘調査を実施しています。それに対し、奈良県立橿原考古学研究所と明日香村教育委員会が調査担当者を派遣しました。三機関共同の発掘が実施されたのです。

　わたしは明日香村教育委員会から発掘調査に参加し、調査の最初から最後まで立ち会いました。そういう体制で、調査は二〇〇六年一〇月二日から翌年の九月六日まで約一年にわたって実施されました。

西川　明日香村が相原さん、奈文研が松村さんと広瀬さん、橿考研が岡林さんですね。松村さんは、飛鳥池遺跡の調査で富本銭《ふほんせん》発掘を指揮されたりしています。岡林さんは、黒塚《くろづか》古墳や中山大塚《なかやまおおつか》古墳の調査などで有名ですね。

　実は来週（二〇〇八年二月二七・二八日）、解体班や生物班の詳細な報告と討論会が予定されています。その成果を今日おり交ぜてお話しできないことは残念です（**コラム４参照**）。今回はおもに発掘班の成果についてお尋ねしたいと思います。

　まず、注目される成果として、墳丘構築最初の段階の地層から土器が発見されています。それが藤原宮期段階のものだったということでした。たった一点の坏《つき》の蓋《ふた》なので混入した理由はわからないと思いますが、古墳の時期がやはり藤原宮期といううわさが広がりました。

相原　今回の発掘調査は、壁画を救出するためのものでした。石材をとり出すため、その作業空間を確保する部分を発掘したわけです（**図79**）。墓室をめざして、現地表から約六メートルの深さまで二段掘りで四角い穴を掘っていきました。上面で南北約七メートル、東西六メートルの規模です。そのなかで、墳丘構築の技術や年代を推定する遺物の回収などがおこなわれたのです。そして、その範囲のなかにさらに断熱覆屋《おおいや》を建設し、壁画に影響しないような温湿度の環境にして、石材を露出させました。いろいろな情報を得ながら、こまかく調査することができました。

問題の土器は、墳丘のなかから発見されました。それは藤原宮《ふじわらのみや》で使われていた段階の土器と共通するものでした。時期は六九四年から七一〇年頃のものです。古墳をつくりはじめた初期段階に、墳丘のなかにまぎれ込んだものです。したがって、高松塚古墳は天武天皇や斉明天皇が飛鳥にいた頃につくられたものではありえないというこ とです。これらの時期より新しいのです。もろもろの状況から、わたしは高松塚古墳の築造時期は藤原宮の時期でよいと思うのですが、厳密にはそれより新しい奈良時代という考えを否定しきれるものではありません。ここは注意が必要です。

被葬者論のなかで奈良時代にくだった時期に亡くなった人物も候補にあがっていますが、土器の年代から結論が出たとはいえないのです。

そのほかに、興味深い成果として、墓室の石材を組むときの状況が明確にわかりました。四枚の床石の上に東西にそれぞれ三枚の側石をのせて、南北に一枚ずつの石を置いています。その上に天井石がのります。それぞれの石材は側面に「合欠《あいか》き」とよばれるカギ状の段を設けて、組んでありました。その組み方から床石と天井石は南から、東西壁石は北から並べていったことがわかりました。最後はいちばん北側の天井の隙間を埋めて完成したようです（図80）。

床石の水平を整えるために、杭を打って水糸《みずいと》を張ったあともみつかりました。床石の外側に杭跡が並んでいました。おそらく杭に水糸を張るときに水を張った桶をおいて水平ラインを整えたと考えられています。古墳からこのような跡がみつかった例は、はじめてです。

それから、墓室の上面には非常に丁寧な版築《はんちく》の痕跡がみつかりました。版築は、お寺の塔や建物の基壇をつくるときなどに使われる技法です。土塀などもこの方法でつくられます。直径三〜四センチの木の棒で薄く敷き詰めた土をたたいて突き固め、また新たに粘土を敷いてたたくという行程を一六〇回以上おこなった痕跡です。一つの土の層が約三センチ程度でドーム状に盛り上げられていったようです。ドーム状に突き固めるので、その土が滑らないようにムシロを敷いて突いた跡もわかっています。一つずつ地層をはずしていくと、突き棒の跡やム

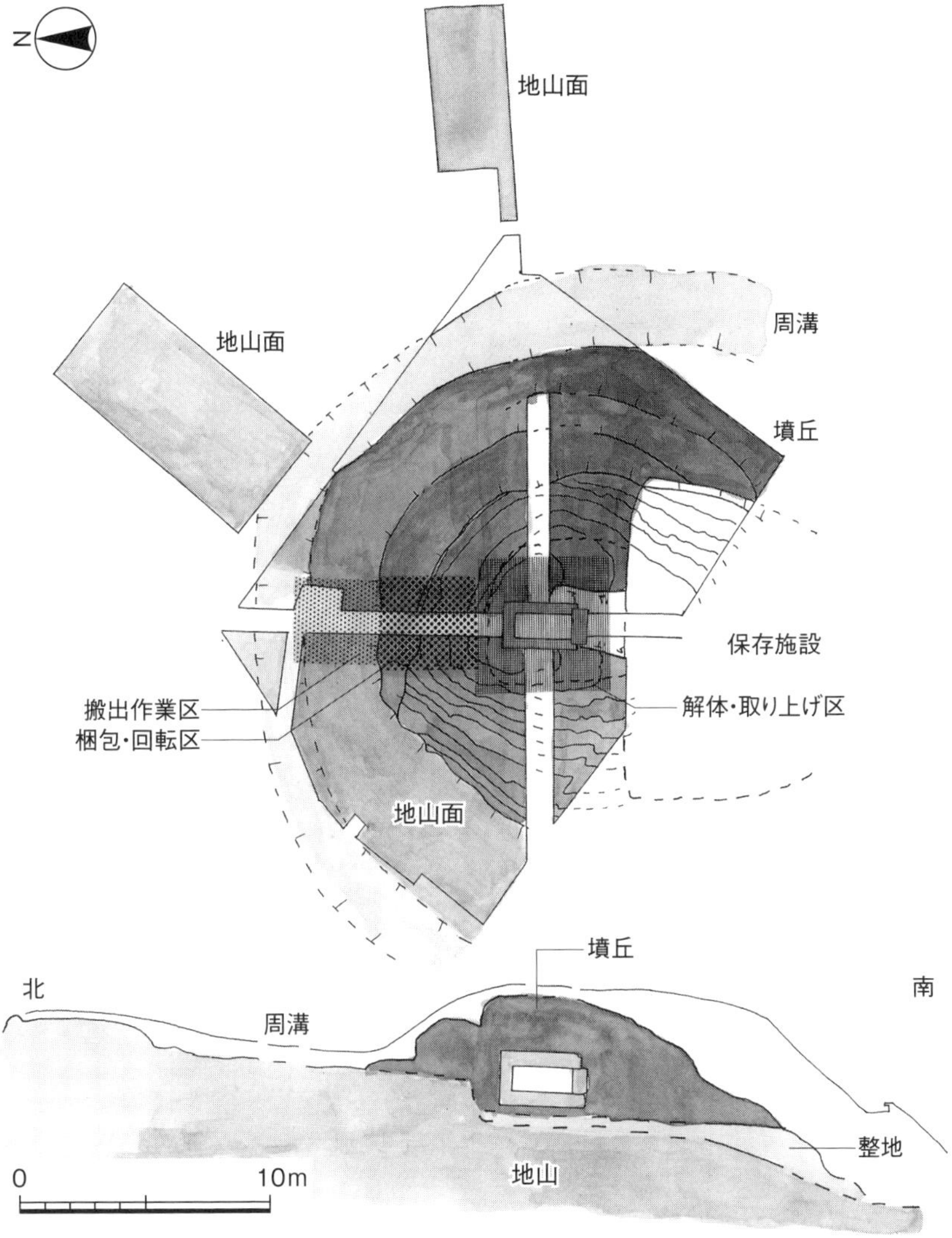

図 79　高松塚古墳の墳丘

シロの跡が無数に残っているという状況でした。
　このように突き固められたかたい土は堤防や城壁のようなものですが、そこに無数の亀裂が走って木の根が侵入していました。おそらくマグニチュード八クラスの地震が何回か襲ったと考えられています。

西川　そのほか、古墳規模は外径二三メートルの円墳で、上段の直径一七・七メートル、高さ七・八メートルということもわかりましたね。同時期におこなわれたマルコ山古墳の整備事業では墳丘の周囲がバラス敷きで装飾され、多角墳とわかりました。高松塚は濠がめぐる円墳ということでした。それから先ほど、高松塚古墳は諸々の事情から藤原宮期でよいのではというご意見でしたが……

相原　それは、なぜ高松塚がその場所に営まれたのかという事情です。奈良時代になると、飛鳥の地に古墳をつくる事情がなくなると考えるからです。

西川　藤原京の中軸線を南に延長した線上に高松塚やキトラ古墳が位置しているということですね。菖蒲池《しょうぶいけ》古墳や天武・持統天皇陵、中尾山古墳などもその線上に築

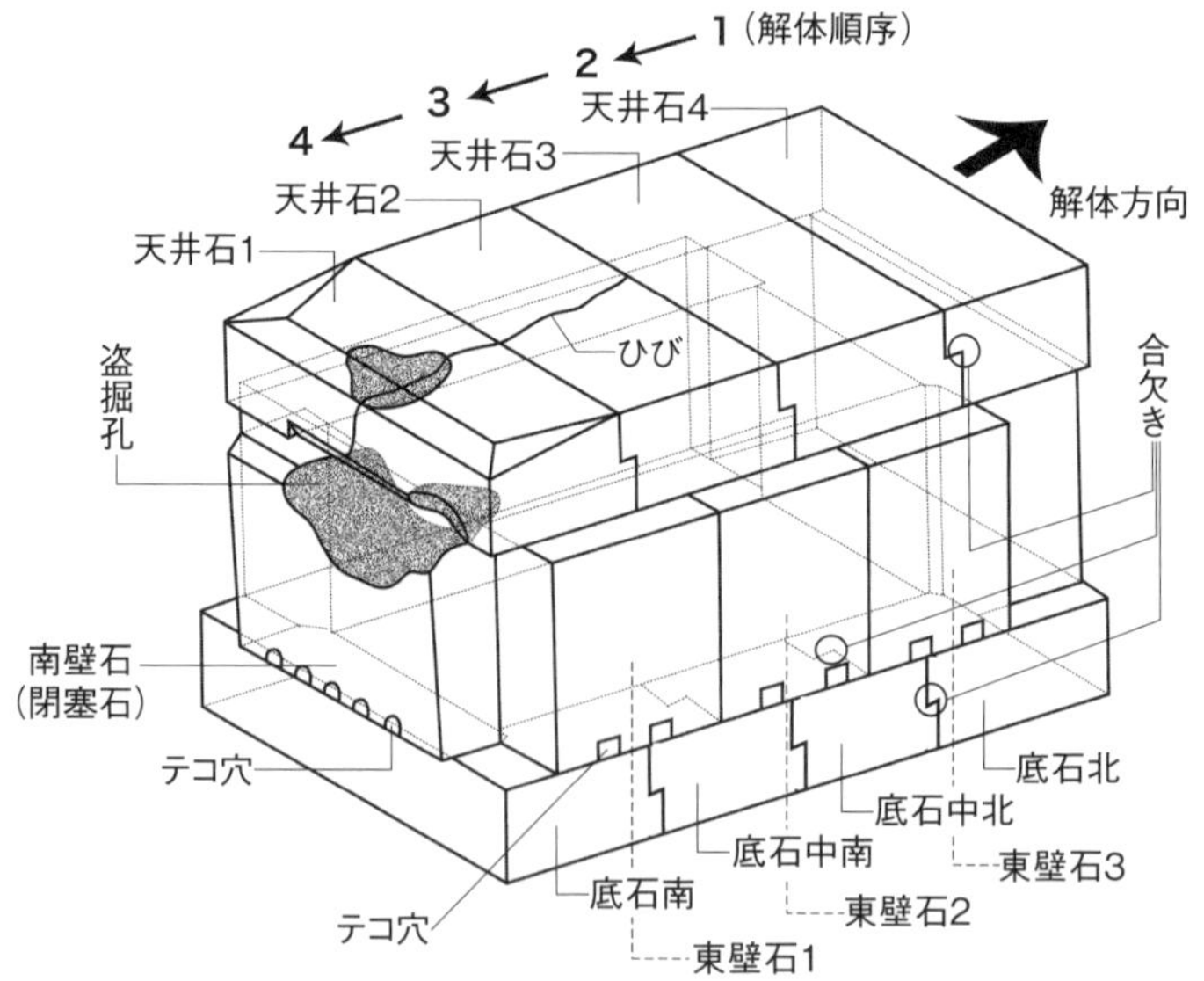

図 80　高松塚古墳の石室模式図

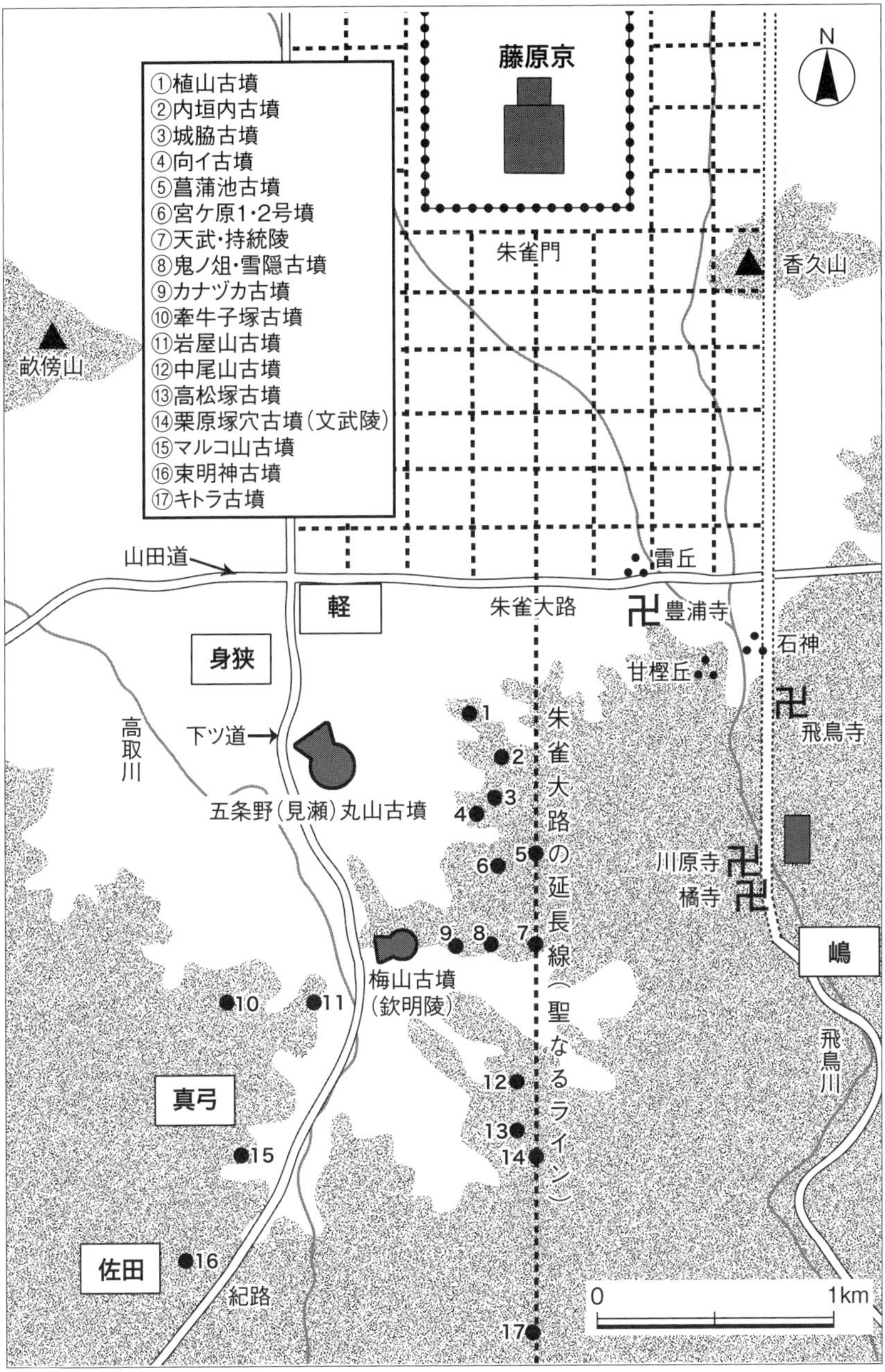
藤原京
N
①植山古墳
②内垣内古墳
③城脇古墳
④向イ古墳
⑤菖蒲池古墳
⑥宮ケ原1・2号墳
⑦天武・持統陵
⑧鬼ノ俎・雪隠古墳
⑨カナヅカ古墳
⑩牽牛子塚古墳
⑪岩屋山古墳
⑫中尾山古墳
⑬高松塚古墳
⑭栗原塚穴古墳（文武陵）
⑮マルコ山古墳
⑯束明神古墳
⑰キトラ古墳
朱雀門
香久山
畝傍山
山田道
雷丘
軽
朱雀大路
豊浦寺
石神
身狭
甘樫丘
飛鳥寺
高取川
下ツ道
朱雀大路の延長線（聖なるライン）
五条野（見瀬）丸山古墳
川原寺
橘寺
嶋
梅山古墳
（欽明陵）
飛鳥川
真弓
佐田
紀路
0
1km

図 81　藤原京の中軸と墳墓群

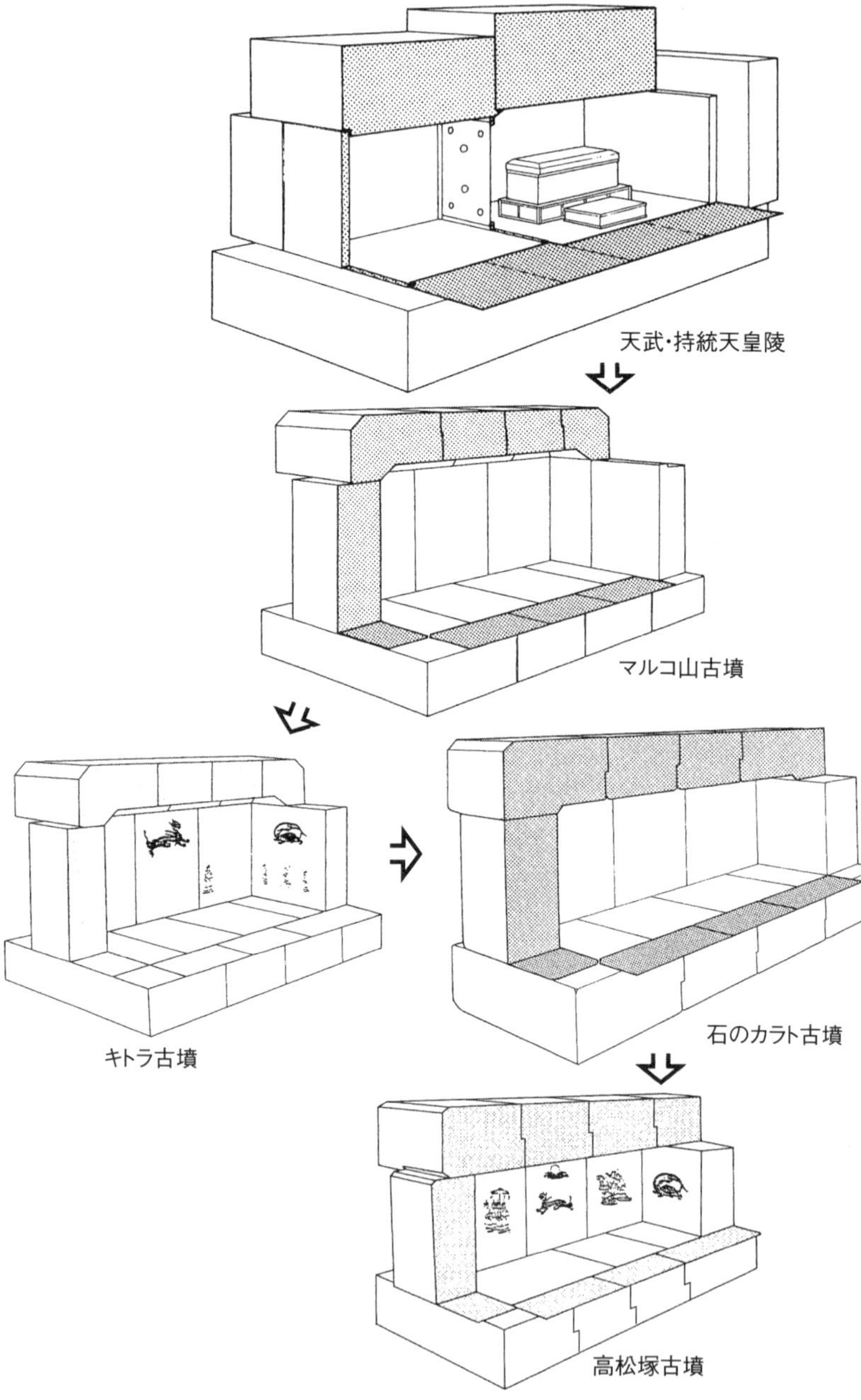

図 82　飛鳥時代後期の石室変遷図

造されています。藤原京を非常に意識した造墓ですね（図81）。

ところが、墓室構造では違う考えが示されています。天井石の内側の形状をみますと、同規格の古墳には家形石棺の蓋石の内側の刳《く》り抜きの痕跡と思われる刳《く》りこみがあるわけです。石のカラト古墳には一〇センチ程度の明瞭な刳りこみがあります。マルコ山古墳にも数センチほどの刳りこみの痕跡があります。ところが、高松塚古墳には、この刳りこみがありません（図82）。

そうすると、横口式石槨の変遷のなかで高松塚古墳は最後の最後ということです。しかし、石のカラト古墳が平城京を見おろす北側の奈良山に営まれていますから、高松塚はそれより新しい時期のものという見解にたどり着くわけです。奈良山にある石のカラト古墳が平城《へいじょう》遷都以前につくられたとは考えにくいので、奈良時代だとすると、高松塚古墳も奈良時代、七一〇年以降になるという意見です。そういう理由から、高松塚古墳の被葬者も奈良時代の人まで候補にされてきたわけです。

高松塚古墳の被葬者

西川　高松塚古墳の壁画に明瞭な特徴があります。西側男子群像に深緑の笠（蓋《きぬがさ》）がみられます（図83）。笠

図83　高松塚石室東壁壁画の笠

には四隅に房が垂れています。当時は、誰もが好みの色・形の日傘をさすことができませんでした。笠をさしてもらえるのは貴人に限られ、その色と形で官職が限定できるのです。そして、深緑の笠・四隅の房が許されているのは皇族か大納言《だいなごん》以上ということです。つまり、笠が最高位の冠位・官職を示しているのです。これは被葬者を限定できる大きな手がかりと考えられ、岸俊男《きしとしお》さんや岡本健一《おかもとけんいち》さんなどがくわしく説いておられます。奈良時代初頭の七一九年に亡くなった大納言、石上麻呂《いそのかみのまろ》が記録にあります。石上麻呂とはどんな人物でしょうか。

　壬申《じんしん》の乱で大友皇子《おおとものみこ》の側についたにもかかわらず、赦《ゆる》されて天武朝においても活躍し、左大臣にまでなった人物です。竹取物語でかぐや姫に求婚する「いそのかみのまろたり」が石上麻呂をモデルにしたと伝わっています。「いそのかみのまろたり」はかぐや姫が望んだ「燕《つばめ》の子《こ》安貝《やすがい》」を求めて軒下の巣を探しつづけたといいます。そのうち、なにかを摑《つか》んだところ、バランスを崩して転落してしまい、子安貝だと思って摑んだものは燕の糞だったといいます。そして、そのショックから「いそのかみのまろたり」は亡くなったと物語はつづきます。

　ところが、高松塚古墳から発掘された被葬者の人骨をX線写真で調べたところ、頸椎《けいつい》骨に「変形性骨変化」が確認されています。これは高いところから落ちたときにその箇所を強打した際できるものらしいとのことです。竹取物語は創作ですが、「変形性骨変化」は石上麻呂の死と関連性が指摘できる興味深い調査結果になっています。

相原さんは被葬者像をどうみていますか。

相原　被葬者ですか。壁画古墳は特殊なものです。キトラ古墳の被葬者とあわせて、百済王《くだらおう》という考えが示されています。奈良時代であれば、壁画の笠から石上麻呂が有力候補ですね。しかし、藤原京の南の立地から天武天皇の皇子たちの墓域という説が議論されている状況です。

西川　百済王というと、六九三年に七〇歳くらいの高齢で没した善光《ぜんこう》（禅広）ですね。今井啓一《いまいけいいち》さんや千田稔《せんだみのる》さんがくわしく説いておられます。天武《てんむ》天皇（大海人皇《おおあまのみ》子《こ》）の皇子ですと一〇人くらいいいます。高松塚に葬られ

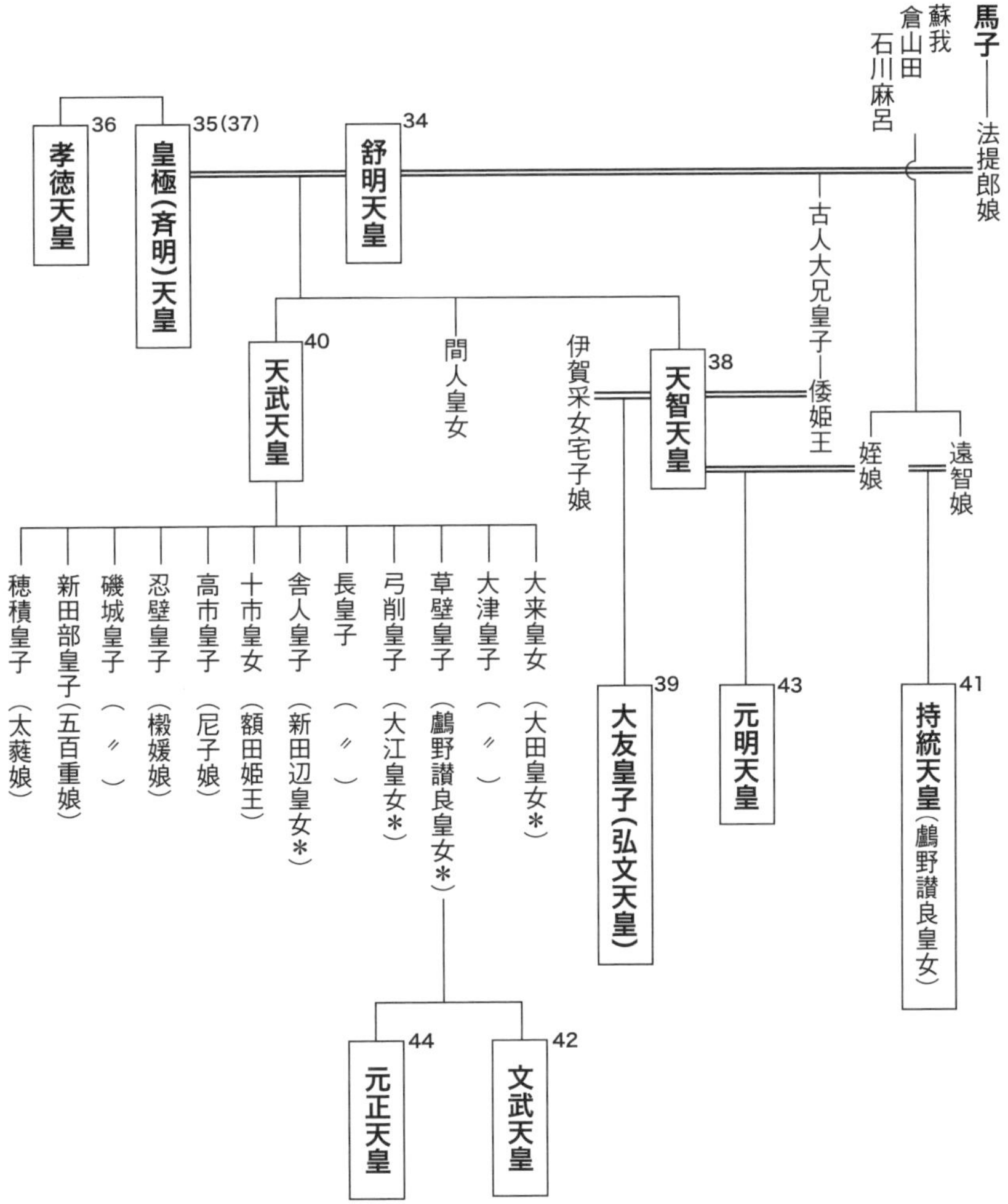

(　)は母名、*は母が天智の子であることを示す。

図 84　天武天皇系図

たのは、壬申の乱の勝ち組だと考えてよいと思います。ただし、記録にはあまり出てこない皇族です。穂積皇子《ほづみのみこ》・長皇子《ながのみこ》などです（図84）。

それから、高松塚古墳は被葬者の遺骨と歯などがみつかっています。歯の摩滅度合い、ノド仏の骨化度合いによって、被葬者は男子で死亡年齢が四〇～五〇歳くらいとわかっています。ちなみに、キトラ古墳も歯の一部と人骨片がみつかっていて、熟年か老年くらいの男性だろうという程度です。ここでも、百済王や天武天皇の皇子が主な候補です。加えて、キトラ古墳のある丘陵には「阿部山」という地名伝承が残り、先の石上麻呂同様、右大臣にのぼりつめ、七〇三年に亡くなった阿倍御主人《あべのみうし》も有力候補で直木孝次郎さんや白石太一郎さんが考証されています。

相原　被葬者を考えるときにはどうも人名を先にあげて、その理由づけを求める傾向にあります。真弓鑵子塚古墳も大型の横穴式石室におどろいていると、「稲目の墓か？」という記事が新聞に出ました。しかし、稲目と直接結びつく手がかりが発掘されたわけではありません。

先に墓室構造の話をしました。非常によく似た四つの古墳のどれが古くて新しいかについてです。

キトラ古墳と石のカラト古墳の天井石の刳りこみはほぼ同じで一〇センチです。マルコ山古墳は七～八センチです。そして、高松塚古墳は刳りこみがありませんでした。さらに、最近の調査で高松塚古墳の墓室の組み方が明瞭になりまして、キトラ古墳も内部調査がおこなわれて、かなり正確な構造がわかりました。その結果、四古墳に限れば、マルコ山古墳がもっとも古く、キトラ古墳と石のカラト古墳がその次です。ほぼ同じくらいの時期ですが、キトラ古墳が少し古いかもしれません。最後に高松塚古墳がつくられるという順序です。

石室形態からみた新しさと古墳の立地の古さのどちらを優先するかは堂々めぐりです。この四古墳の築造順序、それから被葬者の階層をどれほど正確に位置づけられるのかが解決して、はじめて被葬者を対照できるのではないかと思います。終末期古墳の調査のたびに、どの墓も当時の有名人であった「忍壁皇子《おさかべのみこ》の墓か？」という議論になったりします。

西川　まったくそのとおりですね。正論です。忍壁皇子は、いまだに明日香でいろいろ翻弄されているようですね。

ところで、先にお話しした笠の特徴以外にも、壁画から被葬者像を読み解く研究が進展しています。たとえば、壁画女子像は下着の褶《ひらみ》まで描かれており、その着用禁止令が解かれる時期は七〇二（大宝二）年以降です。また、人物像の襟《えり》の重ねあわせはすべて左前です（**図85**）。これも右前への統一令が七一九（養老三）年に出るので、壁画はそれ以前とわかります。つまり、七〇二〜七一九年の造墓が推測されるわけです。

なぜ壁画は描かれたか

西川　最後に、なぜ壁画が描かれたのかという話をしたいと思います。

高松塚古墳とキトラ古墳の壁画について、発見以来その意味するところはさまざまな角度から研究されています。東西南北の守り神である四神を描くことによって、墓室を守護し、辟邪《へきじゃ》（わざわいを避ける）ためのものという意見があります。ところが、このような壁画古墳は高松塚とキトラ古墳の二つだけです。つまり、とても特異な存在だということも見のがせません。それで、亡命百済王の墓という説があるのかもしれません。

わたしは古墳時代の終末において、この二つの壁画古墳の飾るということの意義を重視します。その意味で中国史を研究する来村多加史《きたむらたかし》さんは独特の意見を述べておられます。その中心は天井石の天文図であるということです。

中国では現実社会と天上世界と地下世界があるという思想です。平たく言えば、現世と天国と地獄です。ただし、中国では死者は地下の冥界《めいかい》に行くものという思想があり、地獄のように行きたくない場所ではありません。したがって、先に示したように現世と同じ建物構造を墓室にもち込んだり、供物や金品を副葬するのです。あの世でも現世と同じ生活ができるように。ただ一つ、果たせないこととして、地下世界では天空を見上げることができません。そこで墓室の天井に天空を再現したというのです。

図 85　壁画人物の褶（ひらみ）と襟（えり）の重ね方

このような思想は先に示した秦の始皇帝の時代からあり、始皇帝陵の造墓理念を示した『史記《しき》』秦始皇本紀の一節には「上は天文を具《そな》え、下は地理を具う」と記録されています。上の天文を壁画の天文図とすれば、下の地理とは地上の広がりを示すものとわかります。つまり、東西南北の広がりですね。秦の始皇帝陵では水銀で河川を再現して、中国世界を墓室にもち込んだことが推測されています。中国では大地は方形の広がりです。「天円地方」です。四角い墓室に四神や十二支を描くことによって、「方位」がより鮮明となり、地理観が再現されたと考えられます。それで、天文図と四神を壁面に描いたということです。

それでは高松塚にある人物像はどうでしょう。わたしは当時の宮廷生活を叙情的に再現したとは思えません。人物は四神同様、壁面の中央に位置し、中空に浮かぶように描かれています。地に足がついていないのです。だから、生前の情景を再現するものではないと思います。その意味では人物像の持ち物から被葬者を導くことにも躊躇させられます。

壁画の人物については、中国に起源があることがわかっています。しかも、中国では墓室を壁画で飾ることのみならず、俑《よう》とよばれる人形をたくさん並べます。これについても、秦の始皇帝の時代にさかのぼり、始皇帝陵の兵馬俑《へいばよう》はとくに有名です。兵馬俑は始皇帝の墓室の中からみつかったものではなく、墓の外側に生前の軍団を再現したものです。

墓の中におかれた人形は、また別の意味と役割があります。唐代以降にはこれらの配置や役割を示した記録が残されています。皇族・貴族から庶民までの身分によって数や種類が違ってきます。当然、墓や葬儀の規模も違うからです。

たとえば、墓室入り口の墓道には大夫《だいふ》・大尉《だいい》・門使《もんし》などの守衛が必要です。墓室前室（応接室）の右側には天《てん》文院《もんいん》五人、宝貝庫《ほうかいこ》五人、鎮殿将軍《ちんでんしょうぐん》など、左側には茶酒《ちゃしゅ》司《し》五人、御厨司《ごぼうし》五人、内蔵庫《ないぞうこ》五人などです。墓室奥室（寝殿）には祖司《そし》・夫人《ふじん》・宮女《きゅうじょ》などの女性です。そして、方位に沿って壁際にはそれぞれの方角をまもる四神や十二支の神が置かれます。方位の神はもっとも重要なもので、庶民の墓にも必要とされます。

中国では唐代の王侯貴族の墳墓について、発掘の蓄積が進み、壁画や俑の種類や配列も明快になりつつあります。たとえば、壁画については墓道や墓室前室には先に示した四神や男女の群像が描かれます。しかし、棺の間である奥室には男性はなく、神像か婦人像、あるいは宦《かん》官《がん》のみです。これは当時の宮廷思想とも考えられていますし、先に示した配置と役割を示した規則にのっとったとも考えられます。

このような、中国墓制の慣例がわが国に伝わり、高松塚の壁画人物にも表出されたと考えます。つまり、四神も約束事として描かれたのなら、人物像も約束事にのっとって描かれたもので、唐墓の壁画を熟知した人物によるものと考えます。

ただし、このような壁画古墳は日本で流行しなかったということが重要です。そのかわり、日本では火葬墓が急速に普及していったと考えられます。奈良時代の平城京は一〇万人の都市といわれますが、土葬の墓地がほとんどみつかりません。つまり、日本や中国の古来の葬送は、とり入れられなかったと考えられます。

それでも、壁画の二古墳が火葬墓でないということは、その被葬者がとくに唐とのかかわりやこだわりが強かったとみるか、特殊な葬儀だったと考えるかです。たとえば、前者では遣唐使、後者では鎮墓が必要なくらい悲惨な死にかたをした人です。

それから、古い古墳から被葬者を改葬したことによる可能性もあります。七〇〇年代になっても古墳の形にこだわった理由として、古い墓を改葬する必要が生じ、新式の火葬墓にも旧来の前方後円墳にもできず、鎮墓の意味をこめた唐風の墓室が整えられたというものです。それくらい、わが国の墓制の中に壁画の意味を位置づけようとすれば、特殊な事例だと考えるわけです。

5　会場から

西川　さて、議論は尽きませんが、最後に会場の皆さんからご意見やご質問をいただきたいと思います。

会場のAさん　興味深いお話、ありがとうございました。大王墓が近つ飛鳥の磯長谷に突然出現します。これには、なにか特殊な事情があるのでしょうか。

西川　わたしがお答えするべきですね。墓地が営まれた理由は、具体的に史料には出てきませんし、磯長谷はそれまで顕著な墳墓がなかった地域です。最初に営まれた天皇陵は、太子西山古墳《たいしにしやま》（敏達陵古墳《びたつ》）です（**図12、三九ページ参照**）。ただし、この墓は敏達天皇のためにつくられたのではなく、母の石姫《いしひめ》の墓に改葬されたため、敏達天皇陵とよばれるようになったのです。わが国最後の前方後円墳の天皇陵です。磯長谷には蘇我系の人びとが葬られていますが、石姫は宣化《せんか》天皇の娘で、とりたてて蘇我系というのではありません。

というわけで、この谷に推古天皇や用明天皇の棺が改葬されてまで陵墓をつくっておさめられる理由は明瞭ではありません。古市古墳群の最終段階は、南に陵墓がひろがっていきます。逆に、古市古墳群の北側は寺院や豪族の拠点としての開発が進んでゆきます。最初に示した井真成《いのまなり》の古里もそうです。古市からさらに南に墓域が移動したとみる可能性もありますが、理由はよくわかりません。想像をたくましくすれば、石姫や妹の小石姫《おいしひめ》という奇妙な名は、付近の石川を本拠とする豪族の地名からきているのかもしれません。

会場のAさん　それから、もともと平石谷を拠点にしていた豪族はどうですか。やはり、蘇我だったのでしょうか。そんなところに大きな墓が並んでいたことを知って驚いています。

西川　石川郡という土地からして石川宿禰《すくね》を先祖とする渡来系集団、蘇我の傍系の居住地と考えることができます。磯長谷もおなじ石川郡です。それ以上はわかっていません。

ただし、蘇我の傍系による勢力地としても、大化の薄葬令以降は豪族の勢力に応じて墓がつくられるという時代ではなくなります。大豪族出身であっても被葬者個人の身分によって、墓の規模が規制されるからです。大化の薄葬令の実効性は異論もありますが、わたしはそれ以前に、磯長谷の王陵に対抗できる大豪族が方形墳を数世代にわたってつくったと考えます。この場合、蘇我系以外に考えられませんね。

会場のBさん　西川さんは五条野（見瀬）丸山古墳を

檜隈大陵《ひのくまのおおみささぎ》として欽明天皇の墓というお考えでした。ただし、地名としては檜隈からちょっとはずれます。地名でいえば、相原さんの現欽明陵がぴったりです。そのあたりはどうでしょうか。

西川　欽明天皇は『日本書紀』に崩御後「檜隈坂合陵《ひのくまのさかいのみささぎ》」にまつられたという記事があります。その後、堅《きた》塩媛《しひめ》が「檜隈大陵」に改葬されたという記事があります。平安時代の『延喜式《えんぎしき》』は欽明天皇陵が「檜隈坂合陵」という記述です。したがって、檜隈の範囲に陵墓が推定され、現在の宮内庁指定の古墳になるわけです。一方、丸山古墳は檜隈の北側、見瀬・五条野・大軽地域にまたがり、ご指摘のとおり檜隈には含まれないという考えが示されています。

これに対し、直木孝次郎さんが檜隈の範囲をこまかく考証されています。南は栗原《くりはら》（呉原《くれはら》）、西は真弓《まゆみ》の付近まで、北は大内《おおうち》（野口《のぐち》）から東は嶋《しま》（島《しま》ノ庄《しょう》）の手前までを推測されています。そのほぼ中央に高松塚古墳があります。北西は丸山古墳を含むだろうということです。藤原京外の真南の丘陵地帯ですね。

檜隈は谷や丘陵の入り組んだ地域です。そこに渡来人が段階的に移住してくるわけです。当然、その範囲も過密になれば拡大していってよいと考えています。

それから、少しはずれますが、檜隈は居住地が少なく、その北側は平野になり比較的開けています。現在の橿原神宮駅の南です。丸山古墳の北側のこの地は非常に重要だと考えています。

今回、蘇我の邸宅について、嶋と甘樫丘が話題になりました。しかし、それ以外にもたくさんあります。まず、稲目は小墾田《おはりだ》と向原《むくはら》（豊浦《とゆら》）に家をもっていました。これがのちに推古天皇の宮に深く関係してくるわけです。

それだけではありません。五六二（欽明二三）年に大伴氏が高句麗《こうくり》を攻め、戦利品として武器・梵鐘・織物と美女を二人連れて帰ってきます。天皇は織物、そのほかは稲目がもらい受けるわけです。この美女を「軽《かる》の曲殿《まがりどの》」に住まわせたとあります。

その子の馬子は当初、「石川の宅」に住んでいたらしく、橿原市石川町という説があります。さらに、物部と一戦を交える前夜は「槻曲《つきくま》の家」が警護されており、これは先の「軽の曲殿」を受け継いだものかもしれないと考えられています。そうすると、「石川の宅」もこの曲殿かもしれません。「つきの」という地名が見瀬付近にあり、これらの邸宅は軽から見瀬にあったらしいのです。そして、堅塩媛を改葬するときに大勢が集まった「軽の衢《ちまた》」もこの付近です。以上、五条野（見瀬）丸山古墳から北を見おろす地域は蘇我氏にとってたいへん重要な地域だということです。

会場のCさん　わたしは明日香でガイドをしているものです。二つ質問があります。高松塚古墳の解体でわかったことがいくつかあげられています。棺台があったという成果です。飛鳥資料館に棺の復元模型が展示されています。その高さが一七センチもあり、わたしは驚いてしまいました。その上に棺をのせると五五センチから六〇センチほどの高さになってしまうのです。そうすると、人物像の壁画が床から四五センチに足もとがあって描かれています。これまで、ガイドでは四五センチ以上に人物が描かれているのは、棺で絵が隠れないようにという説明をしてきました。ところが実際は棺台で絵が隠

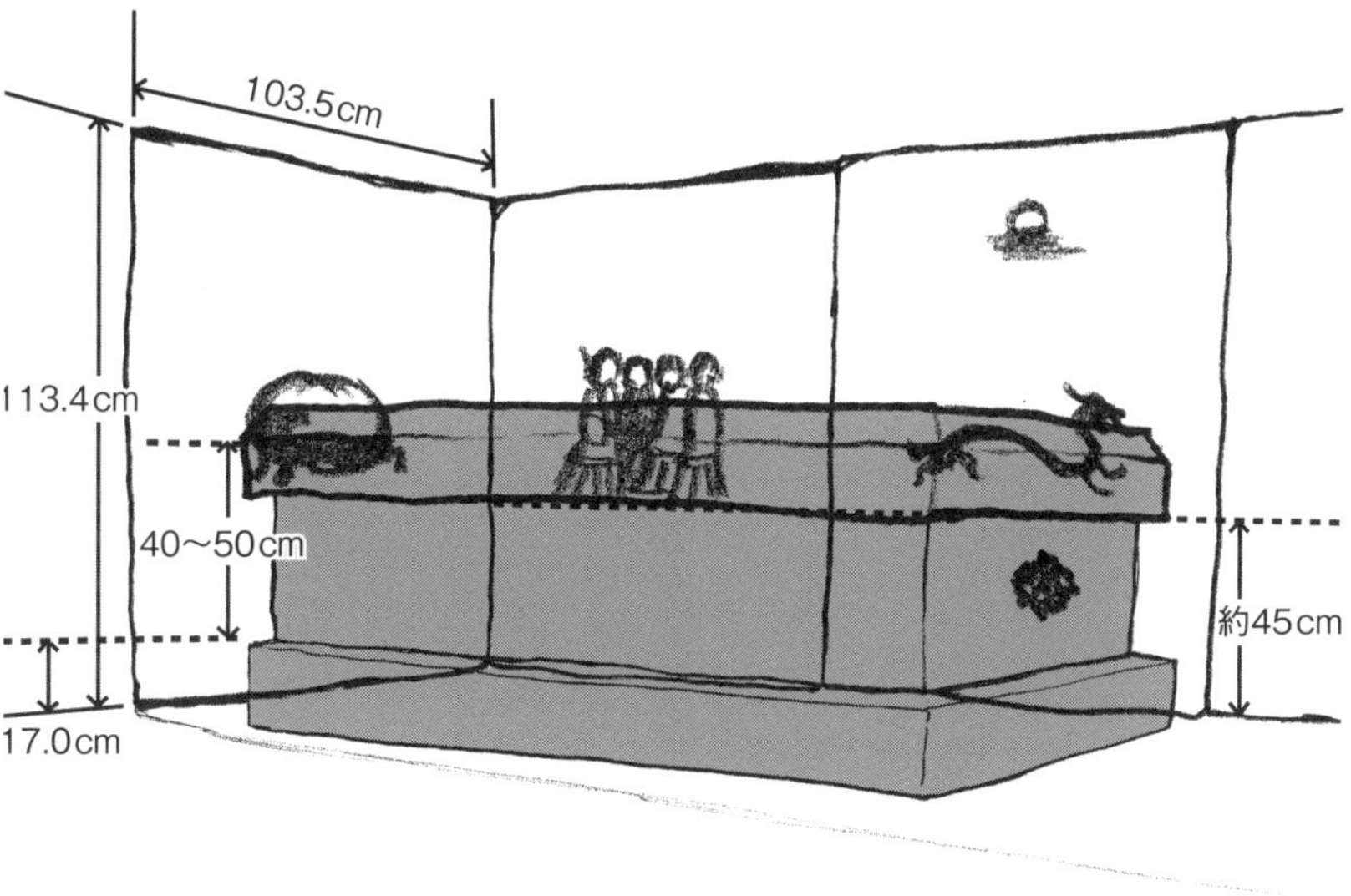

図 86　高松塚の壁画と棺

れていたのです。これが非常に疑問に思っている一つめの質問です（図86）。

もう一つは、かつて石野博信先生が壁画の漆喰《しっくい》は北壁も西壁も東壁も南壁も目地が漆喰でおおわれて、つながっていると言っておられました。つまり、壁画は南壁を閉めて描かれているということです。内側から天井と四周の壁画を描いたら、絵師はどうやって外に出たのでしょうか。

相原　まず、後の質問からお答えします。もし、石野さんのおっしゃるように目地が漆喰でおおわれていれば、絵を描いたのは被葬者になってしまいます。それはありえませんね。東西の側石と北の石は、たしかに目地にまで漆喰が塗ってあります。しかし、今回の解体で南の石はカギ形の接《つ》ぎがあって、東西の側石と触れ合う面にまで漆喰が塗ってあることがわかりました。つまり、側石と南壁の石の隙間は漆喰がはさまっている状態です。だから、中から塗ったのではありません。ということは、南の石のみはずした状態で漆喰を塗って、そして、朱雀の絵を描いたと思います。そして、納棺が終わった段階で南の石が閉じられたのです。

ただし、墓室の石材は東西南北から天井まですべてを組んでみて、形を整えて、隙間がないように調節しているようです。こまかく見れば、側石まで埋めた段階で天井石を組んだので、そのとき調整した石材の木っ端が周辺に残されていました。そして、版築で丁寧に天井石をおおいます。その後、入口にあたる墓道を掘って、南の壁石をはずしたようです。墓道から墓室に入って天井と四周の側壁に漆喰を塗って、壁画を描いています。このとき、南の石が本来のる部分に水銀朱の顔料をこぼしてしまった痕跡もみつかっています。赤色ですから青龍の舌や女子像のスカートの衣などを塗る絵の具皿からこぼしたものです。そんなことまでわかっています。そういう状況でしたので、石野さんの記憶違いでしょうか。

西川　おそらく、キトラ古墳も同様の閉塞の仕方でしょうね。

相原　そうですね。同じでした。

西川　キトラ古墳の場合は壁の下のほうに十二支の壁画がありましたので、どうしても壁画は棺で隠れてしまったと思います。そういうものじゃないのでしょうか。
それから、高松塚古墳の調査で棺台の高さが限定できた理由は、納棺のとき、台と棺が東に偏ってしまい、東壁にこすった痕跡が残ったので、棺の蓋の張り出しと棺台の張り出しの形状が復元できたわけですね。納棺とともに奥にも人が入ると、ほとんど空間がなくなってしまうのです。つまり、南の外側から台ごと棺を滑らせて押し込んで納棺したのです。

相原　これまでは棺は床石に直接置いていたと考えられていました。棺の漆膜が腐らずに残っていたからです。棺台は残っていませんでした。ところが今回、床石に棺の寸法より一回り大きな痕跡が残されていたのです。そうすると、たしかに壁画の人物像は下半身が隠れてしまいます。
人物像の足もとが棺の高さだと思われていたことは、訂正されたということです。残されていた漆膜からは棺の輪郭がわかっても高さはわからなかったのです。今回の調査で棺の実態が明瞭になり、絵が隠れてしまうことがわかったということです。

西川　わたしたちが写真などで知っている高松塚古墳の壁画は非常にみずみずしいイメージがあります。それは以上のようにして、墓室を密閉状態に閉塞したからです。しかし、地表から六メートルも深く営まれた墓室は土中の水分が石材を伝って浸透し、壁面の湿度は一〇〇パーセント近くに達していました。それが外気の進入で壁画が乾燥するとパサパサの粉状になっていくのですね。発見当時の墓室で発掘にたずさわった学生さんたちの髪が粉だらけになったという伝えも残っています。森岡秀《もりおかひで》人《と》さんの手記です。少し湿度が下がるだけで壁画に大きなダメージを与えてしまうということです。それで墓室の湿度をできる限り下げない方法がとられてきたわけです。
ところが、高湿度の環境はカビの生育に適していたということです。カビを防ぐ方法には薬品が試され、一度は発生を抑えた経緯もあります。タンスにいれるような個体・液体の防虫・防カビ剤がイメージできます（実際の使用はパラホルムアルデヒド）。しかし、湿度が高ければほとんど蒸散しないこともわかったようです。

また、カビが生えないように墓室の空気から酸素をとり除いて、二酸化炭素や窒素に置き換えるという案も壁画発見当初から検討されていました。しかし、漆喰の主成分はカルシウムです。つまり、強アルカリです。酸性の気体が触れると漆喰や顔料と化学反応が起きます。変色の原因です。そして、中和がすすむとカビに弱くなります。イタリア教会のフレスコ画修復の技術をうまく利用できないか検討されてきた経緯も、毛利《もうり》和雄《かずお》さんの取材などに紹介されています。

以上から、空気をゆるやかに対流させてその成分を変える方法は難しかったといいます。実験では石材の凝灰岩がどんどん気体を吸収して汚染されていくという結果も出たそうです。このようにして、解体案が最終的に選択されたと聞きました。

会場からDさん　天皇が埋められた御陵にいろいろな説があるのはどういうわけですか。「殯《もがり》」や改葬がおこなわれて棺が移動したりするからでしょうか。それとも、いくつも天皇は御陵をつくって、どこに埋葬されたかわからなくするのでしょうか。

西川　現在、治定されている天皇陵は幕末から明治にかけて役人たちが調査して定めたものです。そのとき、荒れた墓は整備をしたり、もっとりっぱだったろうと意図的に拡大される改変もありました。つまり、江戸時代にはわからなくなっていたのです。

そのとき、手がかりにしたのは平安時代にまとめられた皇室の儀式などを記した『延喜式』という書物です。御陵の位置についての伝承が載せられています。それに『日本書紀』『古事記』の伝えが参考にされました。この古記録も、古墳時代の墓を奈良時代に記憶をたぐって記したので、混乱や欠落がみられます。

注目すべきは、現在の御陵には参拝所や何天皇の墓かを記した表札がありますが、造営当時は参拝所も表札もつくられなかったということです。つまり、墓参りをする風習はなかったのです。また、中国のように御陵がつくられて以来、その御陵を整備・管理する墓守りが代々置かれていたわけでもないようです。つくられたあとはまったく無関心だったのです。だから、しばらくすると誰の墓かわからなくなったようです。

少し付け足すと、「殯」は崩御されてから埋葬されるまで、建物の中で仮安置することです。長い場合は斉明天皇のように五、六年におよぶこともありました。その間に世継ぎが決められたり、墳墓が完成されるわけですね。改葬は一度埋葬した棺をとりだして、別の墓におさめることです。埋葬地をわからなくする意図はないと思います。

「殯」や改葬がいつはじまって、いつ頃までつづくのかはよくわかっていません。洗骨といって、埋葬後骨化した遺体を洗い清めて、コンパクトにおさめる葬法もあったようです。「殯」にこのような遺体の改変がともなうかどうかはわかっていません。しかし、天皇が火葬を受け入れる過程で、「殯」や改葬による改変が準備期間としてあったのではと考えられています。

実際、持統天皇が火葬されたのは、崩御の一年後です。次の元明《げんめい》天皇、元正《げんしょう》天皇は崩御後七日で火葬されるようになります。

相原　補足しますと、天皇陵の混乱は『延喜式』などの史料の記述にも問題があると思います。地名が厳密に書かれていないし、地図があるわけでもないのです。たとえば、檜隈大内陵《ひのくまのおおうちのみささぎ》という表記では檜隈に五個大きな古墳があったとすれば、どれに該当するのか大内という地名だけでは限定できないというわけです。古墳は多くの場合、同一地域に複数営まれています。

それで、幕末・明治の役人は大きい墓から順番に該当させて、あまった古墳と大きいけれど被葬者がわからない古墳を陵墓参考地にしたわけです。なぜ、あまるのか。史料では天皇以外の皇族や皇子の墓、それに数々の王妃の墓を網羅しているわけではなく、天皇陵以外の皇族墓や皇室に深くかかわる大豪族の墓も近隣に混在しているからです。このような状況でとりあえず決めなくてはならない。けれども一度決めると、簡単に変更するわけにもいかない、というわけです。

それから、天皇陵は立ち入りができません。これも幕末頃からです。しかし、立ち入って発掘調査をしても、古墳の被葬者が特定できる確率は低いと思います。棺に被葬者の名前に通じる文字資料がともなえば確定できますが、銘のある墓誌のような遺物がみつかる可能性はないに等しいと思います。

西川　誰の墓かわからなくなってしまうにもかかわらず、手間隙かけて大きな墓をつくりつづけるという現象は驚きですね。墓参りをしないことも驚きですが。古墳はつくる段階に意義がある。古墳の意義を説くうえで非常に重要なことだと思います。

以上、蘇我三代から高松塚古墳・キトラ古墳壁画について、さまざまな問題を語ってみました。飛鳥時代研究の現状を感じとっていただけたと思います。

コラム4
高松塚古墳の解体修理

世紀のビッグプロジェクト

二〇〇八年二月二七・二八日の二日間にわたって高松塚古墳石室解体にともなう保存・修理の報告と討論がおこなわれた。その冒頭、奈良文化財研究所所長の田辺征夫《たなべいくお》さんは、今回やむをえず解体修理に至った経緯について、「保存科学の敗北かどうか議論してほしい」と述べられた。しかし、報告のなかで解体班を率いた肥塚隆保《こえずかたかやす》さんは「けっして敗北ではない。これからがはじまりだ」と力説された。

二〇〇四年六月二〇日、『朝日新聞』が一面に「白虎の悲鳴」という見出しで壁画の重篤《じゅうとく》な現状を報道して以来、高松塚古墳壁画は再び世間の注目を集めた。その後、文化庁による男子群像壁画の損傷隠匿《いんとく》も明らかになり、文部科学省大臣と文化庁長官が陳謝し、関係者が処分される事態にまで至った。そして、世間の不信感をぬぐえないままに、国の特別史跡である高松塚古墳を発掘し、国宝壁画のある石室ごととり出してしまう解体修理が決定され、粛々と作業が進められたのである（**表12・13**）。

二〇〇八年二月に最後の石材のとりはずしが終了し、これをうけて文化庁・奈良文化財研究所が、はじめて研究者向けに成果報告と今後一〇年におよぶ方針についての意見交換をおこなった。意外だったのは、解体修理が無事終了したという安堵からか、研究者からはとり出された壁画を危惧《きぐ》する声や早急な公開要望などは以前のように聞かれなかった。むしろ、今後は新たに加わった終末期古墳の発掘データや保存の実績がどう活用されていくのか、議論の展開が推移するように思われた。

研究者が解体作業に注目する理由は保存技術の最先端に触れることのみならず、高松塚古墳の考古学的資料の少なさにもある。高松塚古墳は、これまで非常に限られ

西暦年	月　日	高松塚古墳石室解体に至るおもな事象
1971	3月　1日	橿原考古学研究所による高松塚古墳の発掘調査が開始される。
	3月21日	石室が開口し、壁画が確認される。
	4月　6日	石室の管理が文化庁の「応急対策調査会」に引き継がれる。 **石室内のカビ菌・バクテリア数調査などが実施される。**
	4月21日	石室を封鎖し、墓道の調査区が一時、埋め戻される。
	9月30日	再調査が開始される。石室天井にカビを確認。原因は石室内に落ち込んだ木片か? 東壁で壁画の一部(3cm×4cm)の崩落が確認される。
1974	4月17日	壁画が国宝に指定される。
	8月　5日	墓道に保存施設の建設を開始。
1976	8月31日	第一次壁画修復作業が始まる。
1978	9月21日	第二次壁画修復作業が始まる。**カビの発生が報告される。**
1979	11月　7日	**カビの大量発生。** **1986年まで定期的にカビの除去がおこなわれ、白虎の描線などが薄れる。**
1981	6月頃	**パラホルムアルデヒドでカビの燻蒸をおこなう。**
1987	1月12日	**2000年の点検まで、カビ発生はなくなる。**
2001	2月13日	石室と保存施設の間の取り合い部を補強する工事を開始。
	3月26日	**取り合い部にカビが大量発生。**作業員の防カビ対策不十分での石室作業が原因か。
	9月26日	**壁画にカビが大量発生する。**
2002	1月28日	西壁損傷事故。ライトスタンドが倒れて、西壁の男子群像に傷がつく。
	10月27日	**黒色のカビが発生。虫の侵入も確認される。**
2003	3月18日	緊急保存対策検討会が発足する。
2004	6月　4日	恒久保存対策検討会に引き継がれ、壁画の処置を検討。解体が議論される。
	6月20日	壁画のカビと劣化が報道され、社会問題となる。
	10月　1日	カビの原因究明のために墳丘調査を開始する。
2005	6月27日	壁画の解体修理案が決定される。
2004	10月　1日	古墳の墳丘発掘調査を開始。古墳の規模や墳丘の亀裂などを確認。
2006	6月19日	事故調査委員会が報告書を提出。 小阪文部科学省大臣・河合文化庁長官が国民に陳謝。関係者4人が処分。
	10月　2日	古墳の墳丘発掘調査を開始。石室構造・地震によるゆがみなどを確認。
	10月20日	石室解体実験や壁画の表打ちなどの養生がはじまる。
2007	1月27日	石室解体に備え、覆屋完成。
	3月　6日	墳丘の地震痕跡による亀裂とともに天井石側面にもあらたな亀裂を発見。
	4月　5日	石室解体始まる。
	5月11日	飛鳥美人(西壁奥)の取り外しに成功。
	5月16日	カビに汚れた飛鳥美人の壁画を公開。
	5月17日	東壁に擦り傷がみつかる。木棺搬入のときこすったものか。
	6月22日	南壁の床石に赤色顔料の斑点を確認。
	6月27日	壁画を含む12枚の石の解体がすべて終了。
	7月　7日	壁石の外周で水平糸を張る杭あとを発見。
	8月　4日	床石の隙間に落ち込んだガラス玉を発見。
	8月22日	石室解体作業を終了。
	10月20日	石室の埋め戻しと墳丘復元終わる。
	12月　1日	壁画の観察より、下絵のケガキ線を確認。

表12　高松塚古墳石室解体に至る主な経緯

西暦年　月　日	キトラ古墳壁画剝ぎ取りに関する経緯
1973頃	古墳の存在が意識され始める
1983　11月　7日	ファイバースコープで石室を調査し、壁画を発見する。
1996　10月21日	保存対策検討委員会を設置。
1997　9月18日	墳丘範囲確認調査を開始する。
1998　3月　5日	小型カメラで再度石室を撮影し、白虎・青龍・天文図を発見する。
2000　11月24日	特別史跡指定。
2001　3月22日 12月　6日	デジタルカメラで石室の再撮影。南壁に朱雀を発見。 デジタルカメラで石室の再撮影。 画像処理の過程で石室の下部に十二支像を発見。
2002　5月　7日	墓道の発掘調査を開始。
2003　2月　1日	石室調査のための覆屋建設を開始。
2004　2月　2日 7月10日 8月11日 9月　7日 9月14日	石室を開口。石室内の発掘調査。 青龍・白虎の剝ぎ取りを決定。 青龍の剝ぎ取り。 白虎の分割剝ぎ取り開始。 委員会ですべての壁画を剝ぎ取り保存することを決定。
2005　5月24日 11月15日 11月30日 12月12日	白虎の前足を分割剝ぎ取り。 十二支の子を分割剝ぎ取り。 玄武を分割剝ぎ取り。 十二支の寅を分割剝ぎ取り。
2006　5月12日 12月20日	先に剝ぎ取られていた白虎が一般公開され、17日間で60000人近くが見学。 剝ぎ取りにダイヤモンドソーを試すものの、手作業優先に戻す。
2007　2月16日 5月11日 7月　4日 9月　7日 9月28日	最後に残った四神のひとつ、朱雀の剝ぎ取りに成功。 先に剝ぎ取られていた玄武が一般公開され、18日間で52203人が見学。 天文図の剝ぎ取り作業中、一部が落下。 天文図の金箔を貼った星の取り外しに成功。 十二支壁画の内、子・丑・寅の図像を一般公開。

表 13　キトラ古墳壁画剝ぎ取りに至る主な経緯

た資料で議論されてきたのである。

解体案が提示されたとき、日本考古学協会埋蔵文化財保護対策委員会の関西連絡会でも、石室内部の写真しか知られない状況で成功するのか、といったきびしい意見が続出した。高松塚古墳は解体修理案が決定された時点で、正確な石室と壁画の実測図さえ知られていなかったのである。実際、フォトマップによる精密写真測量図面が完成したのは二〇〇七年になってからだった。また、石室内面の状況が議論できたとしても、石材の形状や厚みなどは把握しようがなく、類例もほとんどない。漆喰が塗られた石室の内側からは石材の劣化状況や構築された石室の裏込め状況などは、なにも調べられないからである。

そして、現状でも天井石の一つが割れているようにみえ、むしろ見えない亀裂をどうやって事前にさぐり当てて、養生するのかも示されていないまま、解体の議論が進められたのだ（図87）。

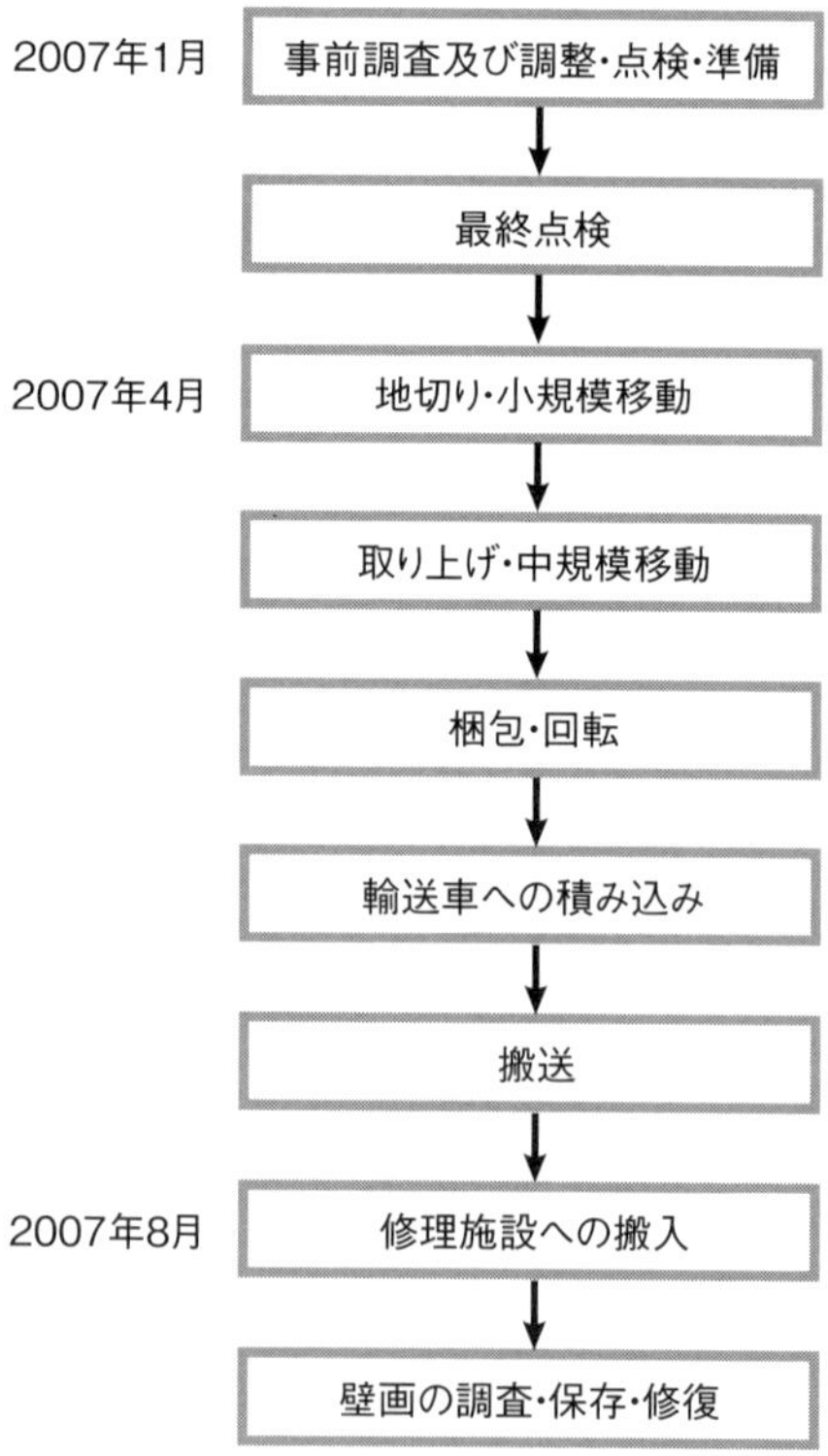

図 87　高松塚古墳石室の解体工程

解体中の壁画とカビ

石室石材を壁画ごと解体する実務は発掘班・解体班・環境班・養生班などに分けられ、奈良文化財研究所・東京文化財研究所の研究員を中心に分担された。二〇〇六・〇七年度で約九億六千万円の予算がつけられた。発掘班は解体に先立って、石室石材を露出させることとクレーンなどの設置で破壊される墳丘部分を発掘調査する班である。また、カビの発生原因となる植物根や昆虫などの侵入経緯をさぐる目的もあった。

その結果、かたく突き固められた墳丘土は地震による無数の亀裂が明らかになった。植物根はその亀裂のなかにはびこり、腐って空洞化していた。露出した石室自体も構築当初から六度ほど、軸がひずんでいた。

そして、二〇〇七年四月五日から解体班による作業がはじまった。発掘・解体と並行して環境班・修復班による石室の温・湿度管理やカビの実態分析も進められていた。カビは顕微鏡観察や試料培養によって同定作業が進められ、各塊は単一種とはいえないが、分生子（いわゆる胞子）の色が緑や黒のシミと認識されているようである。

その結果を単純化すれば、カビは三段階にわたって増殖していったようだ。まず、白く綿状のカビ（フサリウムなど）が発生する。このカビは薬品塗布で克服することができるものだった。しかし、その後、同じところに緑青色のカビ（ペニシリウムなど）が発生したという。パンや餅につくなじみのカビである。これは薬品塗布だけではおさまらないが、工具で除去できたという。ところが、そのあとに黒く根を張ったカビ（アクレモニウム・クラドスポリウムなど）が発生するようになり、急速に拡散していったという。このカビは工具で落とせないくらい漆喰の深層に達する深刻なものだった。

さらに、黒カビの観察をつづけると、それを食べる粟粒大のトビムシ、ダニが無数に発生したという。トビムシ、ダニは一ミリ以下の半透明で、一週間程度の寿命とされるが発生をくり返し、その歩行あとや糞・死骸に新たなカビが発生するのである。つまり、壁面を栄養とする原生的なカビが強靭なカビをよび込み、これらをエサとするトビムシ、ダニまでの食物連鎖が成立し、トビムシ、ダニの糞や死骸に新たなカビが発生することによって、連鎖がくり返されながら壁面を傷めていくことが明確になったのである。

発掘・解体中にもこの連鎖は継続される。そこで、発掘がはじまるまでの墳丘に冷却パイプを設置して、石室の温度を下げ、連鎖を抑える方法がとられた。発掘作業で石材が露出する過程で、六メートル四方の解体覆屋を築いて空調し、温度を一〇度以下にさげ、湿度を九八パーセントにあげたという。カビの進行は五度以下の気温にすると抑制されるそうだが、その環境で多くの手作業も進めなければならない。

ちなみに現在、解体された壁画は絵画面を上にして、湿度は六〇パーセント以下という状態で保たれている。湿度を抑えることでもカビの発生は防げるという。しかし、壁面が垂直状態や天井に密着している石室内で湿度を下げると漆喰は硬化・収縮し、いずれ崩落してしまう。したがって、現在の壁画の環境は微小な亀裂や粉化がおよぶ状況にある。修復作業が長期におよぶ理由にもなっている。

石室石材の事前調査

発掘班によって石材外面を露出したあと、石室構造・石材強度・ヒビ割れなどの情報を得るための調査がおこなわれた。非破壊検査で知られる超音波探査をはじめ、サーモグラフィーによる温度分布調査、針貫入による石材深層部の劣化検査、赤外線による含水比調査などである。しかし、このような綿密な調査をすればするほど、無数の傷みが確認され、壁画の基盤となる凝灰岩自体が良質でなく、劣化していることがわかった。つまり、石材を吊り下げてはずし、遠くに運搬する作業は非常に危険をともなうものだったようだ。

そして、石材と石材が「合欠《あいか》き」で密着していたことが新たにわかった。とくに、床石の凸面に側石の底部端が食い込むように密着していたので、こじ出さなければ、吊り上げられない状況にあった。

解体

石材の吊り上げは、専用の治具が開発されておこなわれた。天井石を吊るす治具はΠ字形で先端にたくさんの固定具がとり付けられ、空圧で石材をはさみ込むようになっている。徳島県の大手クレーンメーカー「タダノ技術研究所」が開発に貢献したという。凝灰岩は表面が非常にもろく、治具の装着圧を強くすると亀裂が入って破断してしまう。逆に、圧力を弱くすれば石の重みで滑り落ちてしまう。

そこで、実物大の模型石を使って何度も実験し、その限界圧がセンチ当たり四〇キログラムであることが求められたという。これをうけて、一つずつの固定具は七・五キログラムの圧力に抑え、それを多くとり付ける方法で吊り上げが実施された。肥塚さんはこの治具を「オクトパス」とよんだ。しかも、吊り上げ作業は石材に聴診器（小型集音マイク）を設置して破砕音・ひずみ音に注意しながらおこなわれたという。この音を聞き分ける能力は長年石材を扱ってきた飛鳥建設株式会社の左野勝司《さのかつじ》さんに託されたという（**巻頭図版4**）。

なんとか治具で天井石は無事移動されたが、すべての天井石をはずすと東西側石が倒れるおそれがあり、天井石と側石の吊り上げを交互におこなう必要が生じた。

石室の構築は側石底部外面にテコ穴が開けられ、テコ棒でこじ入れて密着されていたようだった。側石外面底部には二個ずつのテコ穴がみつかった。テコ穴の外側に床石がおよんでいないこともわかった。対応する支点のテコ石例が大阪府ツカマリ古墳で発見されている。それは各辺二〇センチ程度の四角錐の石である。

側石底面は床石と内側半分しか接していない不安定な状態であることがわかった。しかも、側石同士は「合い欠き」で密着しているのである。当初、側石の底面は床石にすべて密着し、独立・安定していると考えられていた。それで、γ字形治具で吊り上げることが計画されたが実施できなくなった。

最終的に側石をはずす方法として、楔で底部に隙間をあけて、ステンレス板をはさみこみ、さらに径五ミリの鉄棒をいくつか差し込んでコロとし、石材をわずかに滑らせながらこじ出して、Π字形治具をとりつけるという、アクロバティックな方法がとられた。こじ出すときに壁面や床石の凸面を損傷しないように動かす力加減も左野さんが主導した。

左野さんはテコ穴を使ってテコ棒でこじ出せば一〇分でできると語る。しかし、石材外側の作業スペースは墳丘土との幅が七〇センチほどしかなく、テコ棒を上下させるために掘り広げることは許されなかった。壁画の安全が第一でもあった。鉄棒をコロにしてこじ出す方法では一石を半日かかって、冷や汗もかいたと左野さんは振り返る。

つぎに、石室から解体された石材を修理施設まで運搬する作業に、トラック輸送が使われた。公道を横切ることや観光客が多いこと、運搬期間が長期におよぶことから軌道を敷設する方法はとられなかった。

運搬車両は荷台にのせたコップの水がこぼれないような無振動をめざすもので、荷台の温・湿度もほとんど変化させないことが目標にされた。時速五キロ程度で一五〜二〇分の距離がある。その結果、冷蔵用のトラック車両に約一〇〇〇万円の改造費を加え、全方向サスペンションの荷台がとり付けられた。運搬時、路面の凹凸などで車両のサスペンションだけで最大五〇センチの振動があったのに対し、荷台の振動測定値は前後左右に数ミリ以下におさまっていたことが記録された、という。測定は現金輸送などで知られるセコムの荷台監視システムも使われた。

高松塚古墳の今後

以上のようにして、高松塚古墳の石室は試行錯誤と新・旧技術の惜しみない導入によって保存処理施設に無事運ばれた。今後、一〇年の歳月を費やして壁画を修復したり、石材の劣化を補強するという。最終的に現地に石室を再構築して再びもとの状態に戻すという案もある。また、公開と活用の方法もさまざまに検討されている。

高松塚古墳が一九七二年に発見された当時は、保存科学の研究は産声をあげたばかりで、実績もほとんどなかった。その段階からの対応に勝利や敗北を議論することはできないだろう。そして、三五年の歳月とともに技術力が格段に進化して今回の発掘と解体作業が成功したのである。

今後一〇年で壁画の保存やカビ発生を克服するさまざまな分析や研究が進むものと期待されている。最後に、一つの話題を紹介したい。

全国に壁画古墳や障壁画が数多く存在するなか、高松塚のみ非常に神経質な温・湿度管理にもかかわらず、カビが重篤な状況にまで発生した。しかし、壁画古墳構築時のことを考えると疑問点も浮かぶ。つまり、納棺・石室封印段階の数年間はすさまじい有機物の腐敗環境がつづき、棺などの木質が完全に腐敗するまでも数百年間、壁画面はカビの危険にさらされつづけたのではないか、ということだ。そうだとすれば、納棺後長期にわたって、壁面は真っ黒なカビにおおわれていた可能性もある。

これに対し、壁画の表面を観察する限り、くり返しカビに覆われていた痕跡はみつかっていない、という意見もある。キトラ古墳にしても同様である。つまり、今回の黒カビ発生は壁画にとってはじめての経験、ということだ。この場合、現在の壁面にカビとダニの食物連鎖がつづいている発端を突き詰めれば、石室が再び開口した今日になって、壁面へなにかの悪いインパクトがあった可能性も捨てきれない、という意見である。

これらの原因究明なしに、カビ生育環境を抑えるだけでは、真にカビに打ち勝った、ということはできないかもしれない。一〇年後、現地に戻すこともはばかられるだろうし、同様の壁画古墳が新発見されたとすれば、うろたえなければならない。冒頭に示した肥塚さんの「はじまり」という言葉に大いなる意味が感じられるのである。

（西川寿勝）

参考文献

飛鳥資料館　二〇〇五『飛鳥の奥都城』飛鳥資料館図録四三冊

肥塚隆保・高妻洋成・降幡順子　二〇〇八「高松塚古墳石室解体」『奈良文化財研究所紀要』奈良文化財研究所

奈良文化財研究所　二〇〇七『壁画古墳の保存に関わる諸問題』保存科学研究集会

奈良文化財研究所　二〇〇八『埋蔵文化財ニュース』一三一

文化庁　一九八七『国宝高松塚古墳壁画—保存と修理』

文化庁　二〇〇四『国宝高松塚古墳壁画』

文化庁ほか　二〇〇五『高松塚古墳の調査』

文化庁　二〇〇七『高松塚古墳石室解体事業の概要』

松村恵司・広瀬覚　二〇〇七・二〇〇八「高松塚古墳の調査一四七次」『奈良文化財研究所紀要』奈良文化財研究所

毛利和雄　二〇〇七『高松塚古墳は守れるか』日本放送出版協会

挿図出典

巻頭図版

1　新堂廃寺の瓦：大阪府教育委員会提供
2　平石谷の巨大方形墳群：大阪府教育委員会提供
3　蘇我氏関連遺跡
　島庄遺跡04－14次調査の大型建物：明日香村教育委員会提供
　島庄遺跡31次調査の大型柱穴遺構：奈良県立橿原考古学研究所提供
　甘樫丘東麓遺跡：奈良文化財研究所提供
4　高松塚古墳の石室解体：国（文化庁）保管

本文図版

第1章
図1　井真成墓誌：藤田友治編（二〇〇六）『遣唐使・井上真成の墓誌』ミネルヴァ書房より西川作図
図2　井上氏・葛井氏の故地と飛鳥戸郡：西川作図
図3　石川からみた二上山：西川撮影
図4　河内と大和の旧郡域：西川作図
図5　磯長谷の古墳群：西川・片岡作図
図6　上城古墳：西川撮影
図7　山田高塚古墳：西川撮影
図8　近つ飛鳥の遺跡分布：西川・片岡作図

図9　宗我坐宗我都比古神社：西川撮影
図10　シショツカ古墳の横口式石槨と出土した五〇〇年代の土器：大阪府教育委員会提供
図11　シショツカ古墳出土遺物：大阪府教育委員会提供
図12　大王墓の墳丘変化：大阪府立近つ飛鳥博物館（一九九八）『大化の薄葬令』より西川・片岡作図
図13　石舞台古墳の石室と岩屋山古墳の切石石室：西川・片岡作図
図14　水泥古墳の墓室と石棺　西川・片岡作図
図15　植山古墳の西の石室と東の石室：西川撮影
図16　上城古墳と石室の入り口：西川撮影
図17　上城古墳の墓室と漆棺：西川・片岡作図
図18　山田高塚古墳と平石谷の三古墳：大阪府教育委員会（二〇〇九）『加納古墳群・平石古墳群』より西川・片岡作図
図19　お亀石古墳と平石谷三古墳の石槨：大阪府教育委員会（二〇〇九）『加納古墳群・平石古墳群』より西川・片岡作図
図20　平石谷の三古墳配置図：大阪府教育委員会（二〇〇九）『加納古墳群・平石古墳群』より西川作図
図21　平石谷の三古墳復元図：西川・片岡作図
図22　新堂廃寺と檜越氏族の居住域・墳墓：大阪府教育委員会（一九九八）『新堂廃寺発掘調査概要』Ⅱより西川・片岡作図
図23　近つ飛鳥周辺の開発を示す遺跡群：西川作図
図24　海会寺跡と檜越氏族の居住域：大阪府立近つ飛鳥博物館（二〇〇七）『河内古代寺院巡礼』より西川・片岡作図
図25　国宝石川年足墓誌：毎日新聞社（一九六八）原色版『国宝』1より西川・片岡作図
表1　飛鳥時代の時期区分：西川作表
表2　陵墓墳形と棺・葬送の変化模式表：西川作表

コラム1

図26　さまざまな瓦：奈良国立文化財研究所飛鳥資料館（一九八〇）『日本古代の鴟尾』飛鳥資料館図録第七冊より鹿野作図

図27　軒丸瓦・軒平瓦（a・b飛鳥寺出土、c・g吉備池廃寺出土、f法隆寺出土、d・e・h元薬師寺出土）：奈良国立文化財研究所（一九九七・一九九九）『奈良国立文化財研究所年報』一九九七-Ⅱ・一九九九-Ⅱ、奈良文化財研究所（二〇〇三）『大和吉備池廃寺』より

図28　さまざまな伽藍配置：大阪府立近つ飛鳥博物館（二〇〇七）『河内古代寺院巡礼』より鹿野作図

第2章

図29　真弓鑵子塚古墳のドーム状石室：西川・片岡作図

図30　乙巳の変前後の遠つ飛鳥：相原作図

図31　雷丘東方遺跡出土「小治田宮」墨書土器：明日香保存財団（一九八八）『季刊明日香風』25より西川・片岡作図

図32　蘇我氏系図：飛鳥資料館（一九九五）『蘇我三代』より西川作図

図33　軽樹村坐神社：西川撮影

図34　島庄遺跡周辺の調査：明日香村教育委員会（二〇〇五）『明日香村発掘調査報告会　二〇〇五』より西川・片岡作図

図35　島庄遺跡遺構変遷図：明日香村教育委員会（二〇〇五）『明日香村発掘調査報告会　二〇〇五』より

図36　甘樫丘東麓遺跡の遺構：奈良文化財研究所（二〇〇八）『甘樫丘東麓遺跡現地説明会資料』より西川・片岡作図

図37　豊浦寺の瓦と甘樫丘東麓遺跡出土の瓦：奈良文化財研究所（二〇〇七）『奈良文化財研究所紀要』より

図38　平吉遺跡の遺構：奈良国立文化財研究所（一九七八）『飛鳥・藤原宮発掘調査概報』8より西川・片岡作図

図39　甘樫丘周辺の遺跡・地名：相原・西川・片岡作図

図40　奈良県最大の古墳、五条野丸山古墳：福尾正彦（一九九四）「畝傍陵墓参考地石室内現況調査報告」『書陵部紀

要』45　宮内庁書陵部より西川・片岡作図
図41　梅山古墳の貼石：宮内庁書陵部提供
図42　石舞台古墳：西光撮影
図43　石舞台古墳西側の埋没古墳群・東側の建物遺構：奈良県立橿原考古学研究所（二〇〇六）『大和を掘る』24より西川・片岡作図
図44　遠つ飛鳥の墳墓群：西川・片岡作図
図45　カナヅカ古墳石室、鬼ノ俎・雪隠古墳石槨、牽牛子塚古墳石槨：西光慎治（二〇〇〇・二〇〇二）「欽明天皇檜隈坂合陵・陪冢カナヅカ古墳の覚書」「今城谷の合葬墓」『明日香村文化財調査研究紀要』創刊号・第二号　明日香村教育委員会、飛鳥資料館（一九七九）『飛鳥時代の古墳』より西川・片岡作図
図46　宮ヶ原1・2号墳：橿原市千塚資料館（二〇〇一）『かしはらの歴史をさぐる』9より西川・片岡作図
図47　五条野古墳群の復元：西川・片岡作図
図48　奥山廃寺の伽藍と瓦：奈良国立文化財研究所（一九九〇）『飛鳥・藤原宮発掘調査概報』20より西川・片岡作図
表3　飛鳥時代歴史年表：相原・西川作表
表4　飛鳥宮関連年表：相原作表
表5　両槻宮・酒船石遺跡関連年表：相原作表
表6　嶋宮・島庄遺跡関連年表：相原作表
コラム2
図49　飛鳥宮：相原作図
図50　わが国最初の貨幣・富本銭：西川・片岡作図
図51　古代の宮都：相原作図
図52　飛鳥寺：西川・片岡作図

表7　日本の世界遺産と暫定登録資産：西川作表
表8　明日香村の指定史跡一覧：相原作表

第3章
図53　今城谷王陵群：西川・片岡作図
図54　欽明天皇の皇統系図：西光作図
図55　野口王墓古墳：西川・片岡作図
図56　『阿不幾乃山陵記』にもとづいて復元された野口王墓古墳の内部：奈良文化財研究所提供
図57　鬼ノ俎と雪隠：西光撮影
図58　『大和名所図会』の鬼ノ俎と雪隠：飛鳥資料館（一九八六）『飛鳥の石造物』より
図59　大和国高市郡野口村地引切図と石槨：西光・西川作図
図60　刳抜式横口式石槨の変遷：飛鳥資料館（一九七九）『飛鳥時代の古墳』より西光・西川・片岡作図
図61　飛鳥の石造物分類：飛鳥資料館（一九八六）『飛鳥の石造物』より西川・片岡作図
図62　飛鳥宮跡苑池遺構の噴水装置付き石造物：卜部行弘（一九九九）「飛鳥京跡苑池遺構の調査」『発掘された飛鳥の苑池』奈良県立橿原考古学研究所より西川作図
図63　今城谷王陵群復元図：西光・西川・片岡作図
図64　カナヅカ古墳から梅山古墳を望む：西光撮影
図65　中尾山古墳：飛鳥資料館（二〇〇五）『飛鳥の奥津城』より西川・片岡作図
図66　檜隈坂合陵兆域と檜隈大内陵兆域：西光作図
図67　梅山古墳から野口王墓古墳を望む：西光撮影
表9　今城谷を葬地とする皇統：西光・西川・山中作表

コラム3

図68　六〇〇年前後の墓室形態：広陵町教育委員会（一九八七）『牧野古墳』、梅原末治（一九三八）「大和赤坂天王山古墳」『日本古文化研究所報告』9より西川・片岡作図

表10　大化薄葬令による造墓規定：山中作表

第4章

図69　家形石棺の変遷：和田晴吾（一九七六）「近畿の家形石棺」『史林』59－3　京都大学文学部より西川・片岡作図

図70　河内大塚山古墳・五条野丸山古墳：末永雅雄（一九七五）『古墳の航空大観』学生社より西川・片岡作図

図71　甘樫丘東麓遺跡・山田寺下層遺構・難波宮北方遺構出土土器：奈良国立文化財研究所（一九九〇・一九九五）『飛鳥・藤原宮発掘調査概報』20・25、大阪府文化財調査研究センター（二〇〇〇）『難波宮北西の発掘調査』より

図72　飛鳥時代の土器編年：奈良国立文化財研究所（一九九一）『藤原宮と京』より

図73　島庄遺跡方形池周辺の調査：河上邦彦（一九九九）「飛鳥の苑池」『発掘された飛鳥の苑池』奈良県立橿原考古学研究所より西川・片岡作図

図74　飛鳥宮の庭園遺構：奈良県立橿原考古学研究所（二〇〇二）『飛鳥京苑池遺構調査概要』学生社より

図75　石神遺跡の方形池と韓国の方形池：飛鳥資料館（一九九六）『斉明紀』より西川作図

図76　細川谷古墳群出土ミニチュアカマド：飛鳥資料館（二〇〇五）『飛鳥の奥津城』より西川・片岡作図

図77　中国における槨と室の概念：西川・片岡作図

図78　古墳埋葬施設の変遷：西川・片岡作図

図79　高松塚古墳の墳丘：文化庁ほか（二〇〇五）『高松塚古墳の調査』より西川・片岡作図

図80　高松塚古墳の石室模式図：奈良文化財研究所（二〇〇八）『埋蔵文化財ニュース』131より西川・片岡作図

図81　藤原京の中軸と墳墓群：岸俊男（一九八八）『日本古代宮都の研究』岩波書店より西川・片岡作図
図82　飛鳥時代後期の石室変遷図：飛鳥資料館（二〇〇五）『飛鳥の奥津城』より
図83　高松塚石室東壁壁画の笠：奈良県立橿原考古学研究所（一九七二）『国宝飛鳥高松塚』より西川・片岡作図
図84　天武天皇系図：奈良県立橿原考古学研究所附属博物館（二〇〇四）『天武・持統朝』より西川・片岡作図
図85　壁画人物の褶と襟の重ね方：奈良県立橿原考古学研究所（一九七二）『国宝飛鳥高松塚』より西川・片岡作図
図86　高松塚の壁画と棺：西川・片岡作図
表11　飛鳥時代の池：相原作表

コラム4
図87　高松塚古墳石室の解体工程：肥塚隆保（二〇〇八）「石室の解体」『壁画古墳の保護に関わる諸問題』奈良文化財研究所より
表12　高松塚古墳石室解体に至る主な経緯：西川作表
表13　キトラ古墳壁画剝ぎ取りに至る主な経緯：西川作表

カバーイラスト　豊浦寺の瓦：片岡作図

あとがき

高松塚古墳の壁画が発見され三七年がたちます。明日香村で突如として発見された壁画の美人像に、多くの日本国民が驚きを感じ、古代に対するロマンに目覚めたものです。今、その壁画が古墳からふたたび掘り出され、解体修理されています。またまた、日本国民はそのなりゆきに注目し、見守っています。

本書に収録された西川寿勝先生、相原嘉之先生の講演と対談は、NHK大阪文化センターで二〇〇八年二月一七日に「古代史シンポジウム・二つの飛鳥―近つ飛鳥と遠つ飛鳥―」と題しておこなわれたものです。当日は、数多くの受講者とともに白熱した議論が展開されました。

飛鳥をめぐる発掘成果は新聞・テレビでも時折報道されるのですが、発掘調査第一線の考古学者に最新の成果をご説明いただく機会はあまりありません。今回、新しい遺跡の紹介のみならず、古い遺跡や遺物についても、新しいことがつぎつぎと提示され、非常に新鮮な驚きをもって聞き入りました。

さて、この催しを企画・実施しました私達NHK文化センターは、NHKの関連会社で、会員制による生涯学習の場でもあります。株式会社NHK文化センターは一九七九年、東京青山に最初の教室を開講し、今春創立三〇周年を迎えました。現在、全国に五六の教室を設け、年間のべ七五万人の方々が受講しています。

今回の講演を開催しましたNHK大阪文化センターは大阪駅前第四ビルに八〇〇をこえる講座を開講、古代史・古文書・考古学・上代文学など、多彩な講座を用意しております。

今後も私達は歴史遺産に関する講演・シンポジウムを多彩に企画する予定です。本書を機会に私達の活動をご理解いただき、NHK文化センターへおこしくださることを心より期待するしだいです。

NHK文化センター講座担当部長　首藤和彦

執筆者紹介（執筆順）

西川寿勝（にしかわ・としかつ）
1965年大阪府出身。大阪府教育委員会文化財保護課副主査。
おもな著作『飛鳥池遺跡と亀形石』ＫＩメディア出版（共著）、『平城宮跡を考える』ＫＩメディア出版（共著）、『考古学と暦年代』ミネルヴァ書房（編著）など。

相原嘉之（あいはら・よしゆき）
1967年大阪府出身。明日香村教育委員会文化財課調整員。
おもな著作『古代庭園の思想』角川書店（共著）、『続明日香村史』明日香村（共著）、『飛鳥の奥津城』飛鳥資料館（共著）、『高松塚古墳壁画』高松塚壁画館（編著）など。

西光慎治（さいこう・しんじ）
1970年大阪府出身。明日香村教育委員会文化財課技師。
おもな著作『飛鳥の古墳』明日香村、『飛鳥の神社』明日香村、『亀の古代学』東方出版（共著）、『続明日香村史』明日香村（共著）、『日本古代史大辞典』大和書房（共著）、『歴史考古学大辞典』吉川弘文館（共著）など。

鹿野　塁（しかの・るい）
1976年岐阜県出身。大阪府立近つ飛鳥博物館学芸員。
おもな著作『河内古代寺院巡礼』大阪府立近つ飛鳥博物館（共著）、『横穴式石室誕生』大阪府立近つ飛鳥博物館（共著）など。

山中鹿次（やまなか・しかつぐ）
1959年大阪府出身。古事記学会会員・日本書紀研究会会員。
おもな著作『日本古代遺跡事典』吉川弘文館（共著）、「履中・反正天皇」『歴史読本』770新人物往来社、「崇神天皇」『歴史読本』792新人物往来社など。

〈イラスト：カバー裏・本文〉
片岡寛子（かたおか・ひろこ）
1984年広島県生まれ。イラストレーター。歴史漫画、博物館の展示パネル作成を勉強中。おもに同人誌などで活躍。

〈企　画〉
NHK大阪文化センター（講座・特命担当部長 首藤和彦）
〒530－0001　大阪市北区梅田1－11－4　大阪駅前第4ビル24階
TEL　06－6343－2281
予約専用 TEL　0120-04-2324
ウェブ申込：ＮＨＫ大阪文化センター　検索

蘇我三代と二つの飛鳥――近つ飛鳥と遠つ飛鳥

2009年6月20日　第1版第1刷発行

著　者＝西川寿勝・相原嘉之・西光慎治
企　画＝ＮＨＫ大阪文化センター
発行者＝株式会社 新 泉 社
東京都文京区本郷2-5-12
振替・00170-4-160936番　TEL03（3815）1662／FAX03（3815）1422
印刷／萩原印刷　製本／榎本製本

ISBN978-4-7877-0907-3　C1021

石野博信・水野正好・西川寿勝・岡本健一・野崎清孝 著

三角縁神獣鏡・邪馬台国・倭国

ISBN978-4-7877-0607-2

しだいに見えてくる邪馬台国と倭国女王卑弥呼の姿。纒向遺跡や箸墓とのかかわりは？　女王卑弥呼の「銅鏡百枚」は、三角縁神獣鏡なのか？　約500面が見つかっている三角縁神獣鏡をとおして語られる邪馬台国の姿。

A5判／212頁／2200円＋税

西川寿勝・森田克行・鹿野塁 著

継体天皇　二つの陵墓、四つの王宮

ISBN978-4-7877-0816-8

現在の天皇家につながる最初の天皇となった継体は6世紀の初め、越前国からやってきて即位したが、すぐに大和へ入ることはできなかった。その陵墓である今城塚や周辺地域の発掘成果から謎に迫る。

A5判／244頁／2300円＋税

佐々木憲一 著

未盗掘石室の発見・雪野山古墳

シリーズ「遺跡を学ぶ」008

ISBN978-4-7877-0438-2

琵琶湖の東南部に位置する雪野山の山頂から古墳時代前期の未盗掘の竪穴式石室が発見された。出土した三面の三角縁神獣鏡ほかの副葬品から、埋葬された首長の性格、ヤマト王権との関係などを明らかにする。

A5判／96頁／1500円＋税

長嶺正秀 著

筑紫政権からヤマト政権へ・豊前石塚山古墳

シリーズ「遺跡を学ぶ」022

ISBN978-4-7877-0632-4

瀬戸内海に面し、北部九州で最大、最古の前方後円墳。その被葬者はヤマト政権と密接な関わりをもち、大陸へのルートを確保する役割を担っていた。その姿を古墳と副葬された三角縁神獣鏡から解き明かす。

A5判／96頁／1500円＋税

河上邦彦 著

大和葛城の大古墳群・馬見古墳群

シリーズ「遺跡を学ぶ」026

ISBN978-4-7877-0636-2

奈良盆地西部の馬見丘陵に、4世紀末から6世紀にかけて築かれた、巣山・新木山・築山古墳などの大王級の古墳を中心とした250基を超える大古墳群。天皇家と葛城氏の興亡を背景とした古墳群の盛衰を語る。

A5判／96頁／1500円＋税

前園実知雄 著

斑鳩に眠る二人の貴公子・藤ノ木古墳

シリーズ「遺跡を学ぶ」032

ISBN978-4-7877-0732-1

奈良県斑鳩町・法隆寺のすぐ近くに営まれた大円墳。石室には華麗な馬具が納められ、千年以上の時を経て開かれた朱塗りの石棺には、豪華な副葬品に包まれて二人の人物が眠っていた。この二人は誰なのか。

A5判／96頁／1500円＋税

清水眞一 著

最初の巨大古墳・箸墓古墳

シリーズ「遺跡を学ぶ」035

ISBN978-4-7877-0735-2

大和平野東南部の聖なる山・三輪山の麓、大和政権発祥の地に築かれた箸墓古墳は築造当時（三世紀）最大の墳墓であった。最初の巨大古墳がなぜ、この地につくられたのか。本当に卑弥呼の墓なのか。

A5判／96頁／1500円＋税

千賀 久 著

ヤマトの王墓・桜井茶臼山古墳・メスリ山古墳

シリーズ「遺跡を学ぶ」049

ISBN978-4-7877-0839-7

奈良盆地の東南・磐余（いわれ）の地に、東へと向かう道を見すえるように築かれた桜井茶臼山古墳、その南方に巨大埴輪を立て並べて築かれたメスリ山古墳。初期ヤマト王権の中でどのような位置をしめるのか。

A5判／96頁／1500円＋税

石野博信 著

邪馬台国の候補地・纒向遺跡

シリーズ「遺跡を学ぶ」051

ISBN978-4-7877-0931-8

奈良県・三輪山の麓に広がる纒向（まきむく）遺跡。二世紀末に突然あらわれ、四世紀中頃に突然消滅したこの大きな集落を、祭祀場跡や大溝、東国や西国からやってきた人びとの痕跡、纒向型古墳などから追究する。

A5判／96頁／1500円＋税